教育部人文社会科学研究项目资助
浙江师范大学出版基金资助

STEM 教育生态与学生发展：国际经验与启示

汪超艺 著

山东人民出版社·济南

国家一级出版社 全国百佳图书出版单位

图书在版编目（CIP）数据

STEM教育生态与学生发展：国际经验与启示 / 汪超
艺著. -- 济南：山东人民出版社，2024.6
ISBN 978-7-209-14533-6

Ⅰ. ①S… Ⅱ. ①汪… Ⅲ. ①科学教育学 - 研究
Ⅳ. ①G40-05

中国国家版本馆CIP数据核字（2024）第047992号

STEM教育生态与学生发展：国际经验与启示
STEM JIAOYU SHENGTAI YU XUESHENG FAZHAN：GUOJI JINGYAN YU QISHI
汪超艺　著

主管单位　山东出版传媒股份有限公司
出版发行　山东人民出版社
出 版 人　胡长青
社　　址　济南市市中区舜耕路517号
邮　　编　250003
电　　话　总编室（0531）82098914
　　　　　市场部（0531）82098027
网　　址　http://www.sd-book.com.cn
印　　装　东营华泰印务有限公司
经　　销　新华书店

规　　格　16开（169mm×239mm）
印　　张　17
字　　数　290千字
版　　次　2024年6月第1版
印　　次　2024年6月第1次
ISBN 978-7-209-14533-6
定　　价　88.00元
如有印装质量问题，请与出版社总编室联系调换。

前　言

STEM是科学（Science）、技术（Technology）、工程（Engineering）、数学（Mathematics）的英文首字母缩写，最早由美国国家科学基金会于2001年提出。从狭义上讲，STEM教育是以某一领域为中心，在真实情境中有机整合技术、工程、数学等领域的教育理念，其重点在于教授学生科学、技术、工程和数学等相关领域的基础知识和技能，目标在于让学生具备扎实的学术基础，并能够在STEM领域内继续深造或从事专业工作。从广义上讲，STEM教育不仅涵盖跨学科的方法和技能，还强调通过科学、技术、工程和数学的方法和思维解决现实世界的问题。这种教育模式不仅传授相关领域的知识，更重视培养学生的创新思维、批判性思维、问题解决和跨学科综合应用等能力。通过基于项目的和基于问题的学习方式，STEM教育还强调团队协作和跨学科合作，旨在全面提高学生的综合素养。

世界上许多国家都开展了K-12阶段[①]的STEM教育。但由于每个国家的具体情况和教育基础存在差异，其教育目标和实践路径也有所不同。首先，作为STEM教育的发起国，美国具有相对完善的K-12 STEM教育体系。随着STEM教育在幼儿阶段的普及，美国许多教育部门和社会机构都开始关注早期儿童STEM教育。自2015年起，美国推行早期STEM教育，旨在通过在儿童早期阶

---

① K-12阶段是一个通用术语，用于描述美国以及其他一些国家的基础教育体系，覆盖从幼儿园到第12年级的全程教育。在这个阶段中，"K"代表幼儿园（Kindergarten），而数字"12"代表从一年级到十二年级的连续12个学年。K-12阶段涵盖儿童和青少年的大部分正规学习过程，一般从5岁或6岁开始，到18岁左右结束。这个阶段的教育旨在提供全面的基础教育，包括读写算的基本技能、科学、社会学习以及通常的体育和艺术教育等。

段引入 STEM 学习，提升学前教育的整体质量，并为儿童未来的成功奠定坚实基础。与美国不同，在"工业 4.0"的大背景之下，德国将 STEM 教育置于社会和政治讨论的中心，强调通过 STEM 教育培养适应未来工业需求的创新人才，推动国家科技和经济的发展。2019 年，德国教育部发布了《STEM 行动计划》，该计划中包括专门针对儿童的 STEM 教育措施。目前德国已经创建了支持幼儿园和学校等教育机构探索和发现 STEM 的成熟机制。此外，芬兰将 STEM 教育渗透到学校课程中，不仅仅将其视为一套教学标准，更将其作为一种解决实际问题的方法，通过这种方法使学生将所学知识与实际问题相结合，培养其在真实情境中解决实际问题的能力。

中国的 STEM 教育尚属新兴领域，但表现出不甘落后并持续追赶的状态。近年来，中国政府出台并实施了一系列政策用以深化 STEM 教育，其中包括赋予学校更多自主权、调整学校课程设置，以及培养学生适应 21 世纪的各项能力。这些政策推动了课程的整合与创新，强调学生创新能力和实践能力的培养。2015 年，中国教育部发布了《关于"十三五"期间全面深入推进教育信息化工作的指导意见（征求意见稿）》，其中明确提到"探索 STEM 教育、创客教育等新型教育模式"，强调培养学生的信息意识与创新意识，这也是我国首次提出有关 STEM 教育概念。2017 年《中国 STEM 教育白皮书》进一步指出 STEM 教育有助于学生适应未来社会，培养核心竞争力，在未来个人发展中发挥着重要作用。这表明 STEM 教育是一项致力于培养具备核心竞争力的未来创新型人才的国家战略。

然而，STEM 教育对于 K-12 阶段学习者有何影响？教育者应如何支持不同学段的 STEM 学习者？又有哪些教学实践值得我们借鉴？针对这些问题，本书从社会认知理论、社会认知生涯理论和 STEM 教育生态系统视角出发，解读与分析国外 K-12 阶段 STEM 教育理论基础、学习生态系统、教学实践以及 STEM 教育对学生发展的相关研究。本书选取的两个 STEM 教育项目——美国克朗科斯基儿童自然游戏场中心（Kronkosky Tiny Tot）的早期 STEM 教育项目和"宝石"（GEMS）STEM 项目，分别为早期儿童和初中、高中女生（尤其是美国少数族裔女生）提供丰富多样的 STEM 学习机会，倡导通过在真实情境下的项目学习，使学生运用跨学科知识解决复杂问题，提高学生的实践能力、创新能力和跨界整合能力，进而有效提升学生核心素养。

本书详细阐述了美国STEM教育如何有效整合正式STEM教育和非正式STEM教育，逐步形成以早期教育中心和高等院校工程教育专业为核心、涵盖多学段、整合多方资源的STEM学习生态系统。通过深入分析美国克朗科斯基自然游戏场中心的早期STEM教育项目和得克萨斯州校外"宝石"STEM项目的创新实践，着重探讨如何构建一个综合而有机的STEM学习生态系统。这一生态系统通过建立紧密的合作关系，将各层次的STEM教育有机连接，为学生提供更具深度和广度的学科体验。该生态系统的独特之处在于其成功融合了正式STEM教育和非正式STEM教育，实现了多层次、全方位的STEM教育覆盖。通过融入非正式STEM教育元素，如实践项目、实地考察和行业导师指导，学生在实际操作中能够更好地理解和应用所学知识。在多学段的设计中，"宝石"项目不仅关注高中阶段的STEM学科学习，还将目光延伸至初中和大学层次。这有助于构建一个渐进式的STEM学习路径，使学生在不同学段都能够得到系统和有层次的STEM培养。这种渐进性的设计有助于激发学生的兴趣，并为其未来职业提供更清晰的发展方向。

此外，通过展示两个项目的具体内容，本书还探讨了不同阶段STEM教育对于学生发展的影响，具体表现为早期教育阶段的STEM思维和科学素养，初中阶段的STEM兴趣与能力以及高中阶段的职业生涯发展。研究不仅揭示了学前儿童工程思维和素养的发展特点，也通过案例深度分析了美国少数族裔女生在学校、社会、家庭等多个STEM学习生态系统中的学习经历和长期影响。结果表明，少数族裔女生在STEM学习中缺乏支持性学习环境、高阶STEM学习资源以及专业人士引导，容易受到周围人的刻板印象影响从而降低学习兴趣和自我效能。许多女孩意识到STEM领域中存在对于女性的刻板印象，缺少对STEM相关职业的认同感，从而对STEM相关职业的兴趣不足。同时，因其家庭经济水平不高所产生的教育不公平，限制了少数族裔女性的学习机会和就业选择，并影响她们的职业发展。然而，"宝石"项目作为她们STEM学习的补充方式，有效地为她们创造了友好的女性学习环境，让她们能够体验到不同类型的

STEM活动，完成多次工程与技术挑战，并与STEM领域中的专业人员进行合作学习。这些学习经历对少数族裔女生的STEM自我效能感提高以及STEM学习兴趣形成有着重要影响。

最后，本书深入分析了美国K-12教育的发展经验，从中提炼了许多宝贵的启示，为中国在STEM领域教育的开展提供了有益的借鉴。美国在STEM教育方面的长期实践经验，为我们提供了一个重视资源整合，突出协作学习以及创新学习环境的重要参考框架。通过对美国K-12教育的深入研究，我们可以看到其注重培养学生的实际动手能力和解决问题的综合素养，这些方面在STEM领域的成功实践中显得尤为关键。研究结果不仅在理论上提出了整合式学习资源、合作式学习方式以及融合式学习环境这三个主要元素，更进一步构建了K-12阶段STEM学习的"全支持"模式。这一模式为学生提供了更为全面的学科知识和更为灵活多样的学习方式，致力于培养学生的批判性思维、团队协作和实际问题解决的技能。这对于构建高质量STEM学习生态系统以及促进STEM教育实践的发展具有深远的理论和实践指导意义。我国在借鉴这些发展经验的同时，可以结合本土实际情况，不断优化STEM教育体系，提升学生STEM素养，培养更多的STEM人才，以更好地迎接未来科技发展的挑战。

本书获得以下项目资助

　　教育部人文社会科学研究青年基金项目（项目名为《学前儿童STEM学习"支持性"生态系统构建与实践路径研究》，项目号22YJC880072）

　　浙江师范大学出版基金资助（Publishing Foundation of Zhejiang Normal University）

　　本书为上述项目的阶段性成果，对上述项目的资助表示感谢！

目　录

第二篇章　教育实践篇

第3章　萌芽阶段：自然教育视角下的早期STEM教育启蒙 ········· 63

第四篇章　教育启示篇

第一篇章

理论基础篇

在当今国际社会中，STEM教育被视为至关重要的一环，对于培养未来的专业人才和创新领导者具有重大意义。然而，要实现这一目标，理论支撑是不可缺少的。理论基础篇深入分析了不同理论对于STEM教育的支撑作用，以及美国STEM教育生态及其教学模式的特点和挑战，为后续篇章奠定了理论基础。

本篇章涵盖第一和第二章节，探讨社会认知理论以及社会认知生涯理论在STEM教育中的应用。这些理论强调了学习者与社会环境的互动关系，以及学习者在实践中构建知识和技能的过程。通过理解这些理论，可以更好地设计教学策略，促进学生在STEM领域的学习和发展。此外，该篇章还探析了美国K-12 STEM教育生态及其教学模式。美国在STEM教育领域的经验和教学模式值得其他国家学习借鉴。通过深入研究美国的教育生态，可以探索其生态模式和演化路径。

尽管STEM教育在美国取得了一定成就，但也面临着一些发展困境，其中包括来自课程融合和教育公平的挑战。只有深入了解并解决这些问题，才能够推动STEM教育领域的进一步发展和创新。

第1章 绪 论

1.1 STEM教育研究背景

科学、技术、工程和数学（STEM）一直是美国科技创新的支柱。美国政府将STEM教育视为国家教育的优先发展方向，以确保在全球经济竞争中占据领先地位来保护国家创新生态系统（Taningco，Mathew和Pachon，2008）。根据劳动统计数据，在过去十年内美国STEM职业的就业增长远远超过非STEM职业的增长，特别是在计算机科学、数学、工程以及技术领域的专业工作方面，增长尤为显著（Christensen，Knezek，Tyler-Wood和Gibson，2014）。2014年至2024年间，计算机相关职业、工程师和数学科学等职业的增长速度最快，居于所有STEM职业中增长最为迅猛的位置（Fayer，Lacey和Watson，2017）。对STEM领域职业的高需求凸显了STEM教育的重要性。尽管STEM职业市场呈现蓬勃发展，但基于目前的人才储备和STEM参与率，美国受过培训的STEM专业人士供给仍无法满足国家的需求（Taningco，Mathew和Pechon，2008）。美国人口统计数据与选择STEM专业的学生统计数据之间存在明显的不匹配（Jones等，2018）。数据显示，仅有40%的学生以STEM专业入学最终取得STEM学位，这导致美国面临劳动力短缺的问题（Young和Young，2018）。为了保持在全球经济中的领先地位，美国必须增加STEM领域毕业生和劳动力的数量。这意味着需要采取更多措施，鼓励更多学生选择并成功完成STEM专业，以满足不断增长的行业需求，确保科技创新的可持续发展。

此外，STEM专业人士的人口中并未充分体现人口的种族和族裔的多样性（Flores，2011）。作为美国增长最快的种族群体，拉丁裔在STEM领域面临

3

着诸多挑战，包括发展缓慢，学位获得率和STEM职业参与率较低、职业参与度不足等。与其他种族和族裔群体相比，拉丁裔学生的学业成绩和学位取得率普遍较低，教育机会有限，并且在STEM职业中的参与相对较少（Taningco，Mathew和Pechon，2008）。研究表明，拉丁裔学生很少选择进入通往STEM学位的教育途径，而即便选择进入STEM领域的学生也面临未能完成学业的问题。相对于非白人种族/族裔，拉丁裔在STEM职业中也呈现更为明显的性别差异，即男性比女性更多。因此，研究人员和教育者有责任采取切实行动，以提高拉丁裔学生在STEM领域的学业成就，培养STEM领域的多样性，纠正当前劳动力趋势，从而解决整个STEM领域面临的广泛问题（Wade-Shepherd，2016）。

为了适应技术快速变化的时代，美国正在积极推进STEM教育的改进和发展。在这一进程中，美国政府、国会、州立法机关以及学校的STEM项目共同实施了多项措施，旨在改革K-12 STEM教育系统，培养精通科学、技术、工程和数学的下一代专业人才。在"STEM for All"文件中，美国政府试图扩大STEM教育和就业机会，特别关注在STEM领域中被低估的女性和少数族裔（Handelsman和Smith，2016）。从2014年秋季开始，得克萨斯州实施了《众议院法案5号》，要求高中生在五个类别中选择一项认可，包括STEM、商业和工业、公共服务、艺术与人文、多学科研究。这项法案规定，公立学校需要集中精力进行大学准备和职业就业，扩大学生课程选择，减轻标准化测试的压力，并增加学校的责任感。这些政策为学校引导学生进入大学和选择就业提供了必要的结构和指导。通往STEM和其他领域的STEM相关课程影响了学生对STEM相关课程的认识和成绩，最终影响了学生在大学相关专业和就业后工作上的表现（Sigala，2016）。

对STEM教育和参与的兴趣的不断增加导致了大量面向年轻学生的学位项目和与STEM职业相关的职业教育项目的创建和增长（Saw，Swagerty，Brewington，Chang和Culbertson，2019）。许多公共和私人组织在放学后和暑期提供了STEM领域的校外拓展（Out-of-school）项目，以补充STEM教育使不同年龄阶段的学生激发或保持对STEM职业的兴趣。与传统强调学习事实、概念和理论的方法不同，这些校外STEM项目通常包括以STEM为主的学习活动如辅导课、富含数学/科学知识的课程，STEM职业研讨会以及参观STEM专业场所（Saw等，2019）。此外，部分STEM项目特别关注代表少数群体的学生，如女性、少数族裔、有色人种以及低社会经济地位的学生。项目所提供的学习经验有助于学生将科学实验和概念与在学年内没有足够时间探索的科学实验和概念联系起来（Phelan，Harding和Harper-Leatherman，2017）。在课堂上表现不佳的学生在校外项目中首次取得了STEM科目的成功（Lauer等，2006）。

多项研究证明参与校外STEM项目对中学生STEM领域的兴趣、学生成绩、能力和计算思维以及STEM活动方面的自我效能有积极影响（Mann，Smith和Kristjansson，2015；Leonard等，2016；Yanowitz，2016）。此外，校外STEM项目有助于增加学生与学校的联系，使其建立STEM身份，并对学生STEM领域的坚持产生影响（Taylor，2019）。近年来，机器人技术和游戏设计被确定为STEM项目中的新技术和创新路径（Hinton，2017；Leonard等，2016）。这些现代技术提供了一个基于项目的学习环境，帮助学生将抽象的数学和科学概念转化为具体的实际应用，并将那些通常看似不相关的领域连接起来（Grubbs，2013；Hinton，2017；Nugent，Barker，Grandgenett和Adamchuk，2010）。在研究以女性为中心的STEM项目时，研究证明了这些项目对女孩在STEM领域的自我效能、对STEM相关科目的兴趣以及对STEM相关职业的热情的积极影响（Heaverlo，Cooper和Lannan，2013；Levine，Serio，Radaram，Chaudhuri和Talbert，2015）。例如，Ogle，Hyllegard，Rambo-Hernandez和Park（2017）的研究招募了来自服务不足地区的初中女生，并整合了时尚元素以激发她们对STEM领域的好奇心。Ogle等人的研究结果显示，女孩在数学和科学方面的自我效能受到积极影响，而这种学习可能促进她们未来对STEM领域的兴趣和成就。

尽管有许多积极的发现，但先前的研究在探讨校外STEM项目方面存在方法论问题。大多数研究仅使用单一项目的调查测量来评估STEM暑期项目对学生长期发展的重要性，这种测量的可靠性和效度较低（Saw等，2019）。大多数研究仅在最终讨论部分引入定性发现，这低估了定性研究在提高研究的质量和应用方面的功能（Jimenez等，2018）。因此，本书深入详细介绍了美国自然游戏场中心和"宝石"校外STEM项目，通过分析美国K-12教育生态构建、发展经验以及对学生发展的影响，归纳总结美国发展经验，提出对我国STEM教育发展的启示。

1.2 主要研究内容

本书的主要研究内容分为三个部分：

内容一：聚焦美国克朗科斯基自然游戏场中心的早期STEM教育项目和"宝石"STEM项目，从早期教育萌芽阶段，到中小学阶段逐渐关注STEM学习兴趣的培养，再到高级教育阶段注重专业和职业发展，深入探讨美国不同阶段STEM教育。这种划分有助于我们更好地理解美国是如何通过政府、学校、社区和行业之间的紧密合作，构建一个多层次、多方面、多维度的STEM教育生态系统。

内容二：探讨美国克朗科斯基自然游戏场中心早期STEM教育项目和"宝石"STEM项目对学生发展的影响。通过激发学科学习兴趣、培养实践技能，这一生态系统为学生提供了全面的学习体验。研究结果从环境、个人和行为三个维度展现美国少数族裔女生在学校、社会、家庭等多个STEM学习环境中的经历和长期影响。

内容三：总结美国在STEM教育领域的经验，并探讨这些经验对我国开展STEM教育的启示。本部分将深入分析美国是如何通过促进政府、学校、社区和行业的紧密合作形成一个功能完备的STEM教育生态系统的，探讨政府在制定支持政策和资源提供方面所扮演的关键角色，以及这些经验如何为我国提高STEM教育质量和培养更多STEM人才提供有益的参考。

1.3 理论框架与核心概念界定

本书采用了社会认知理论（Social Cognitive Theory，简称SCT）和社会认知生涯理论（Social Career Cognitive Theory，简称SCCT）来构建理论框架，并有效结合这两个框架来深入分析STEM教育中的关键动态。社会认知理论为我们提供了一个理解行为、个人和环境因素相互作用的框架，特别是阐明了自我效能和兴趣形成的机制。此外，社会认知生涯理论进一步扩展了这一框架，通过纳入自我效能、结果期望、兴趣和目标等元素，形成了一个包含职业选择变量的综合模型。这两种理论的结合不仅丰富了对STEM教育中行为、个人和环境三者互动的理解，还特别关注了这些互动如何影响学生，尤其是初中和高中女生在STEM领域的自我效能、兴趣和职业发展。本书通过具体案例分析，展示了这种理论框架如何应用于实际教育实践中，进而探讨了如何通过教育干预来增强学生的学习动机和职业发展潜力。

1.3.1 社会认知理论：个人—行为—环境的交互

社会认知理论（SCT）整合了行为主义和认知心理学的要素，特别强调人类学习主要在社会环境中进行的观点（Merriam和Bierema，2013）。该理论探讨了行为、个人因素（如信念、态度和期望）以及环境事件之间的相互作用，解释了这些因素如何共同影响心理社会功能（Bandura，1986）。社会认知理论重视认知过程，如观察学习、模仿、自我调节和自我反思，认为这些过程在心理社会功能和行为调节中扮演关键角色（Lent，Brown和Hackett，1994）。通过应用社会认知理论，本研究深入探讨了行为、个人和环境因素如何综合影响初中和高中女生的学习动态，特别聚焦于这些因素如何共同塑造学生的自我效能感和兴趣发展，进而影响其在STEM领域的学习和职业发展。通过具体案例，本研究详细说明了这些因素在实际教育场景中如何相互作用，以及它们如何帮助学生发展必要的行为、个人和环境适应能力。

班杜拉提出的"三元互惠"模型强调人类行为是由内部个人因素、行为模式和环境事件之间的相互作用所决定的（Bandura，1989，2001）。如图1.3-1所示，这种相互因果关系模型阐释了三个核心因素：（1）个人因素，表现为认知、情感和生物事件；（2）外部环境因素，这包括被强加的环境、个人选择的环境以及个人建构的环境；（3）行为因素，涉及个人的行为能力，这取决于执行所需活动的正确知识和技能（Bandura，2001年；Rengert，2011年）。这些因素通过连锁机制相互作用并影响彼此（Bandura，2001；Lent等，1994），为干预措施提供了可以实现显著人类行为改变的关键领域（Rengert，2011）。班杜拉（1986）的理论认为学习是行为、个人和环境因素相互作用的结果。在社会认知理论的视角下，学习是一个涉及动机、信念、自我效能、特定学习策略的应用及社会环境支持的复杂过程（Nugent等，2010）。在学习过程中，观察他人可以帮助个体获得知识、规则、技能、态度和信念（Merriam和Bierema，2013）。人们通过观察模型及其行为的结果来处理信息，了解行为的有效性和适当性，并根据他们对行动预期结果的信念来采取行动（Bandura，1986）。

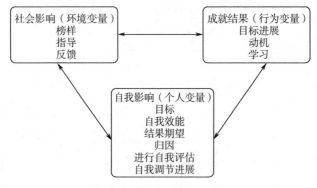

图1.3-1   社会认知理论整体架构

1.3.2   社会认知生涯理论：目标设定与职业发展过程

社会认知生涯理论（SCCT）是一种较新的框架，旨在解释职业生涯发展的三个相互关联的方面：（1）如何形成基本的学术和职业兴趣；（2）教育和职业选择是如何做出的；（3）如何实现学术和职业成功。该理论综合了早期职业理论中的多个概念，如兴趣、能力、价值观及环境因素，这些因素均被认为对职业生涯的发展有重要影响。社会认知生涯理论由罗伯特·W·兰特、史蒂文·D·布朗和盖尔·哈克特于1994年基于阿尔伯特·班杜拉的社会认知理论提出。班杜拉的理论是关于认知和动机过程的影响力理论，已被应用于社会心理研究的多个领域，如学习成就、健康行为和组织发展等。社会认知生涯理论的核心因素由三个复杂的变量组成——自我效能感信念、结果期望和目标。自我效能感指的是个人对自己从事特定行为或活动的能力的信念。与整体自信心或自尊不同，自我效能感信念是动态的（即可变的）且特定于活动领域。例如，一个人可能非常自信自己能够成功地进入科学领域并在其中表现出色，而对自己在社交或商业领域（如销售）的能力则可能缺乏信心。社会认知生涯理论假设，只要个人拥有从事这些活动所需的技能和环境支持，他们就更可能对他们有强烈自我效能感的活动产生兴趣，选择这些活动，并在这些领域表现出色。

大量研究表明，社会认知生涯理论（SCCT）及其核心因素为解释教育和职业兴趣的形成、职业选择过程以及学业和职业成就提供了有力框架。实际上，众多数据的积累和对社会认知生涯理论相关的多项元分析的进行，证实了其理论假设的广泛支持性。元分析，作为一种整合不同研究结果并评估变量间关系强度的方法，表明自我效能信念和结果期望在教育和职业兴趣变化中占有显著地位。例如，元分析支持了社会认知生涯理论中关于选择的假设，研究显示职业相关选择在很大程度上受到兴趣的影响，紧随其后的则是自我效能信念和结果期望。与社会认知生涯理论关于环境和文化影响的重要性的假设相一致，一些最新研究指出，在具有特定文化背景的青少年和年轻人中，兴趣在职业选择过程中可能扮演较小的角色。特别是，那些来自以集体决策为特征的文化背景的青少年和年轻人，更倾向于选择与家庭成员偏好和自我效能感相一致的职业路径，而不是完全基于个人兴趣的选择。其他研究支持了社会认知生涯理论的假设，即在支持性环境条件下（例如，面对较低的障碍和对首选教育/职业道路的强烈支持），兴趣更有可能转化为具体目标，而这些目标则更可能促使选择行为。

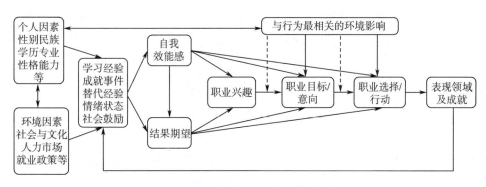

图1.3-2 社会认知生涯理论整体架构

关于社会认知生涯理论中的成就假设，元分析发现自我效能感是预测学术和职业成就的有效指标。关于自我效能信念来源的研究发现，个人在特定活动领域的成就（例如，在数学课程中的成功表现）通常与较高的自我效能感紧密相关。研究还表明，其他来源如替代经验、社会劝说和情感状态也与自我效能感相关，尽管其影响通常不及个人成就显著。社会认知生涯理论已促成了针对职业发展各个方面的干预措施的设计和测试。特别是，社会认知生涯理论提出了教育和职业计划可以关注的具体目标，包括扩大儿童和青少年的兴趣，培养他们的职业抱负，促进青少年和年轻人的职业目标设定和实施，以及帮助成年工作者成功地适应职场（例如提高工作满意度和表现）。由于社会认知生涯理论认为自我效能和结果期望具有核心作用，迄今为止提出或测试的干预措施往往大量依赖于促进这些预期的经验，如为受试者提供可掌握的经验和支持，以及有关工作条件和结果的准确信息。此理论已被扩展应用到不同亚人群（如有色人种妇女、LGTBQ工作者、残疾人等），并用于研究不同国家和文化背景下的职业行为。

1.3.3　社会认知理论与社会认知生涯理论的关系

图1.3-3展示了本研究中社会认知理论和社会认知生涯理论之间的关系。外部框架是基于社会认知理论的，行为、个人和环境因素都作为连锁机制发挥作用，并相互影响（Bandura，2001；Lent等，1994）。具体来说，社会认知理论中的这三个因素中的每一个都提供了自己的干预重点领域，这些干预措施能够创造重大的人类行为变化（Rengert，2011）。通过这些重复的活动、观察、反馈和建模，人们练习他们的技能，制定绩效标准，形成任务中的自我效能，并获得对绩效的某些结果期望（Lentet等，1994）。

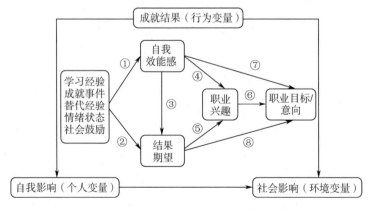

图1.3-3　社会认知理论与社会认知生涯理论之间的关系

内部框架则基于Lent等人（1994）的职业兴趣发展模型，该模型强调儿童期和青春期的认知和行为影响。如图1.3-3所示，该模型始于人们在童年和青春期获得的学习经验。人们所处的环境使他们面临各种可能与职业相关的行为。儿童和青少年还直接或间接接触其他人的各种活动，这有助于他们强化从事某些活动的想法。通过重复的活动参与、模仿和他人的反馈，儿童和青少年对某一职业及与该职业相关的活动产生了喜欢、不喜欢和冷漠的感觉。综合路径1和路径2，儿童和青少年完善了自己的能力，制定了个人标准，形成了自我效能感，并对自己的表现结果产生了一定的期望。自我效能期望（路径4）和结果期望（路径5），以及二者的相互作用（路径3）导致兴趣的形成。在兴趣增长的过程中，人们也会制定进一步接触活动的意图或目标（路径6）。值得注意的是，人们的自我效能感、自我评价结果、结果期望可能直接影响活动目标，也可能通过兴趣间接影响活动目标（路径7和路径8）。自我效能和结果期望在帮助人们解释、组织和应用他们的技能方面发挥了作用。

1.3.4 关键概念的内涵

本研究从社会认知理论和社会认知生涯理论的角度，详细讨论了包括自我效能感、结果期望、职业兴趣和目标在内的关键因素。这些核心概念不仅作为理论命题在数据分析中得以应用，而且在案例研究中也起到了重要的解释作用。表1.3-1列出了每个因素及其关键概念的详细描述，为理解这些变量在职业和教育路径选择中的作用提供了理论基础。

表1.3-1 社会认知理论和社会认知生涯理论的关键概念

因素	定义	反思问题
自我效能	自我效能是相信一个人有能力影响其生活的事件并控制这些事件的经历方式（Bandura，1994）	我可以这样做吗？
结果期望	对执行特定行为的后果或结果的个人信念（Lent，Brown和Hackett，2002，p.262）	如果我这样做，会发生什么？
职业兴趣	与职业相关的活动和职业的喜欢、不喜欢和冷漠的模式（Lent等，1994，p.88）	我想这样做吗？为什么？

续表

因素	定义	反思问题
目标	参与特定行动或影响特定未来结果的决心，包括"职业计划、决定、职业抱负和明确的选择"（Lent等，1994，p.85）	职业规划、决定、愿望、选择

（1）关键概念一：自我效能感

个人效能的信念是人类能动性的基础（Bandura，2001）。这种信念体系在社会认知理论中很重要，因为它"不仅直接影响行动，还通过间接方式对其他类别的决定因素产生影响"（Bandura，2001，第28页）。感知的自我效能影响人们的目标愿望，影响人们接受哪些挑战的选择，为追求目标投入多少努力，以及面对困难坚持多久（Bandura，1999）。例如，具有挑战性的目标可以提高动力和绩效成就。此外，感知的自我效能会影响人类的决策和因果归因。自认为高效的人将自己的失败归因于努力不足、策略不充分或不利的环境，这些因素都是可以纠正的。效率低下的人则将自己的失败归因于能力低下，这种归因会让人失去积极性。

与社会认知理论类似，社会认知生涯理论中的自我效能被视为个人能动性的核心和最有影响力的机制（Bandura，1989；Lent等，1994）。自我效能不是一种被动的认知特征，相反，它涉及许多个人的自我信念，这些自我信念"特定于特定的绩效领域，并以复杂的方式与其他人、行为和环境因素相互作用"（Lent，2002年，第262页）。此外，自我效能有助于确定个人在遇到障碍时的选择、努力支出、坚持、思维模式和情绪反应。它与学业成绩和职业相关选择具有方向性因果关系（Lent等，1994）。

感知自我效能感由四个来源构成："主动掌握经验、替代经验、言语说服和生理状态"（Bandura，1977，第195页）。根据班杜拉（Bandura，1997）的观点，主动掌握经验被视为能力的指标；替代经验通过能力的传递和与他人成就的比较来改变功效信念；言语说服通过鼓励和说服论证影响一个人效能感；生理和情感状态来自对个体能力、力量和功能障碍脆弱性的判断。对个人的任何特定影响，取决于其形式，都可以通过这四种来源中的一个或多个来发挥作用（Bandura，1997）。作为功效信息最有影响力的来源，主动掌握体验"提供了最真实的证据，证明一个人是否能够掌握成功所需的一切"（Bandura，1997，第80页）。成功会提高效率，而失败会降低效率，尤其是在牢固建立效率感之前发生失败（Bandura，1997；Lent等，2002）。然而，并非所有的绩效成就都会影响功效信念。班杜拉进一步解释说，"相同水平的绩效成功可能会提高、不受影响或降低感知的自我效能，具体取决于如何解释和权衡各种个人和情境贡献者"（第81页）。替代体验和言语说服都很大程度上属于以社会环境和社会支持为中心的环境因素（Rengert，2011）。替代经验强调了建模的力量，这是"提高效率的有效方法"（Bandura，1997，第86页）。人们通过社会比较来评价自己的能力。言语说服是通过支持自我改变和评估来提高效率的进一步手段。生理和情感状态是"增强身体状态，减少压力水平和负面情绪倾向，并纠正对身体状态的误解"（Bandura，1997，第106页）。具体而言，生理因素在健康功能和健康方面发挥着重要作用。

在STEM教育中，自我效能作为人们信仰体系中最重要的部分之一，学生的自我效能信念是其进入和坚持STEM职业的基础（Brown，Concannon，Marx，Donaldson和Black，2016）。学生的自我效能、期望和愿望受到家人、朋友和老师的行为和信念的影响（Lent等，2002）。如果学生具有较高的自我效能感，他们将更有可能追求职业生涯或职业教育道路（Ernst，Belrose，Eckhardt，Hild和Rodriguez，2014）。

研究表明，男孩和女孩的自我效能感信念之间没有差异（Britner和Pajares，2006；Fouad和Smith，1996；Pajares，Britner和Valiante，2000）。但是，男孩和女孩的结果期望和自我效能来源不同（Britner和Pajares，2006；Fouad和Smith，1996）。Brown（2016）等人的实践研究表明，学生对STEM的看法和自我效能是学生坚持STEM意图的最佳预测因素。当谈到自我效能的来源时，女孩比男孩更依赖于掌握经验（Britner和Pajares，2006）。这些发现解释了为什么许多女孩虽然并不缺乏STEM能力，但对STEM失去了兴趣。当女孩缺乏对自己能够实现STEM目标的信念时，其追求STEM科目的兴趣就会下降，同时，其在STEM职业中的自我效能感也会降低（Bandura，1999；

Rittmayer & Beier, 2008）。因此, 培养学生积极的自我效能信念是促进学生在STEM中取得成功的重要因素（Brown等, 2016）。对于女孩来说, 相信自己能够在STEM领域取得成功尤为重要（Kager, 2015）。

（2）关键概念二: 结果期望

结果期望指的是对特定行为的后果或结果的信念（例如, 如果我这样做会怎样？）。人们对所从事活动的选择, 以及他们在这些活动中的努力和坚持, 都需要考虑结果和自我效能信念。社会认知生涯理论对结果期望的定义是"对执行特定行为的后果或结果的个人信念"（第262页）。结果期望不是反思自我效能的问题（我可以这样做吗？）, 而是提出"如果我这样做, 会发生什么？"的问题, 并想象执行特定行为的结果。Lent（1994）遵循班杜拉的模型, 并将结果期望分为社会的结果期望（例如, 对家庭的好处）、物质的结果期望（例如, 经济收益）和自我评价的结果期望（例如, 自我认可）几类。结果期望和自我效能都会影响人类行为, 但结果取决于特定活动的性质, 因为初始期望和自我效能对人类行为的因果影响不同。在学术和职业环境的影响下, 与职业相关的结果期望可能成为对动机和行为的独立贡献。人们更有可能高度重视能获得积极成果的行为, 并避免可能导致特别不利后果的行为（Ambriz, 2016）。例如, 如果一个人对科学密集型职业领域产生负面的结果期望, 他或她可能会避免选择这些领域的职业, 即使他或她对该领域具有很高的自我效能感。如果人们认为参与某项活动会带来有价值的、积极的结果（如社会和自我认可、有形奖励、有吸引力的工作条件）, 那么他们就更有可能选择参与这项活动。根据社会认知生涯理论和更广泛的社会认知理论, 人们对活动的参与、付出的努力和坚持, 以及最终的成功, 在一定程度上取决于他们的自我效能信念和对结果的期望。在STEM教育的情境中, 如果学生认为掌握一项特定的技能（例如编程）会在将来的职业中为其带来好处, 如获得更好的工作机会或更高的薪资, 他们可能会更积极地参与相关学习活动。这种信念鼓励学生选择那些他们认为会带来积极结果的教育路径和职业活动。

（3）关键概念三: 职业兴趣

Lent（1994）将职业兴趣定义为"与职业相关的活动和职业的喜欢、不喜欢和冷漠的模式"（第88页）。职业兴趣反映在"我想这样做吗？为什么？"这个问题上。与班杜拉的三元互惠模型一致，社会认知生涯理论中的主要组成部分被视为随着时间的推移相互双向影响（Lent等，1994）。社会认知生涯理论认为，自我效能感是兴趣的预测因子（Nugentetal，2010）；在双向关系中，兴趣为自我效能发展提供机会（Lent等，2002），并通过职业结果期望和自我效能影响个人对知识和职业领域的选择，并影响教育和职业成就（Lent等，1994；Nugent等，2010）。学生更有可能在感兴趣的领域从事职业并在感兴趣的科目上取得成就（Nugent等，2010）。研究表明，学科兴趣与学校成绩、课程注册决定和科学学位的获得呈正相关。

（4）关键概念四：职业目标

个人目标在职业选择和决策理论中发挥着核心作用（Lent和Brown，1996），它还影响人们的自我效能和结果期望。即使没有外部强化，人们也会在很长一段时间内组织、指导和维持自己的努力来实现目标。例如，对自己的科学能力和科学相关职业追求的积极成果抱有积极信念的人更有可能接受科学领域的教育并在科学相关职业中培养个人目标。

社会认知生涯理论解释了两种背景的目标。首先，目标是参与特定行动或影响特定未来结果的决心。在这种情况下，目标是由人们影响期望的未来结果的能力以及根据内部绩效标准对自己行为的反应能力驱动的。当人们实现目标时，会获得自我满足感并达到内部设定的标准。目标的其他定义包括"职业计划、决定、职业抱负和明确的选择"。在这些背景下，目标是由人们在激励行为中假定的角色驱动的。这些不同目标术语之间的差异会影响人们对特定意图和努力的承诺。

综上所述，本研究的理论框架是将社会认知理论和社会认知生涯理论相结合。自我效能、结果期望和个人目标的结合被视为职业发展的基础，代表着人们能够行使个人行为的关键因素（Lent等，2002）。自我效能感起着核心作用，因为它不仅影响参与者行为的适应和改变，而且还影响其他决定因素，例如结果期望、兴趣和目标。这两个主要理论的应用有助于我们了解学生参与STEM项目所获得的学习经验，对其自我效能、职业兴趣和职业发展的影响。

1.4　依托项目概况

1.4.1　美国克朗科斯基自然中心早期STEM教育项目

克朗科斯基（Kronkosky Tiny Tot）自然游戏场中心位于美国得克萨斯州圣安东尼奥市，是一个专为0—5岁儿童及其父母设计的户外游戏场所，旨在通过互动式的自然和动物探索体验，培养幼儿对自然的兴趣。园区占地1.5英亩，设有多个儿童活动中心，如带流动水的沙滩、露营地以及探索龟蛋的特色区域。在这里，孩子们可以通过感官探索、身体活动和解决实际问题的方式，与自然建立深刻的联系。这种设置使儿童不仅能够在大自然中自由探索和玩耍，还能在舒适的环境中增加与自然的互动。

克朗科斯基自然游戏中心的教育目标是通过提供有趣且适龄的活动，鼓励家庭成员共同参与，从而培养幼儿对周围世界的热爱和尊重。其设计理念为以儿童为中心，通过提供互动性和体验性强的活动，创造一个吸引人的学习环境，从而促进儿童的全面发展。家庭参与被视为教育过程中的关键。该中心鼓励家长与孩子一同参与各类活动，这种共同体验不仅增进了家庭成员间的互动，也极大地丰富了孩子们的学习体验。家庭成员的积极参与能够为孩子提供模范行为，帮助他们在探索中学习如何观察、提问及解决问题，从而在自然的互动中培养他们对科学和环境的兴趣。同时，游戏领导者（Play leader）的角色在这一教育过程中至关重要，他们不仅是活动监督者，更是教育者和互动的促进者。游戏领导者通过设计和引导各种游戏和活动，帮助孩子们实现学习目标。他们运用专业知识来创造安全、教育性强的游戏环境，使儿童能在玩乐中学习自然科学的基础概念。此外，游戏领导者还承担着观察者的角色，通过观察儿童在活动中的表现，为家长提供反馈，帮助他们了解孩子的发展情况和潜在的学习需求。

总的来说，克朗科斯基自然游戏中心通过儿童与自然的直接互动，促进儿童在家庭共同参与的氛围中全面成长，并创造了难忘的亲子共享时光。这种体验不仅丰富了儿童的早期教育，也为其未来的学习之路，尤其是在科学、技术、工程和数学（STEM）领域的学习奠定了宝贵的基础。

1.4.2　美国得克萨斯州校外STEM项目

GEMS是"Girls in Engineering，Mathematics，and Science"的简称，"宝石"（GEMS）STEM项目是一项免费的全女性STEAM（科学、技术、工程、艺术和数学）和编程夏令营，旨在教育年轻女孩有关STEAM领域及其各个领域职业的知识。"宝石"项目主要分为两个部分："迷你宝石"和"超级宝石"（"超级宝石"项目又分为"超级宝石"夏令营和超级研究夏令营）。"迷你宝石"（miniGEMS）项目适用于五年级至八年级女生，而超级宝石（megaGEMS）和超级研究（megaResearch）夏令营适用于九年级至十二年级女生。"迷你宝石"的课后俱乐部每周聚会，学习使用乐高编程EV3机器人进行图块编码，并参加每年春季的"第一乐高联盟挑战赛"。"超级宝石"和"超级研究"夏令营通过项目化的方式，让参与者深入参与STEM研究，建立对大学专业的认识和对职业的认知。

"宝石"STEM项目的使命是激发和赋予年轻女孩在STEM领域创新的力量。项目涵盖了学生通常不会接触到的多样化教育主题，通过互相支持、发展团队合作技能等学生学习如何以自己的知识改善社区，发挥自身的创造力以及培养自我效能。项目之所以独特，是因为它面向来自资源匮乏、服务不足、代表性不足的社区的女孩，为得克萨斯州圣安东尼奥的低收入地区提供了在STEM领域获得经验和知识的机会。其长期目标是增加STEM领域的女性数量。

1.5　研究设计与概念框架

本书共分为四个篇章，每个篇章都详尽地探讨了STEM教育的不同方面，从理论基础到具体实践，再到对学生发展的深入分析，最后总结提炼出有益的启示。

第一篇章　理论基础篇

第一章：本章引入STEM教育的重要性和研究目的，为读者揭示研究的背景和全球STEM教育的发展趋势，建立全书的研究框架，并阐明探索美国STEM教育案例的意义。本章通过详尽的文献回顾和对以往研究的分析，使读者能够全面理解STEM教育的历史发展、理论基础和关键实践。

第二章：讨论STEM教育在培养未来创新和专业人才方面的重要性。本章阐释了深入研究美国STEM教育经验的必要性，指出其对全球教育模式可能产生的影响和价值。

第二篇章　教育实践篇

第三章：详细描述美国克朗科斯基自然游戏中心的早期STEM教育项目。本章通过分析项目的起始背景、设计原则、教育内容和课程安排，展示了STEM教育在学前阶段的实际应用和成效。

第四章：全面阐述"宝石"项目中的"迷你宝石"（miniGEMS）项目。本章提供项目的详细概述、教育内容、课程设计和评估方法，向读者揭示了初中阶段STEM教育的操作细节和教学策略。

第五章：探讨高中阶段的"超级宝石"（megaGEMS）和"超级研究"（megaResearch）项目。本章围绕高中STEM教育的深化问题，通过案例研究展示项目的特点、教育内容及其对学生的具体影响。

第三篇章　学生发展篇

第六章：分析STEM教育对学前儿童工程思维和学习投入的积极影响。本章从多个视角系统地探讨了STEM视角下如何促进学前儿童工程思维的发展，以及促进学前儿童学习投入的支持策略。

第七章：深入剖析STEM项目如何影响初中女生的学科兴趣、实践技能和创新能力。通过细致的案例分析，本章展示了STEM教育如何有效促进初中女生对STEM学科的兴趣和能力的提升。

第八章：通过研究高中女生的STEM学习经历，探讨女性对STEM领域职业的态度和选择相关职业面临的挑战，揭示性别在STEM教育中的影响和挑战。

第四篇章　教育启示篇

第九章：总结并归纳美国STEM教育案例中的经验，强调形成全面而协调的STEM教育生态系统的重要性。本章提出这些经验对于我国开展STEM教育的启示，特别强调政府支持、学校改革、行业合作等方面的关键经验，为我国在STEM领域的未来发展提供建议。

第2章　STEM教育生态系统构建与实践的理论基础

2.1　STEM教育生态系统构建的理论框架

　　"生态"的概念源于自然科学，是指在一定空间内生物群落和与之相互作用的自然环境的集合，其中的生物因子通过物质循环和能量流动而形成开放、复杂的生态系统。随着生态内涵的丰富及其运用范围的扩大，生态一词逐渐被引用到人文社会科学领域，产生了具有适切性的界说。生态心理学认为，学习是对环境的感知和作用于环境的行为之间互动的结果。学习生态是在学习环境中学习者之间、学习者与环境之间的相互作用与关系，从理想的状态来讲，它倾向于健康、美好、和谐的旨趣。

　　生态系统理论主要用于探讨人类行为与社会环境之间的相互作用。这一理论的初步概念可追溯至威拉德·沃勒在其著作《教育社会学》中提出的"课堂生态学"。1979年，布朗芬布伦纳的专著《人类发展生态学》（The Ecology of Human Development）对该理论进行了深入的讨论。该书将社会影响描述为一个以个体为中心的从微观到宏观的系统。这为后续研究和理论框架奠定了基础。具体来说，该理论基于一个人的成长过程，将环境自圆心向外分为微观系统（microsystem）、中观系统（mesosystem）、宏观系统（macrosystem），以及层系统和宏观系统之间的系统。概括而言，微观系统即个人（个体）视角、中观系统即环境视角、宏观系统即文化视角。"个体"强调学习者的主观能动性，其自我认知水平和实践经验等都与科学学习有直接联系，"环境"强调为学习者提供学习机会和条件的空间环境，"文化"强调社会政策、环境等影响个体的科学学习。尽管它们之间存在微小的动态变化，但三者都至关重要。在生态学学习框架下，科学学习和可持续发展需要三个阶段的相互协作。这对于构建STEM教育体系有一定借鉴意义。

2.1.1　STEM教育生态的理论内涵

布朗芬布伦纳的教育生态模型强调了家庭、学校和社区之间复杂互动的重要性，指出个体并非孤立存在，而是受到像家庭这样的近距离因素和社会因素这样的远距离因素的影响。随后几十年里，研究者们对生态对学习和发展的影响进行了更细致的探索，并考察了在传统课堂之外的学习场景。基于此，许多国家和研究者们开展了关于学习生态的研究和实践。在理论方面，Barron（2006）将学习生态定义为"在物理或虚拟空间中找到的提供学习机会的环境集合"。美国国家研究理事会在校外STEM教育研究中所采用的学习生态系统模型中（见图2.1-1），将学习者置于圆心位置，按照与学习者互动的紧密程度，划分出三个圈层：与学习者经验关联最为紧密的是最内层，它们是学习者直接获得STEM教育的活动场域，包括家庭活动、学校课程、校外机构教育项目等；对学习者经验有间接影响的要素置于中间，学习者在参与STEM教育活动中，与工作场所相关从业者、地理环境、社会组织等交互；最外层是由政

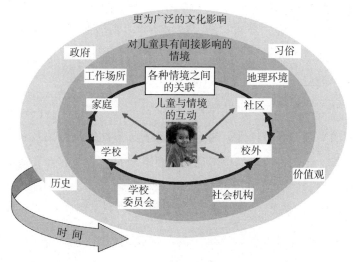

图2.1-1　STEM学习生态系统模型（National Research Council，2015）

府、习俗、历史及价值观等构成的社会文化境脉，它们在宏观层面塑造着内圈要素的形成，进而影响学习者的学习。在空间轴上，学习者与各圈层要素之间存在着认知、情感、社会的多维度互动。该框架特别标注了时间维度，这表明系统中的各个要素以及各要素间的互动绝非静止不变的。学习者的STEM学习经验是在空间和时间维度上累积演化的。基于该理论框架，不难发现STEM学习生态系统观不仅将教育环境视为一个动态互动的系统，其中包括学校、家庭、博物馆等多种学习场景，而且强调了在不同学习环境中的连续性和一致性。这种多层次的复杂框架帮助我们理解学习如何跨越不同的参与者、环境和时间发生。在实践方面，学习生态系统框架现在广泛应用于各种学习环境。它帮助我们认识到物理空间对学习的影响，强调有意识地设计学习环境的重要性，并认识到学校之外的场所，如图书馆、博物馆等同样是重要的学习空间。此外，这一框架也用于描述学习者参与的虚拟空间，以及这些虚拟空间与实体教室间的相互连接。通过关注这些多样的学习环境，我们能更好地连接和利用各种学习资源。

然而，我们需要承认，教育生态系统是复杂的，各教育要素间不仅仅是相互整合的，还是动态联动的。正是这种复杂性使得单一的教育改进措施难以解决根本的教育问题。我们需要从整体上理解学习生态系统中多个参与者的集体影响，并借鉴自适应管理的方法来优化STEM教育生态的设计和管理。在每个生态链上都有STEM元素的互动，相互传递支持的能量、思想和学习机会。通过深入探索学习生态系统的动态过程，我们或许能够更好地提供更公平的学习机会（Falk和Dierking，2018）。

因此，从学习生态系统的角度审视STEM教育，有助于我们全面理解和评估教育环境的复杂性和多样性。通过强调教育元素间的动态关系而非单独的教育活动或成果，我们得以重新思考如何设计和管理更具包容性和适应性的教育系统。例如，课程设计不再仅仅是教室内的活动安排，而是包括了家庭作业、社区项目以及在线资源的综合规划，这些都是学习生态系统中不可或缺的部分。通过识别并强化这些教育环境中的关键联系，如学生与教师之间的互动、学生与学习材料的联系，以及学习活动与社区环境的融合，我们可以更有效地促进知识的深度学习和应用。

此外，将学习视作一个跨时间和空间的连续过程，有助于我们识别和强化学习路径中的关键过渡点，如从小学到中学的过渡，从学校教育到职业培训的过渡等。这种视角鼓励教育者和政策制定者开发和实施更为连贯的教育策略，确保学习支持系统在学生的整个教育旅程中都是有效和响应的。通过应用和拓展生态系统理论的概念，我们不仅能够提升STEM教育的广度和深度，还能通过更系统的方式来处理教育中的不平等问题，确保每个学习者都能在一个支持和挑战并存的环境中成长和成功。这需要我们不断地调整和优化教育策略，确保它们能够适应不断变化的社会需求和技术进步，最终实现一个更加健康、可持续和公平的学习生态系统。

2.1.2　STEM教育生态的构成要素与演化机制

（1）微观系统：个人视角

科学学习的效果直接受到个人的兴趣、动力、情感、元认知（metacognitive）和身份认同的影响。约翰·杜威认为，只有将"生动、有趣、形象"的体验融入有组织的学习体系中，才能真正实现"寓教于乐"的最佳效果。另一方面，他认为个人基于日常经验的刺激和挑战产生学习，通过"动手"并"用心"学习新经验。非正式科学学习场所必须以个人为中心，将"生动、有趣、形象"的体验有机地集成到展览、活动和其他教育媒介中，以实现"寓教于乐"的目标。这将帮助观众审视和重构他们的知识体系，也将改变他们的个体认知。

非正式科学教育一般有四种模式。第一个是"发现式"教学模式，它要求学生通过与世界及其表征进行自主交互来获得知识并理解。第二个是"说教解释式"教学模式。在这种模式中，学生需要被动地吸收大量信息，但不被要求思考和应用这些知识。第三个是"刺激—反应式"教学模式，它要求学生在学习过程中必须掌握不断增加的知识"片段"，以建立对外部世界的知识逻辑。第四个是"建构主义式"教学模式，它鼓励学生主动整合他们已经掌握的知识和新知识，从而建立自己的知识体系。建构主义学习理论在20世纪下半叶的流行改变了博物馆教育的概念。教学模式从"刺激—反应式"和"说教解释式"转变为"发现式"和"建构主义式"。这种转变从学习者的视角出发，强调个人的主观能动性，这是在非正式科学教育场所——科学博物馆——进行学习的必要因素。为了更精准地界定博物馆教育的类别和模式，必须构建基于科学教育理论的体系模式，充分了解学习个体的兴趣差异、参观目的、知识储备、互动方式、参观行为等因素。

（2）中观系统：环境视角

STEM学习通常被定义为在特定的环境中进行的持续、广泛、深入的学习进程，在这些环境中，学生参与复杂的科学活动，而环境的物理特征、可用材料和相关活动对学习进程和成果至关重要。根据美国非正式环境科学学习项目委员会的定义，非正式科学学习环境是安全的、开放的、没有威胁性的。根据这些标准，非正式科学学习环境被定义为为科学学习者提供的一个安全的、开放的、无威胁性的，在文化和能力层面上开放的学习空间。非正式科学学习环境包括课后学习、成人教育项目和家庭学习。在经过设计的场所，教育者使用人工制品（如博物馆展品、仪器、数据现象等）、标识、媒体等来设计问题。这种方法被认为是聪明人通过自己的力量实现目标的最佳方式。非正式科学教育场所是通过使用人工制品、媒体和标识引导学生与环境进行自主交互的场所。它赋予学生极大的自主权，使他们能够根据自己的知识和兴趣选择他们的学习方式。经过精心设计的科学博物馆提供的科学教育活动是偶发的和短暂的。尽管如此，可以通过使用互联网平台来增强教育影响的持续性。科学博物馆经常与家庭学习、课后教育、成人项目以及其他经过设计的场所相关。这使科学类博物馆的教育在扩大其范围的同时，提高了其他地方的科学学习质量和影响力。

（3）宏观框架：文化视角

人类作为社会性生物，拥有自身的社会信仰和价值观。任何学习行为都需要社会文化基础的运作，这一基础塑造了学习者身份以及他们对世界的态度和方法。文化是社会的基本概念，它是在社会环境中形成的共同信念和习俗的集合。在这里，文化是一个整体，包括社会集体中的组织、机构和学习环境，这些都是宏观文化的组成部分。个体通过社会交往关系获得和表达他们的观点、价值观和实践。社会文化观理论认为，科学学习是研究一个人如何通过参与文化实践发展的行为。毫无疑问，知识的累积和进步只能在文化共同体中实现。这些都依赖于历史上的文化实践和文化共同体。职业、种族、社会阶层以及政策和社会发展水平等因素，都是影响学习的关键。一个人的文化实践和文化会影响他们的学习。怀特的"个体与文化影响模型"详细说明了儿童在学习过程中与文化之间的互动机制。根据该模型，我们可以观察到文化脉络中的互动过程和机理，而文化脉络是个体发展的场所。同理，在特定的科学文化实践中，个体的科学学习也是如此。因此，非正式学习教育场景需要充分了解各种社会的文化脉络，增强其在社会集体环境中的影响力和可用性，并建立一个健全、多样化、多元化、多主体的公共科普服务体系。这将极大地推动社会科学教育的普及。

1986 年，美国国家科学委员会（National Science Board）发表的"本科科学、数学和工程教育"（Undergraduate Science，Mathematics，and Engineering Education，又称尼尔报告）是 STEM 教育的起源。该报告建议大力发展工程、科学和数学教育，以为国家发展奠定人才基础。2007 年的美国学术竞争力委员会报告强调了"确保美国经济竞争力，特别是确保教育系统有能力培养具备 STEM 素养的未来公民，培养未来的科学家、工程学家、数学家和技术人员"。在美国，许多科技馆、实验室、研究所等机构都有科学教育部门和专业教育人员。此外，这些机构通过政府领导、财政支持、社会支持和机构合作等来营造一个科学学习环境。非正式教育机构的外部动力和激励因素在推动各类科学研究发展方面起着至关重要的作用。这种推动不仅促进科学教育的普及，而且使科学素养成为全民追求自我提升的重要标准和参考。此外，一个全民参与的科学教育氛围将为国家提升科学水平开辟新的可能性，为社会进步带来新的机遇。

2.1.3　STEM 教育生态的评价体系

在 2014—2016 年间，美国国家研究理事会连发三份重要的 STEM 研究报告：《STEM 学习无处不在》《甄别并支持校外场境中卓有成效的 STEM 项目》

以及《促进STEM区域劳动力生态系统发展实践》。在这些报告中，学习生态系统观已成为校外STEM教育成效评价中统领性的理论视角。在探讨STEM学习生态系统观对于STEM教育评价的作用时，我们首先要了解这一理论框架是如何改变我们对教育环境和成效的认识的。美国国家研究委员会（2015）将学习生态系统描述为"个体学习者、多样化学习环境及其嵌入的社区和文化之间的动态互动"。学习生态系统的构成元素包括人（如青少年、家庭、教育者、资助者等）、地点（如学校、图书馆、社区中心、博物馆、医院等）、活动/资源（如实习、项目、课程、书籍、互联网）以及无形的因素（如政治、社会服务、社区的教育历史、文化）。STEM学习生态系统视角以学习者为中心，将学习赖以发生的各种要素视为一个系统，以自然生态系统为隐喻，强调学习者、多样场景、学习共同体及文化要素之间的动态互动关系。这种观点帮助我们跳出传统的以学校为中心的教育评价模式，认识到学习可以在多种环境中发生，并应当被整体评价。

生态系统理论下的STEM学习评价将校外教育成效评价与校内教育成效评价置于同等地位。在STEM学习生态系统中，"学校"只是作为教育活动发生的场景之一，与科技馆、博物馆、家庭、生活社区等并存。学校系统中的每一个要素（包括教师、内容资源、工具条件等）彼此互联，互为给养。学习者受教育的过程就是在与不同情境交互的过程。校内与校外教育没有本质差别，但走出校门的STEM教育的确有其独特性。因此，校外STEM教育评价需要一个既能呈现情境特征又不受限于特定情境的一致性参考框架。

此外，有效的教育评价应关注过程而非仅仅结果，涵盖设计场景、资源供给、参与群体和发生的互动关系等多个维度，从而全面评估教育成效。这种评价重视从时间和空间的维度考量学习成效，重视学习者在不同阶段和环境中的体验累积。一方面，评价"以学习者为中心"不代表"唯学习者为对象"。任一活动的设计场景、供给资源、参与群体、发生背景及各种互动关系都在考察范围内。全面看待"成效"能够避免评价中只重视结果而不重视过程的现象。另一方面，教育成效的达成离不开过程性积累。从时空维度看，STEM学习目标的达成，是学习者在不同阶段、不同场景中获得各种学习体验叠加和积累的结果。学习生态系统视角下的评价，从专注学习结果的评价转向面向学习过程的、可持续性以及发展性评价，不仅能为分析特定场景中的学习活动的效用提供支持，也能为增强特定STEM教育项目的可持续性发展提供优化设计依据。

生态系统视角下的STEM评价能够很好地反映STEM教育的特征（Barron和Bell，2015）。与校内评价相比，校外教育评价最难之处在于无法标准化也不能标准化。在活动设计方面，校外活动没有统一的内容标准、没有规范的课程资源、没有确定的发生场景；在参与人员方面，师资配备多样、面向的学习者多样、获得的资金数量多样。可喜的是，充分的多样性和灵活性，正是生态系统良性发展的必要条件。因此，学习生态系统观在指导校外STEM教育评价方面具有得天独厚的优势。

STEM学习生态系统观的引入，使得评价更加重视学习过程而非仅仅关注结果。在实操层面，美国国家研究理事会给出了三个层面的评价标准。具体而言（如表2.1-1），在个体（学习者）层面，评价反映出青少年在校外STEM活动中主观经验的积累与发展状况，全面涵盖知识、技能、情感、态度及价值取向等多个维度。在项目层面，评价侧重考察分布于不同场景之中、具有不同形态的STEM项目在开发学习资源、提供实践参与、优化教学队伍等方面为学习者提供的支持。在区域/共同体层面，评价重点检视资源整合机制，反映完整的STEM教育生态构建情况。值得注意的是，三个层面的评价结果是相互依存、紧密关联的。譬如，个体层面的评价结果可以作为项目层面、区域/共同体层面的评价依据；项目层面、区域/共同体的评价结果可以作为个体层面成效归因的依据。

表2.1-1　三层面校外STEM教育成效评价框架（National Research Council，2015）

层面	评价关注点
个体层面	1. 学生在STEM领域获得的智力发展 2. 学生对STEM领域所建立的积极态度 3. 学生在有关STEM领域的终身学习、专业学习及职业生涯等方面取得个人视野的拓展

续表

层面	评价关注点
项目层面	1.项目所提供的学习资源与学习机会 2.项目用以支持青少年多维度（心智、社会以及情感）参与学习活动的方式 3.项目与青少年的兴趣和生活经验的契合程度
区域/共同体层面	1.区域/共同体提供的STEM学习机会的普及程度和多样程度 2.区域/共同体用以支持优质STEM教育项目发展的资源与机制 3.区域/共同体对各类场景的（校内、校外、场馆等）STEM教育所发挥的整合与衔接作用

此外，学习生态系统观还特别强调了评价的个性化和本土化。在校外STEM教育中，学习活动由于其独特性和灵活性，往往不适合采用传统的标准化测试方法进行评价。生态系统视角支持使用更灵活的评价工具，如项目评估、参与者观察和自我反馈等，这些工具能够更真实地反映学习者在自然环境中的表现和进步。在实际操作中，应用STEM学习生态系统观进行教育评价需要教育者跨学科合作，整合来自不同领域的专家知识，以建立一个全面的评价系统。例如，教育者可以与当地社区合作，共同开发评价工具，以确保评价活动既符合教育目标，也反映出地区的特色和需求。此外，通过长期跟踪学习者的进展，教育者可以更好地理解和支持每个学生的独特学习路径和成长历程。

STEM学习生态系统观为STEM教育评价提供了一个全新的视角，强调了环境的多样性、学习过程的重要性以及评价的个性化需求。这不仅有助于发展更全面和有效的教育评价方法，还能够促进教育系统对不同学习环境和个体差异的更好理解和支持。

2.2　STEM教学设计与教育实践的理论基础

STEAM教育就是集科学（Science）、技术（Technology）、工程（Engineering）、艺术（Art）和数学（Mathematics）多领域融合的综合教育。数学是STEAM教育中的核心基础。作为探索数量、形状、结构和空间关系的科学，数学不仅构成了社会的基础框架，也是其他学科研究的基石。作为一门基础学科，数学展现出多样的理论分支和应用途径，同时也是自然科学的重要组成部分。因此，数学对于STEAM领域的各个分支均有影响。对于各类学习者而言，掌握数学领域内有关理论及其应用很有必要。科学（Science）是STEAM的关键元素。科学致力于提出关于自然世界的问题，并采用基于实证的方法提供解释。STEAM教育中的科学教育以培养学生的科学素养为主要目标。随着当代社会的迅速发展，每一个未来的合格公民都需要具有科学素养，能够运用科学知识和科学方法做出基于证据的决策，并为社会的发展做出积极的努力。技术（Technology）是支持STEAM教育的关键工具。技术是人们适应生存要求、满足自我需要的手段。一方面，技术是帮助学生学习的有效工具；另一方面，教师也运用现代教育技术进行教学活动。例如，移动设备作为技术的一种形式，支持STEAM课程的学习和教学，包括创造性知识表征，帮助执行和做出决策，促进个性化。工程（Engineering）是STEAM活动中解决实际问题的途径。工程以新产品和新工艺的形式给出满足人类需求和愿望的解决方案。工程不仅是STEAM教育的表现形式和实践结果，更是贯穿STEAM教学活动始终解决实际问题的有效视角和途径。因此，STEAM课程中的工程学，能够促使学生发现更先进的解决问题的方法。艺术（Art）促进了STEAM各领域的发展。这里的艺术包括美术、音乐、社会、语言等人文艺术。STEAM教育中，融入艺术主要是为了促进STEM各个领域的发展。Sousa和Pilecki（2013）指出，许多科学家、数学家和工程师使用从艺术中借来的"技能"作为科学研究的工具。STEAM课程中增加艺术内容能发展个体未来职业所需的各项能力，为他们应对复杂和多样的变化做准备。

2.2.1 STEM教育典型融合模式

（1）STEM学科整合教育框架

美国弗吉尼亚科技大学学者格雷特·亚克门（Georgette Yakman）在2010年提出了STEAM学科整合的教育框架（见图2.2-1），该框架将多个学科连接起来，以跨学科的方式指导教学，形成了一个金字塔的形状，金字塔分为五层（Yakman，2010）。

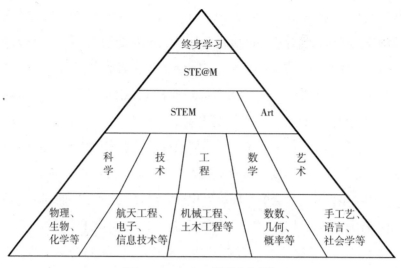

图2.2-1　STEAM学科整合框架

最顶层是通识水平，这一水平代表的是最终的教育目标。通识教育是全面素质的教育，它的宗旨是使学生在广泛的领域中掌握必要的知识，能够与他人在比较高的层次上交流。通识教育和全人教育密切相关，也正因为如此，金字塔顶层和终身教育相互联系。

第二层为综合水平，这一水平主要是将科学、技术、工程、艺术和数学融合成跨学科的STEAM教育（艺术与STEM相互作用，决定了其发展方向，因此STEAM表示成了STE@M），鼓励学生通过跨学科的方式去发现和解决问题，主要采取的是主题式教学。

第三层是多学科水平，这一水平是将艺术渗透到科学、技术、工程和数学四个学科中。将艺术渗透到STEM教育中，这样的模式使得学生接受的STEM教育有了情感的融入和美的追求。

第四层是具体学科水平，这一水平主要探讨了科学、技术、工程、艺术和数学学科相互之间的联系。

第五层是具体课程水平，这一水平主要是科学、技术、工程、艺术和数学等学科的相关课程（赵慧臣，陆晓婷，2016）。例如，工程学科包括了机械工程、土木工程、电气工程、化学工程、工业工程、海洋工程、环境工程、流体工程等。STEAM教育框架将富有创造性的学习过程作为教育核心，以学科整合的方式将科学、技术、工程、数学和艺术五门学科联系起来，强调了知识与现实世界的相互联系，鼓励学生自己动手去探索。STEAM教育倡导的是一种新型教育理念，尝试为教育者提供新的教学模式，为教育教学实践提供指导。

（2）STEME学科融合模式

美国学者Mpofu在其著作《Theorizing STEM Education in the 21st Century》中提出了STEME模式，用于探讨STEM教育的融合方式。该模式分为五个层次，每个层次都有其独特的特点和教学方法。STEME模式为STEM教育的融合提供了理论基础和融合方法。

第一层使用分离主义方法，其中STEM被简化为S–T–E–M，即将科学（Science）、技术（Technology）、工程（Engineering）、数学（Mathematics）分开来教学。在这种方法中，教师通过在课程中增加独立的STEM学科来实现一体化，使得学生在学习过程中可以分别接触到每个学科的知识和技能。

第二层是多学科整合法，这一层次涉及不止一个学科的整合。与第一层相比，第二层所涉及的学科更多，教学实施更为复杂。教师需将科学、技术、工程和数学等学科联系起来，创造出更综合、更有意义的学习体验。这需要教师有较强的综合能力将各学科的知识融合在一起，并设计相关的教学活动和项目。

第三层是技术或工程与其他学科的整合。美国的得克萨斯州、俄勒冈州和马萨诸塞州在州立教学标准中都有将工程教育纳入正式教育体系的政策。在这个层次上，教师将工程或技术的知识和实践与其他STEM学科结合起来进行教学。例如，在科学或数学课堂上引入工程设计的思维方式和方法，让学生通过实际项目来应用他们所学的知识。

跨学科或多学科的整合是这个模式的第四层，旨在将所有STEM学科整合成一个有机的整体。教师不仅将科学、技术、工程和数学等学科联系起来，还会引入其他学科的知识，如艺术和社会科学。这种整合需要教师具备跨学科教学的能力，以便将学术知识与现实世界的问题相结合。

最后是数学、科学、艺术、技术和工程（MSATE），即第五层方法。在这个层次上，艺术被引入到STEM教育中，形成了MSATE模式。除了科学、技术、工程和数学之外，还将艺术作为一个独立的学科加入教学。这种整合旨在提供更加全面和多样化的学习体验，培养学生的创造力和审美观。

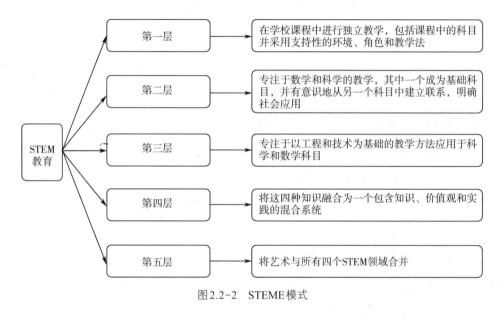

图2.2-2　STEME模式

（3）跨学科融合模式

美国的《新一代科学教育标准》（NGSS）详细阐述了三维科学学习的目标，这包括科学和工程实践（Practices）、学科核心概念（Disciplinary Core Idea）和跨学科概念（Crosscutting Concepts）。通过这种结构，NGSS利用表现期望（Performance Expectations）来描述学生的学业成就，从而进一步强调了科学学习的联系性、关联性和情境性。跨学科概念不仅适用于所有科学领域，而且促进了统一的思维方式，使学生能够在不同的科学领域中应用相同的理念。这些概念包括：模式（用于代表和理解自然现象）、原因与结果（探索因果关系）、范围、尺寸和物体的量（考察不同尺度下的科学现象）、系统和系统模型（分析系统的组成和相互作用）、能量和物质（探讨能量和物质在系统中的转换与守恒）、结构与功能（研究生物和技术系统的构造和功能）、稳定性和变化（理解系统如何维持稳定或发生变化）。这些跨学科概念为学生提供了一种全面理解和应对复杂科学问题的方法。

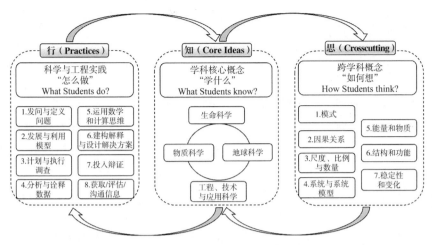

图2.2-3 《新一代科学教育标准》三维模式

针对学生如何建构对核心概念的理解所开展的教育教学研究，是21世纪以来科学教育研究的热点问题。《新一代科学教育标准》汇集了20多年的研究成果，发展出能体现核心概念连续性和一致性的教育标准。在《新一代科学教育标准》中K—12年级被划分为4个年段（K—2，3—5，6—8，9—12），明确给出每个年段所涉及概念的理解程度，并在4个年段形成螺旋上升的学习进程。

例如表2.2-1中给出物质科学的核心概念"物质及其相互作用"中的第1条分解概念"PS1.A物质的结构和性质"的学习进程，其内容从简单到复杂，从单一到系统。

表2.2-1 《新一代科学教育标准》中相关概念的不同年级掌握要求

	K—2	3—5	6—8	9—12
PS1.A 物质的结构和性质	存在着不同种类的物质，有各种可观察到的性质。不同的性质适合于不同的用途。各种各样的物体都可以由一组小部件组建而成	物质通过被细分的很小而不可见的粒子存在，尽管如此，物质仍然存在。对各种性质的测量可以用来识别特定材料	物质由原子和分子组成的事实可用于解释物质的性质、物质的多样性、物质状态、相变和物质守恒	原子尺度上的原子内结构模型和电荷之间的相互作用可用于解释物质的结构和相互作用。周期表的这种重复模式反映了外层电子状态的模式。稳定的分子的能量比组成分子的单个原子的能量之和小；要想将分子拆开，至少必须提供这么大的能量

2.2.2　STEM教育典型教学法

（1）体验式教学法

大卫·库伯（Kolb）认为学习是通过经验的转变而创造知识的过程。经验是他对学习理解的核心。库伯的学习模式由学习者在学习过程中所经历的四个阶段组成。如图2.2-4所示，这四个阶段分别是：具体经验、反思观察、抽象概念和积极实验。有效的学习者需要四种不同的能力：具体经验能力、反思观察能力、抽象概念化能力和主动实验能力。也就是说，他们必须能够完全、公开和无偏见地参与新经验。他们必须能够创造概念，将他们的观察整合到逻辑健全的理论中，他们必须能够使用这些理论来做决定和解决问题（Merriam和Bierema，2003）。

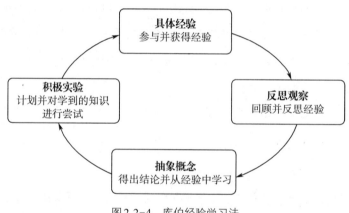

图2.2-4　库伯经验学习法

（2）情境式教学法

学习是在活动中发生的。有意义的学习只有在它将被使用的社会和物理环境中才能发生。知识所处的环境，是其发展和使用的活动、环境和文化的一部分产物。因此，嵌入真实情境中的学习方法不仅有用，而且至关重要（Brown等，1989）。Herrington和Oliver（1995）提出了一种基于情境学习的教学模式，专为设计学习环境而设。他们认为，理想的学习环境应该具备以下特点：

①提供真实的语境：学习应反映知识在现实生活中的应用方式，包括现实情境的复杂性，并为探索提供目的和可能性。

②提供真实的活动：活动应具有不明确的定义，要求学习者在情境中"发现"并"解决"固有的问题，并自主决定如何完成任务。

③提供对专业知识和过程建模的机会：通过观察专家的表现，学习者可以积累策略和叙事，利用社会环境作为资源。例如，专家在特定任务中的视频片段可作为丰富的学习资源。

④提供学生不同的视角：为学习者提供多种机会，从不同角度参与活动，以揭示情境的多个方面。

⑤支持知识的协作构建：活动应鼓励学习者合作寻找建议和解决方案，从而促进批判性思维。

⑥在关键时刻提供指导：当学习者遇到难以自行完成的任务时，学习环境应提供即时的提示和策略。

⑦促进学习者进行反思：问题的环境呈现应要求学习者在解决问题时考虑整个环境或情境，避免仅通过孤立的组件提供内容。

⑧促进表达，使隐性知识得以显式表达：Lave和Wenger描述的词汇表达和实践文化的故事，是学习环境中呈现情境的重要组成部分，有助于加深学习者对话题的理解。

⑨提供综合评估的学习任务：学习者的进展和任务期间的评估与反馈不应依赖于传统测试，而应更加注重综合性和形成性。

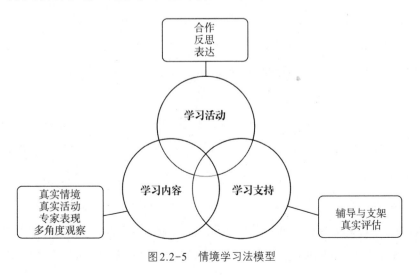

图2.2-5　情境学习法模型

（3）探究式教学法

在美国，研究性学习方法的重要性在1996年由国家研究委员会制定的《国家科学教育标准》的发布中得到了强调。探究式学习可以引导学生自主学习、自觉解决问题，它广泛应用于科学、社会研究、英语和数学等学科。科学中的研究性学习方法包括基于项目的学习、基于问题的学习和基于设计的学习。每一种方法都涉及真实的问题，差异在于对学生的最终产出要求。

首先，基于项目的学习（Project-based Learning）。在以项目为基础的学习和以设计为基础的学习中，学生需要制作一个产品，如视频或模型汽车，以实现一个目标。基于项目的学习是一种特定的学习环境，是指涉及一个项目或一项特定任务的学习和教学过程。在以项目为基础的学习环境中，"学生有机会在处理真实的、情境化的问题和项目时实践应用他们的内容知识和工作技能"（Dunlap，2005，第65页）。通常，这些类型的项目是真实的。这些项目鼓励学生独立思考和合作解决一个问题，完成一个项目，或完成一个任务。学生被置于项目环境中，并被期望在项目的背景下思考（Dunlap，2005）。在项目教学方法中，学生通过长时间的参与一个真实的、有意义的项目学习来应对真实的、引人入胜的、复杂的问题或挑战，从而获得深刻的内容知识，发展批判性思维、创造力和沟通技巧等。在遵循适宜的学习目标、有挑战性的问题、真实的环境、合格的项目计划等项目设计因素的基础上，高质量的项目学习框架主要包含智力挑战与成就（intellectual challenge and accomplishment）、真实性（authenticity）、公共产品（public product）、协作（collaboration）、项目管理（project management）和反射（reflection）六个部分。

辛辛那提大学的莎莉·穆莫教授在其2013年出版的《早期STEM教学》（Teaching STEM in the Early Year）一书中表示，项目学习被引进到学前教育阶段，可以追溯到意大利的瑞吉欧·艾米里亚学校。瑞吉欧教学模式认为儿童的学习可以通过探究性项目进行，项目的参与者可以由几名儿童或者整个班级组成，项目学习持续的时间根据参与儿童的兴趣可长可短。学前STEM教育必须在一个实际教学活动中整合至少两个STEM学科领域，课程的平衡协调作为

STEM教育的核心对于儿童的学习至关重要，而实现这种教学活动的多领域融合离不开项目教学。由此可见，项目学习的中心思想是在实际教学过程中，儿童通过一系列的学习获得并加深对知识和技能的认识。在此过程中，学习的主体是儿童，学习的内容是现实和想象中儿童感兴趣的问题的有关知识、技能和方法等。罗伯特·M·卡普拉罗等人在其著作《基于项目的STEM学习：一种整合科学、技术、工程和数学的学习方式》中将"基于项目的STEM学习（STEM PBL）"定义为"在一个明确目标下的模糊定义的任务"。具体而言，基于项目的STEM学习开始于一个明确定义的学习目标，随后教师依据国家（州或当地）提供的教育教学标准体系，指导儿童进一步完成模糊定义的任务（这些模糊定义的任务与一开始确定的学习目标保持一致），具体包括选定项目、开展设计、探索问题和完成任务。余胜泉先生指出STEM学习强调以儿童为中心的整合方式，其中科学在于帮助人们认识世界、解释世界的客观规律，而技术和工程则是通过改造世界来实现对自然界的控制和利用，从而解决整个社会发展过程中遇到的难题，STEM（科学、技术、工程和数学）之间存在着一种很强的共同性和互补关系。STEM教育不仅仅是四个学科领域的简单相加，它更强调的是四个领域之间的有机融合，其宗旨是强调以设计和探索为手

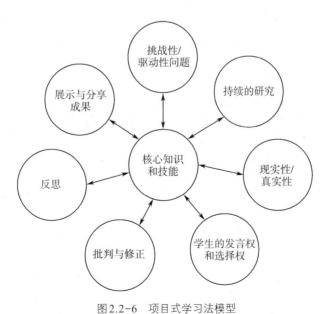

图2.2-6　项目式学习法模型

段，运用科学、数学思想和技术手段，来解决实际情境中遇到的问题。因此，我们需明确STEM学习的核心和本质是跨学科的整合。项目学习的核心是某个现实世界中待解决的问题，这个问题可以是某一单一领域中的问题，也可以是涉及多个学习领域中的综合问题，但依据这一目标模糊定义的任务则不再局限于某一领域，而是贯穿于儿童需要学习的多个领域，这与STEM课程的教育理念不谋而合。

其次，基于问题的学习（Problem-based learning）。基于问题的学习法是一种以问题为导向的教学模式，其以问题为主线来组织学习，旨在培养学习者的问题意识、创造性思维的技巧以及解决问题的能力，并使其形成自主学习的能力。它与传统教学在教学目的、知识来源、教学方式、沟通渠道、教师与学习者在学习中的地位、学习者的积极性、学习结果、教学效果等方面存在显著的差异。它具有以学习者为中心、以问题为中心、以合作学习为中心、教师起促进和引导作用等特点。从学习设计的角度来看，基于项目的学习、基于问题的学习和以问题为中心的学习有相似之处。基于问题的学习是以学生为中心的教学方法（Barron等，1998；Punlap，2005）。这种教学法关注一个驱动问题或一个项目（Barron等，1998），它鼓励学生相互合作来解决问题（Frank，Lavy和Elata，2003；Land和Greene，2000）。

最后，基于设计的学习（Design-based learning）。"基于设计的学习"也称"设计型学习"。1996年，佐治亚理工学院克罗德纳提出："将我们所学的知识运用到实践中或通过语言表达出来之前，需要经过多次的循环设计才能实现。"这种观点被认为是设计型学习的早期概念雏形。目前，设计型学习正逐渐受到越来越多研究者的重视。从定义可以看出，设计型学习强调学生在具体的任务或挑战情境中主动探究，在实践活动中动手设计、创造。从形式上看，设计型学习与目前比较流行的项目型学习（也称为基于项目的学习）、任务驱动等有一定的相似性，如都强调小组合作、做中学、问题解决等。设计型学习延续了上述学习理念，同时又对学习提出新的要求，从而彰显出其特有的品质特征。

基于设计的科学探究循环模型由佐治亚理工学院克罗德纳提出。1995年以来，克罗德纳教授一直致力于研究设计型学习，专门为中学生的科学学习开发了"基于设计的科学探究循环模型"，并取得良好的实践效果。该模型由"设计/再设计"和"调查与探索"两个循环部分组成，如图2.2-7所示。在"设计/再设计"与"调查与探索"两个循环之间，"需要做"与"需要知道"构成连接两个循环的纽带。也就是说，学习者在"设计/再设计""做"的活动中，如果遇到需要利用科学概念、原理或信息资料来解决问题的情况，就转到"调查与探索"循环，通过以"假设—检验"或"调查—发现"为核心的认知活动，获得问题解决的方法支持，然后再回到"设计/再设计"循环中，继续完成"做"的任务。这个过程是多次循环的，直到整个设计任务的顺利完成。

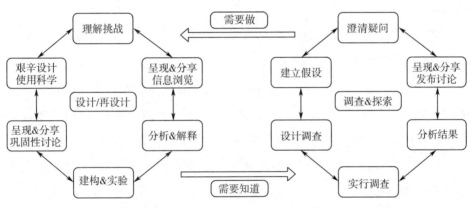

图2.2-7　基于设计的科学探究循环模式

（4）5E教学模型

STEM教育以真实问题为导向，强调为幼儿创造真实的学习情境，能够融合多学科并与现实生活紧密联系，符合幼儿科学学习的特点。为一个真实问题情境而非人为制造出来的情境中存在的问题去寻求解决方案，不仅能够激发幼儿的学习兴趣，提高其辨析信息和数据的真伪、对错的能力，而且能够使儿童更加灵活机动地调用各门学科、各个领域的多种知识以获得创新的问题解决方案，从而在提高幼儿核心素养的同时帮助其获得社会性成长（余胜泉和胡翔，2015；凯文·布坎南，2013）。在"嘻哈西游记"中，研究者设计了两个主要问题情境：一是如何设计并制作与创编故事相对应的皮影戏人物和道具；二是如何测量纸箱的尺寸并以此裁剪合适的白布来制作演出舞台。

STEM教育中，各学科知识存在于真实世界中，彼此不可或缺、相互联系，具有跨学科整合的特点（管玉婷，2019）。在跨学科教育中，教学的重心是运用相互关联的多学科知识来解决特定问题，从而培养学生知识迁移能力、问题解决能力。"嘻哈西游记"中，幼儿需要学习并运用多领域的知识来最终呈现出一场皮影戏演出（其中包括与影子有关的科学知识，例如影响影子大小的因素），通过设计恰当的人物大小以及控制人物到幕布的距离来呈现合适的影子；与戏剧相关的表演知识，例如学习"四幕剧"的基本概念和要求，按照"铺垫、叙事、高潮、结尾"来创编故事，增强皮影戏的故事性；与数学领域相关的测量知识，例如基本的测量方式，通过绳子或其他材料量取合适的幕布。

5E模型是一种被广泛使用的基于项目的学习教学模式，该模式按照结构顺序分为五个步骤：引入、探索、解释、延伸、评估（罗伯特·M·卡普拉罗等，2016）。"引入"部分强调教师要在现有教学资源的基础上挖掘出幼儿感兴趣且与现实情境问题、工程设计等相关的主题，例如"嘻哈西游记"中，研究者通过观看皮影戏视频、模仿皮影戏人物等方式来吸引幼儿投入到项目中；"探索"是指幼儿通过与小组成员和老师互动，提出问题的解决方案，幼儿通过探索来检验他们的观点，例如教师引导幼儿以小组为单位各自排练皮影戏演出，在排练的过程中幼儿发现并提出问题"小组只有五个人，但有七个角色怎么办？"；"解释"是指幼儿对自己方案的可行性进行辩护，这能够帮助幼儿厘清他们的活动，例如"嘻哈西游记"中，在每次活动结束后都会进行团体讨论，幼儿向其他组展示自己的进展并表述小组接下来的计划；"延伸"部分能够将课堂上探索的现象与真实环境联系起来，是实施方案的过程，例如"嘻哈皮影戏"中的幼儿通过学到的光影知识来调整演出中人物的大小、方向；"评估"既包括对学习者和指导者的评估，也包括对学习环境的评估，例如在"嘻哈西游记"中，幼儿通过观看各自小组的皮影戏来进行同伴评价。

（5）思维地图在STEM教学中的运用

随着信息技术的发展和工具软件的应用，思维地图作为一种知识可视化工具，在日常教学中的运用变得广泛起来。思维地图是由David Hyerle于1988年开发的促进学习的视觉语言。思维地图主要有圆圈图、树状图、括号图、气泡图、双气泡图、流程图、复流程图和桥状图八种类型，它们分别对应人在思考时的八种思维过程。每一种图都对应一种具体的思维方式，每一种思维地图都是以基本的认知能力为基础的。思维地图是具有特定形式和用途的思维可视化工具，这些工具能有效地帮助幼儿将隐形的思维显性化，同时增加思考的深度与广度，让思考更有条理。同时每种框架都能无限延伸，甚至不同框架可以组合起来一起运用，因此思维地图是一种综合性极强的思维方法。

思维地图是最为可视化的教学方式，主要有以下三种用途：（1）将认知模式与先前的经验和内容知识联系起来；（2）构建抽象概念和实用的思维产品；（3）促进各种不同学科的思维习惯。

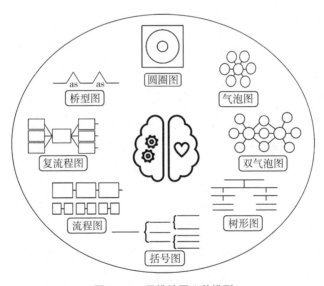

图 2.2-8　思维地图八种模型

2.3　STEM教育生态实践路径

2.3.1　早期儿童STEM教育实践

STEM教育与学前儿童之间有一种强有力的联系，幼儿的大脑在1—4岁的时候特别容易接受数学和逻辑的学习，且儿童在学前期建立的大脑结构，为其终身思维技能和学习方式的发展奠定了基础。同时，学前STEM教育是保障儿童对世界日益变化的理解的关键。通过STEM教育所获得的知识与技能，对于儿童未来的学业成就以及未来获得适宜的工作十分重要。正是因为学前STEM教育的重要性，且美国作为STEM的发起国具有相对比较完善的教育体系，了解美国学前STEM教育提出的背景及经验有助于我们更好地将学前STEM教育的优秀理念与我国学前教育发展的实际现状相结合，进而促进我国学前教育质量的提升。本节将聚焦于美国STEM教育的内涵、政策背景、学科背景和教育目标，对早期STEM教育的相关理论和实践进行梳理。

（1）早期STEM教育的内涵及政策

自1986年美国首次提出STEM教育理念以来，已经制定了众多相关的政策和法规。在过去十年中，科学、技术、工程和数学已经成为美国教育体系中一个重要的组成部分。美国政府每年为STEM教育拨款28亿到34亿美元，参与联邦拨款的机构包括国家科学基金会（NSF）、美国教育部和卫生与公众服务部。这些资金中，大约一半用于大学教育，另一半则用于K-12教育层面。国家的目标是鼓励更多的年轻人追求STEM领域的大学学位和进入到相关的职业领域（Kuenzi，2008）。

自STEM教育理念被首次提出以来，它的重点已经从最初专注于本科阶段的教育，慢慢转变为专注于基础教育阶段（以基础教育的K-12年级为主）的STEM教育。伴随着美国K-12年级STEM教育的不断发展，人们的目光不再局限于基础教育和高等教育阶段的STEM能力培养，而是开始关注儿童早期STEM教育的发展，试图通过尽早为儿童开展STEM教育和学习，来提升学前教育的整体质量，以为儿童未来的成功做好准备。从2007年起，美国各界开始集中关注基础教育阶段的STEM教育发展。到了2015年，政策层面首次倡导将STEM教育扩展到儿童的整个早期阶段，这标志着美国对STEM教育的进一步调整和深化。

儿童早期STEM教育获得关注以来，美国政策方面对其产生影响较大的文件是2016年由美国教育部发布的《STEM 2026：STEM教育创新愿景》。该文件第一次从政府政策层面把"尽早开展STEM教育"（Starting STEM education early）作为实现未来10年愿景的八大挑战之一，要求联邦、各州政府、教育部门、社会机构等加大对早期STEM教育的财政拨款和研究资助，例如加大美国联邦"力争上游—早期学习挑战"（Race to the Top-Early Learning Challenge，简称RTT-ELC）计划的拨款和学前发展补助金（Preschool Development Grant，简称PDG），并倡导相关机构提供更多的教育资源，如电视节目、App等，以促进早期STEM教育的发展。

除此之外，2018年，美国国家科学技术委员会（The National Science and Technology Council，简称NSTC）下属的STEM教育委员会（简称COSTEM）制定了《美国STEM教育战略》，提出美国STEM教育的下一个五年计划，即"北极星"计划。该计划的愿景是：所有美国公民将一生受益于高品质的STEM教育，美国将通过构造一个学习社区（学习共同体由学习者、家庭、教育者、社区和雇主五部分组成）和开展全国性STEM合作的方式使美国在未来成为全球STEM扫盲、创新和就业方面的领导者。"北极星"计划在STEM教育学段上要求STEM教育从高等教育下移至K-12（基础教育阶段），尝试构建从学前至12年级的P-12 STEM教育体系，强调STEM教育的可持续性和连续性。这是美国政府又一次在正式文件中强调儿童早期STEM教育的重要性。

（2）早期STEM教育标准

在美国，联邦和州级的STEM教育标准构筑了一个复杂而有系统的教育框架，旨在全面推广从幼儿园至12年级的科学、技术、工程与数学教育。联邦政府通过《新一代科学教育标准》（NGSS）等教育框架为学校提供科学与技术教学的基础指导，各州基于这些指导可调整或增强自身的教育标准，以满足当地的特定需求和教育目标。

科学教育方面，《新一代科学教育标准》倡导学生通过探究和实验学习科学，此方法强调学生的积极参与和动手操作，而非仅限于理论学习。各州教育部门为适应这些标准，不仅制定了相应的州级标准，还开发了配套的教师培训和资源，确保教师能在课堂上有效实施这些新方法。数学教育方面，共同核心数学标准（Common Core）提供了一系列旨在提升学生解决问题能力和逻辑思维的指导原则。各州根据这些标准发展了多种课程和评估工具，确保学生在各教育阶段能够在数学学科上打下坚实基础。此外，更多州开始在计算机科学和工程学领域实施包括编程和工程设计在内的课程，旨在培养学生的创新思维和技术应用能力。例如，加州和马萨诸塞州等州不仅在K-12阶段推广这些课程，而且在学前阶段就开始引入简单的编程和机器人技术，以激发儿童对科技的兴趣和理解。

具体来说，这些标准和框架包括《新一代科学教育标准》、《技术内容标准》（Technical Content Standard）、《工程教育在K-12：了解现状，提高前景》（Engineering in K-12：Understanding the Status and Improving the Prospects）、《共同核心数学标准》（Common Core State Standards for Mathematics）和《K-12计算机科学框架》（K-12 Computer Science Framework）。这些标准主要适用于K-12教育阶段，也涵盖学前教育阶段的5至6岁儿童，并涉及3至5岁儿童的课程内容。各州根据联邦标准制定了涵盖K-12教育阶段的教育标准。例如，明尼苏达州、亚利桑那州和马萨诸塞州分别制定了各自的幼儿园学业标准和科学、技术、工程课程框架。基于此，美国的STEM教育标准通过一系列相互关联和互补的联邦与州级政策，为学生提供了从早期教育到高中毕业的全面科学和技术教育。这种策略不仅增强了教育的系统性和连贯性，也为培养未来的科技和工程人才奠定了坚实的基础。

（3）早期STEM教育目标

在2014年发布的《K-12教育中的STEM整合：现状、前景和研究议程》一书中，美国国家科学院强调了STEM教育在学生和教师两个层面上的目标。对于教育工作者而言，这些目标包括增强对STEM领域的知识和教学方法，提升学生对STEM学科的兴趣和参与度，并为未来的STEM职业生涯做好准备。近年来，学前STEM教育的发展迅速，STEM教育目标主要侧重于为儿童未来的STEM学习奠定基础，尤其注重培养儿童的STEM素养。例如，2013年发布的《新一代科学教育标准》就指出，儿童应从幼儿园开始学习科学认知能力，通过提出和解答关于周围世界的问题例如"动物为什么会在某些地方生活？"等，来培养其科学思维。

2017年由美国国家科学基金会资助的报告《早期STEM：基础科学、技术、工程和数学教育在早期童年》进一步阐明了学前科学教育的四个主要目标，包括儿童能够参与科学实践并理解科学概念；能够在正式和非正式环境中获得科学知识和技能；能够随时间推移持续获得科学知识和技能；能够积极参与科学探索和发现活动。这些目标体现了学前教育阶段是儿童认知发展的关键时期，STEM教育旨在通过一系列有针对性的活动，激发儿童对科学和技术的好奇心和热情。STEM教育与其他教育类型不同，它通过教育者的共同努力，帮助学生整合跨学科的知识，并鼓励他们以全面和紧密的方式进行思考，从而激发对STEM学习的兴趣。此外，研究表明，即使是年幼的孩子也完全有能力进行高中生级别的科学实践，如观察、预测、简单的实验和调查、数据收集及理解他们的发现。真正理解并自愿参与科学实践或其他STEM教学活动，可以帮助儿童更好地理解他们的世界，并确保学前STEM课程的主要目标——培养STEM素养——得以实现。

美国于1985年开始组织实施的"2061计划"是一个预计历时76年多阶段的长期研究和实验项目。1989年，该项目的第一阶段研究成果总报告《普及科学：美国2061计划》出版，这是一份关于科学、数学和技术知识目标的综合研究报告，包括三个主要部分：教育要面向不断变化的未来、全国科学技术教育理事会的建议和通向未来的桥梁。与总报告同时公布的还有《生物科学和保健科学》《数学》《自然科学、信息科学和工程学》《社会科学和行为科学》《技术》这五份分报告。

报告强调如下几点：（1）考虑学生的接受水平；（2）注重学生的已有观念；（3）激发学生的学习动机；（4）分析学生的理解能力；（5）鼓励学生的亲身体验；（6）重视学生的学习反馈。报告中提出在幼儿园至四年级的小学阶段，要求学生应该掌握的科学知识有：科学和技术是人类经过长时间实践的结果；男人和女人都对科学技术做出了自己的贡献；人们对科学的认识永远不会终结；有的人一生都投身于科学研究，并从中得到很大的快乐。针对于此，早期STEM教育可采用讲故事、播放电影和录像，及其他多样性的教学手段来向相应年龄阶段的儿童介绍科学知识。

（4）非正式情境下早期STEM教育实践

自1830年成立以来，波士顿科学博物馆一直致力于通过提供各类科学和工程相关活动，培养公众，尤其是儿童的科学精神和工程技能。为进一步推广STEM教育，该博物馆成立了国家技术素养中心（NCTL），并于2003年启动了EiE课程，该课程涵盖从小学到初中的工程教育，并通过一系列课程如"基础工程""冒险工程"及"工程无处不在"等，使1800万以上的学生在美国50个州和超过20个国家受益。

2018年，EiE项目进一步扩展，向3至5岁儿童提供早期工程教育课程，包括"小工程师"和"幼儿园工程"两个项目。这些课程旨在通过有组织的问题解决活动，为托儿所及幼儿园儿童提供接触工程学的机会，帮助他们在学校和生活中取得成功，同时打破"谁能成为工程师"这一刻板印象。"小工程师"课程特别为托儿所儿童设计，包括四个有趣且具有挑战性的动手活动，这些活动不仅符合学龄前儿童的能力和注意力，还通过一个简单的三步工程设计过程——探索、创造和改进——引导孩子们解决实际问题。这种方法使得儿童能够在早期就开始理解并参与到科学和技术的世界中，为他们未来的学习和发展奠定基础。"幼儿园工程"课程则针对幼儿园年龄段，与《新一代科学教育标准》对科学和工程的期望相符，并整合数学、语言、艺术和科学等学科，通过两个主要的动手操作单元来提升儿童的社交、情感、身体和认知能力。每个单元包括七节课，内容丰富，注重实践和协作，通过五步工程设计过程——询问、想象、计划、创造和改进——鼓励孩子们参与开放且具有灵活性的挑战。

波士顿科学博物馆不仅通过一系列课程的设计和实施，为儿童提供了一个科学和技术学习的平台，更通过具体的教育项目鼓励年轻一代探索科学和工程的奥秘。这些项目的成功实施有助于培养孩子们的批判性思维、问题解决能力以及团队合作精神，这些技能对他们未来的学术和职业生涯都至关重要。

波士顿科学博物馆及其EiE课程的成功案例，为全球其他教育机构提供了可借鉴的模式，展示了如何通过早期教育介入，有效地培养孩子们对STEM领域的兴趣和能力。此外，这些课程还帮助学校和教育者理解和实施跨学科学习的重要性，使得教育更加全面和多元化。随着技术和工程领域的不断发展，早期STEM教育无疑将在全球教育的舞台上扮演越来越重要的角色。

除波士顿科学博物馆外，布鲁克林儿童博物馆也是一个非正式STEM教育实践的典型案例。布鲁克林儿童博物馆最初的建筑建于1867年，大约25年后，布鲁克林政府买下了这处地产，作为公园开发的一部分，并命名为"贝德福德公园"。1899年春，被任命为"布鲁克林艺术与科学协会策展人"的威廉·亨利·古德伊尔（William Henry Goodyear）教授提出了成立儿童博物馆的概念，博物馆将以"年轻的观众"作为主要服务对象。在成立了新的部门后，同年12月，美国布鲁克林儿童博物馆向孩子们打开了大门，成为历史上第一家以儿童发展需求为中心、制定"动手实践"政策的博物馆。这里鼓励孩子触摸展品，设置了孩子们易思考、可探索的博物馆项目，打破了传统博物馆中"束缚"的规则。

图2.3-1 布鲁克林儿童博物馆外观

图2.3-2 馆内设置的儿童探索区域

图2.3-3 "在身边的自然"和"自然探究馆"

图2.3-4 布鲁克林小世界（World Brooklyn）

图2.3-5 孩子在博物馆中探索鸟类　　图2.3-6 户外展区：鸟巢（The Nest）

2.3.2　中学阶段STEM教育实践

STEM教育是当前教育发展和改革的关键问题。面对日新月异的科技时代，美国大力细化和推广STEM教育。美国政府与国会、州立法机构和学校STEM项目一起协同合作，进行K-12 STEM教育改革，为培养下一代熟练的科学家、工程师、技术人员以及科学和数学教育工作者共同努力（Kennedy和Odell，2014）。所有这些努力都表明，对于年轻人来说，更重要的是准备好运用知识和技能来解决问题，在未来的职业生涯中理解信息，并知道如何在现实生活中应用。

新兴技术带来了新的职业期望和轨迹，也带来了新的可能性，特别是在STEM领域（Roehrig，Moore，Wang和Park，2012）。根据美国劳工统计局的数据，2018年有近970万个STEM工作岗位，占总就业人数的6.0%。预计到2028年，STEM就业岗位将达到近1056万个，占美国总就业岗位的6.3%。在2018年至2028年间，STEM职业的就业人数应增长8.8%，即858,500个工作岗位，而"非STEM职业"的净增长为5.0%。特别是从2014年到2024年，计算机职业、工程师和数学科学职业预计将增长最快，在STEM职业类型中就业增幅最高（U.S.Bureau of labor statistics，2019）。这些数据强调了STEM教育对于满足职场需求的重要性。

过去十年，STEM职业的就业增长速度远远快于"非STEM职业"的就业增长速度。大多数STEM职业是计算机科学和数学、工程和技术支持领域的专业工作，需要科学、技术、工程和数学技能（Christensen等，2014）。除了专业工作之外，各级劳动力中越来越多的工作需要STEM知识（National Research council of the National Academies，2011年）。对STEM人才的早期认可对于通过高级课程培养跨学科数学和科学能力是必要的。提高对STEM的兴趣、机会、参与和成就可以帮助美国满足劳动力的需求（Young和Young，2018）。

尽管一些报告证明了K-12 STEM教育对美国持续科学领导力和经济增长的积极影响，但这些报告表明许多学生尚未获得满足当今经济和未来经济需求的足够技能（National Science Board，2018）。K-12 STEM教育仍然面临许多挑战，需要加大力度加强学生的数学、阅读和科学能力。例如，2018年国际学生评估计划记录了来自79个国家约60万名学生的阅读、数学和科学成绩。最新研究结果显示，美国学生在三门科目上的成绩较好，阅读和科学略高于平均水平，但数学仍低于平均水平（Schleicher，2019）。过去几年，美国数学排名从2012年的第28位下降到2015年的第35位，而科学和阅读在2015年71个教育系统中分别排名第25位和第24位（Program for International student Assessment，2018）。

此外，在STEM领域，越来越多的外国出生的人成为美国受教育程度最高的科学家（National Science Board，2018年）。尤其是在工程和计算机科学领域，大约十分之六的员工出生于外国。美国国家科学委员会的研究表明，美国出生的员工缺乏在STEM职业生涯中取得成功所需的数学、计算机和解决问题的技能，而国际学生在美国STEM精英职位中所占的比例越来越大。例如，2015年，在美国出生于外国并获得科学与工程学位的人中，超过50%来自亚洲。与此同时，欧洲声称拥有13%的科学与工程学位持有者，而美国、印度和中国是科学与工程学位持有者和博士毕业生比例较高的领先国家（National Science Board，2018年）。这些挑战和问题凸显了美国STEM教育的重要性和问题。

研究人员表明，正规学校的教育存在一些挑战，可能会导致学生脱离STEM学习。一方面，资金问题和标准化测试的普及可能导致正规中学课程中缺乏实践性实验室（Levine等，2015）。在学校课堂上，学生通常是被动学习者，他们自己学习，而不是通过同伴之间的对话来学习（Kager，2015）。大多数时候，学生会被给予虚构的问题并被迫解决问题，而不是通过实践现实世界的知识来学习。另一方面，中学教育高度重视数学和科学（如地球科学、物理、化学、生物），缺乏与其他学科的整合和联系（Atkinson和Mayo，2010；Forbes，2017；Sanders，2009）。工程技术教育在美国中小学并没有得到足够的重视。

（1）正式教育系统中的STEM教育

为了更好地在正规学校实施STEM教育，继2007年《美国竞争法案》之后，STEM教育计划已在美国各地的学校课程中广泛实施（Kuenzi，2008）。

2016年，得克萨斯州启动了T-STEM计划，这是全美对包容性STEM高中的最大投资，并开设了首批七所T-STEM学院。此后，T-STEM学院的数量呈指数级增长。在2018—2019学年，得克萨斯州开设了94所州指定的T-STEM学院，并在2018—2019学年规划了9个校区（Texas Education Agency，2019年）。T-STEM专注于提高STEM相关科目的教学和学业成绩，旨在增加学习和进入STEM职业的学生数量（Heinrich，2018）。根据得克萨斯州教育局（2019）的说法，T-STEM将通过以下方式激发学生对STEM的兴趣：（1）免费向学生提供双学分；（2）提供严格的指导和加速课程；（3）提供学术和社会支持服务以帮助学生取得成功；（4）提高大学准备程度；（5）减少进入大学的障碍；（6）适应ICIA、P-TECH和T-STEM模型的区域劳动力需求。

一旦被指定为T-STEM学院，学校将通过与大学、当地教育机构、企业和非营利组织合作的七个T-STEM中心之一获得严格的学术课程、专业发展和其他STEM教育资源（Saw等人，2019）。研究表明，就读STEM高中的学生受益于STEM专业课程和学术支持，但他们的测试分数和结果可能与非STEM学校没有差异（Saw等人，2019）。T-STEM学院的学生在数学和科学方面的表现优于对照组学校非T-STEM学院的学生。然而，Sahin、Oren、Willson、Hubert和Capraro（2015）的研究表明，2008年至2011年间，T-STEM学院和非TSTEM学校在科学、数学和阅读方面没有显著差异。这表明T-STEM可能需要更多时间来全面落实国家规定的课程，才能在学术上取得收获。同样，研究表明STEM高中对学生的数学和科学考试成绩没有影响，在高中完成高级数学课程时效果是积极的。

（2）校外非正式STEM课程

校外非正式STEM课程（又称STEM强化项目）成为培养学生兴趣并提高他们在STEM领域成就的另一种选择。大多数STEM强化项目，例如夏令营、竞赛等都提供课外活动，并将情感、审美和社交元素融入学习活动中。校外STEM项目的特点包括：（1）为特殊群体提供STEM学科知识和指导；（2）帮助在STEM知识与现实世界应用之间建立联系；（3）促进非正式STEM学习并提供非正式学习机会。

目前，校外STEM强化项目的影响已得到充分研究。研究表明，STEM强化项目提高了学生对STEM内容和职业的兴趣（Mohr-Schroeder等，2014），增强了学生在STEM领域的自我效能感（Leonard等，2016；Mann等，2015），同时在学校连通性、对STEM科目的认同和热情等方面对学生产生积极影响（Leonard等人，2016；Mann等人，2015；Mohr-Schroeder等人，2014；Yanowitz，2016）。例如，在Scherrer（2013）的研究中，以工程为重点的一次校外拓展项目改善了参与者对工程的看法，并提高了学生的工程师意识。在另一个例子中，Kwon（2017）的研究表明，实践经验对于激发学生学习STEM科目的兴趣和热情很重要。通过使用技术，学生有更多机会通过现实世界的解决方案探索数学概念。

许多校外STEM项目特别关注中学时期，因为中学时期学生对于对STEM领域的态度很重要（Dare，2015），这也是学生为快速变化的未来做好准备并学习未来成功的STEM职业的基础技能的重要形成期（Christensen等，2014）。因此，许多研究人员认为，中学时期是干预和鼓励学生在相关领域继续深造和就业的适当时机（Hill，Corbett和St Rose，2010；O'Brien等，2017；Moreno等，2016）。此外，许多校外STEM项目都特别重视性别问题。与男孩相比，女孩对STEM领域的积极态度和兴趣较低（Dare，2015）。研究发现，中学女生对科学的态度在七年级和九年级之间变得消极，并且女孩对STEM科目兴趣的下降幅度比男孩更严重（O'Brien等人，2017）。女孩在中学时期开始对科学和体育活动失去兴趣（Hill等，2010）。女孩和男孩在态度和兴趣上的性别差距可能会影响女孩在STEM学习中的表现以及与重要人生阶段相关的生活方式的选择（Hill等，2010）。

许多教育工作者通过各种方式正在努力保持中学生对STEM科目的兴趣，以激励女孩未来从事STEM领域职业。一种方法是提高女孩对科学的适应感和归属感。研究表明，契合感是女性继续从事数学领域并在STEM领域取得成功的重要因素（Clapham，Ciccomascolo和Clapham，2015；O'Brien等人，2017）。学生可以通过培养积极或热情的科学适应感和归属感来提高追求STEM职业的兴趣。此外，拥有女性榜样是让中学生对STEM领域保持兴趣的另一种方式。可以通过提供真实案例，如在科学领域取得成功的女性榜样来激发中学女生对STEM的学习动机（Levine等，2015）。Holba（2015）提到STEM项目应侧重于"指导、协作、社会相关主题以及言语和语言技能的结合"（第27页）。通过提供合作学习的机会，女孩可以利用必要的语言和社交技能来最大限度地发挥STEM项目的好处。许多面向女性的校外项目的结果表明，女孩的信心、对STEM科目的兴趣以及对STEM相关职业的兴奋感有所提高（Heaverlo等，2013；Levine等，2015）。例如Ogle（2017）的研究，该研究招募了来自服务水平低下地区的中学生，并整合时尚因素来激发人们对STEM领域的好奇心。研究结果揭示了数学和科学对女孩自我效能感的积极影响，而学习可能会培养她们未来在STEM领域的兴趣和成就。

2.4　推进K-12 STEM教育发展的困境与挑战

2.4.1　STEM教育中的课程融合困境

STEM学习经验为学生在全球经济中竞争做好准备，并为学生的高级学习和未来就业提供宝贵的经验。近年来，STEM一词已成为美国众多利益相关者的流行语，他们关注改善中学教学，呼吁促进STEM领域职业的发展（Breiner等，2012年）。当谈到"STEM是什么样子"的问题时，研究者指出STEM可以是各种各样的活动，它们比传统的教学方法带来更多的探究和基于项目的方法（Breiner等，2012）。从教育者的角度来看，当科学、技术、工程和数学融合在一起时，STEM的概念变得更加坚实。

四个领域（科学、技术、工程和数学）的综合方法提高了学生在科学、技术、工程和数学教育中的兴趣和学习（Becker和Park，2011）。Becker和Park认为，许多教育工作者通过不同形式的基于设计的学习整合了四个STEM科目。研究表明，整合效应对理解STEM科目内容、改善建构主义学习、激励学生学习以及将抽象知识转化为具体概念具有积极影响（Becker和Park，2011；Fortus等，2005；Riskowski，2009）。

使用"基于项目的学习（PBL）"作为教学方法之一，可以为学生创造更多与学科互动的机会，使他们能够理解学习的意义（Venegas，2018）。正如Venegas所描述的，PBL设计的基本要素包括：（1）应用性学科知识和21世纪技能；（2）具有挑战性的开放式项目或问题；（3）探究；（4）真实性；（5）以学生为中心的方法；（6）反思；（7）复习；（8）最终陈述。基于项目的学习与STEM领域有着密切的联系。在STEM教育中，学生必须将"学校"知识与现实世界联系起来，了解内容对他们生活的重要性，这反过来可能会提高他们对STEM学科的态度（Wang和Frye，2019）。

（1）在STEM教育中使用编程和机器人技术

计算机编程在STEM教育中越来越受欢迎，技术教育中的综合编程也正在改变STEM教育的格局和学科（English，2017）。计算思维的概念已被STEM教育者、研究人员和利益相关者广泛应用，以提高学生的兴趣、解决问题的能力和技术知识（Gadanidis，Borba，Hughes和Lacerda，2016）。计算思维的应用也可以改善数学教育（English，2017）。

近年来，机器人和游戏设计已被确定为STEM项目中的新技术和创新途径（Hinton，2017；Leonard等，2016）。许多研究表明，此类现代技术提供了基于项目的学习环境，能帮助学生将抽象的数学和科学概念转化为具体的现实生活应用，并将通常看似互不相关的领域联系起来（Grubbs，2013；Hinton，2017；Nugent等人，2010）。例如，Hinton（2017）的研究表明，机器人活动可以提高人们对STEM任务的兴趣和自我效能。因此，需要结合更多现代技术和学习工具来吸引学生进行科学学习。

（2）从STEM到STEAM：将艺术融入STEM

在许多国家，STEAM被视为提高学生兴趣和改善STEM学习机会的其他方法（English，2017）。STEAM教育中艺术的加入提供了更多的学习机会和现实世界环境，满足了更多学生的兴趣。研究表明，将艺术与STEM教育相结合与学生的学业成绩有着积极的关系（English，2017；Forbes，2017）。Forbes（2017）指出，从事表演艺术的学生不太可能从事危险行为，而更有可能享受学校生活并保持较高的平均绩点（GPA）。更重要的是，在课程中加入音乐可以特别提高学生在初中和高中期间的学业成绩和标准化考试成绩（Yoon

和Strobel，2017）。正如Yoon所说，十一至十五岁的学生表现出更高的自我意识，这导致他们失去一些直觉和情感特征。在这个年龄段，刺激右脑功能的活动，例如听音乐，有助于学生的大脑发育和身体整合。到高中结束时，音乐和其他有节奏的活动对青少年的大脑发育产生了最大的影响。学生在艺术中培养的创造性和批判性思维技能，培养了与STEM成功相关的四项技能（Forbes，2017年）——"观察、视觉思维、识别和形成模式以及操作能力"（第17页）。同样，Hadzigeorgiou、Fokialis和Kabouropoulou（2012）指出科学家和艺术家具有不同的创造力类别，但属于相同的想象力过程，将艺术融入科学课程有助于学生以新颖和不寻常的方式看待事物（Hadzigeorgiou等，2012）。

研究人员和教育项目在美国各地以各种方法出现，许多现实生活案例实践了STEAM概念（Forbes，2017年）。例如"STEM to STEM"组织在不同州、企业以及机构如芝麻街、Reading is Fundamental、波音、科勒公司、英特尔、苹果公司、Crayola公司等之间合作开展STEAM项目。此外，职前数学教师也使用STEAM教育的概念来教授数学课程（Forbes，2017）。由哥伦布艺术博物馆主办的基于艺术的STEM模型，将"观察、描述、解释和证明"（ODIP）的学习思维模型融入数学课程中（Conley，Trinkley和Douglass，2014）。该模型的结果展示了学生解决问题的能力，提高了学生识别解决数学问题的多个过程的能力，并支持抽象数学思维。

（3）整合STEM教育的挑战

研究表明，STEM教育面临着学科不平衡的问题，尤其是中小学阶段的工程教育在许多国家没有得到足够的重视（English，2017）。近年来，尽管美国在改善工程教育方面付出了大量努力，但在中小学阶段，工程教育仍然被严重忽视。STEM教育通常着重于"科学"学习。这种教育模式极其重视科学教育，旨在提升中小学科学课程的教学水平和质量（English，2017）。

整合多个STEM学科的另一个挑战是缺乏正规学校学习的实践经验。在传统的学习环境中，学生通常是被动学习者，他们自己学习，而不是通过与同龄人的对话来学习（Kager，2015）。学生不是通过"现实世界的经验"来学习，而是被给予一些虚构的问题并被迫解决这些问题。正如Levine等人（2015）所指出的，更多的强化项目应该实践各种创造性的方法，增加实践学习、实地考察和科学实验的时间，并将科学、技术、工程和数学融为一体。

尽管STEAM教育提高了学生的参与度和学习成果，但关于STEAM教育的研究少于STEM教育。STEAM教育面临许多挑战：整合其他原则、实施课程以及实现课程目标（English，2017）。将艺术融入STEM教育需要鼓励教师与STEM学科进行交流、合作和共同教授艺术（Forbes，2017）。

2.4.2　推进全美STEM教育公平的挑战

（1）STEM领域的女性

STEM领域的性别差距已经存在了几十年。从历史上看，由于STEM文化中普遍存在性别偏见和性别歧视，女性在STEM领域接受教育的机会不平等（Hughes，Nzekwe和Molyneaux，2013）。科学、数学和工程领域的职业通常被视为男性职业，不符合人们对女性工作的看法（Kager，2015；Michael和Alsup，2016）。关于职业的历史和陈规定型观念阻碍了女性参与STEM，塑造了女孩的态度，并损害了女性在STEM领域的表现（Clapham等，2015；Kager，2015）。尽管科学和工程领域的女性人数不断增长，但男性人数仍然多于女性，尤其是在这些职业的高层（Michael和Alsup，2016）。大学学位中的这种性别差异可能会继续扩大并逐渐发生变化（Perry，2019）。毕业时，女性仅持有29.1%的数学和计算机科学学士学位，24.7%的数学和计算机科学博士学位，以及27%的数学和计算机科学专业职位（Hill，Corbett和St Rose，2008）。

在职业兴趣方面，总体而言，女性对STEM学科和职业的兴趣低于男性，尤其是在工程和技术领域（Michael和Alsup，2016）。而男性对科学能力和追求科学职业的最终决定表现出更大的兴趣和信心（Dare，2015；Levine等，2015；Sadler，Sonnert，Hazari和Tai，2012）。研究表明，女性比男性感知到更多的职业障碍（Gnilka和Novakovic，2017）。职业障碍认知的性别差异会影响女性的职业理想、职业兴趣，并对其职业选择和行动产生更直接的影响。

在工程、制造、建筑技术、航空技术和汽车技术等许多STEM领域，相比男性，女性的职业选择存在较大差距（Hgedorn和Purnamasari，2012）。女性对能够帮助他人、让世界变得更美好的职业更感兴趣（Clapham等，2015；Sadler等，2012）。因此，女性在STEM领域的生命科学、化学和数学领域拥有更好的代表性（Michael和Alsup，2016）。工程和计算机科学是2017年和历史上女性在科学领域代表性不足的两个领域（Perry，2019）。为了使更多女性进入并留在STEM领域，创造一个能够引导她们整体认知并增加她们对STEM学习兴趣的环境非常重要。

（2）STEM中的拉丁裔和西班牙裔学生

拉丁裔是美国最大的种族少数群体（U.S.Census Bureau，2017年）。到2050年，美国将有超过2000万年龄在5岁至17岁之间的拉美裔人。其中，到2040年，大学年龄拉丁裔人数将从300万增加到800万以上（Cole和Espinoza，2008）。然而，研究人员表示，拉丁裔在进入和退出科学和工程学术项目方面面临着最大的困难。就职业和学位而言，拉丁裔在STEM领域的代表性不足，相比于其他群体，拉丁裔拥有的STEM工作较少，获得的STEM学士学位也较少。

作为美国增长最快的种族群体，西班牙裔在STEM教育方面面临着相对缺乏进展的问题。与其他种族群体类似，西班牙裔群体包含来自多种文化和种族的个人，包括墨西哥、波多黎各、古巴、中美洲、南美洲、多米尼加共和国和西班牙（U.S.Census Bureau，2004）。来自不同血统的西班牙裔学生在不同级别的STEM教育中面临着重大的种族差异。例如，数据表明，波多黎各裔西班牙裔学生比非裔美国同龄人取得了更大的进步，而墨西哥和其他西班牙裔学生的进步则最小。因此，研究人员和教育工作者必须采取认真的行动来提高西班牙裔学生的成绩。

与其他种族和族裔群体相比，拉丁裔与西班牙裔面临许多挑战，包括较低的学业成绩率和达到程度、较少的教育机会以及较少参与STEM职业（Taningco等，2008）。首先，尽管辍学率不断下降，但从2000年到2016年，拉丁裔青少年的辍学率每年仍高于白人和非裔美国青少年（National Center for Education statistics，2018）。其次，研究人员证明，与非裔美国人和拉丁裔人学率较低的学校相比,非裔美国人和拉丁裔入学率较高的学校提供的高级数学和科学课程的机会较少(National Science Board,2018)。再次,职业选择上也存在类似的差异,与亚洲人和非裔美国人相比,拉丁美洲人在STEM职业中的性别差距更大(男性多于女性)(Taningco等,2008)。正如Modi、Schoenberg和Salmond(2012)所述,种族身份和社会经济地位是影响拉丁裔女孩对STEM兴趣、在STEM领域的认知能力以及选择职业道路的动机的因素。而在西班牙文化的影响下,年轻女性更有可能就读离家较近的学校,因为父母希望女儿住在家里(Dowd,Malcom和Bensimon,2009)。最后,对于拉丁裔和西班牙裔学生来说,他们对STEM领域的选择和坚持,与他们在高中时的学业准备,对科学、数学、工程(SME)专业的兴趣以及高平均绩点(高中的GPA)有显著关系(Cole和Espinoza,2008)。在高中阶段,拉丁裔和西班牙裔学生的平均绩点和对STEM专业的兴趣均低于白人学生。进入大学后,支持性的教育环境和榜样的力量(例如父母、同伴和教师)在学生的毕业过程中发挥着重要作用。对于少数族裔学生来说尤其如此,因为他们强调同龄人和导师之间的联系。然而,考虑到许多拉丁裔学生的父母只有高中学历,他们的文化资本不同于其他学生和父母受过大学教育的种族群体。因此,父母没有受过大学教育且社会经济背景较低的学生不太可能更好地了解大学学术文化,并且更有可能对大学环境产生负面看法(例如孤立、文化疏远)。

尽管有色人种学生在STEM教育中面临诸多挑战,但他们留在STEM领域并坚持下来的人数不断增长,这对于美国的经济竞争力和教育公平至关重要。增加少数族裔学生的数量可以提高STEM教育的创造力、创新和质量水平(Burke和Mattis,2007;Michael和Alsup,2016)。扩大代表性不足的学生群体的参与是整个STEM的主要关注点(Wade-Shepherd,2016)。

2.5　本章小结

与许多其他国家一样,美国投入了大量精力来改善STEM教育并将其作为国家优先事项,以加强国家在全球发现和创新方面的地位(Christensen等,

2014）。美国政府与国会、州立法机构和学校 STEM 项目一起，大力改革 K-12 STEM 教育，以培养下一代熟练的科学家、工程师、技术人员以及科学和数学教育工作者（Kennedy 和 Odell，2014）。尽管中国、德国、日本等许多国家在推动 STEM 教育方面有很多共同点，但他们在设计路径、强调需求以及为学生在 STEM 领域的职业生涯做好准备方面存在显著差异。

针对特定学校和学习环境的研究表明，STEM 教育面临着许多挑战和问题。如上所述，这些问题包括 STEM 领域专业人才缺乏、正规学校无法提供足够的资源和满足学生的需求、不同学科融合的挑战以及 STEM 教育中性别和种族的不平衡。为了促进 STEM 教育并缩小差距，STEM 教育工作者、研究人员、大学和利益相关者广泛实施了许多校外项目，以提高学生对 STEM 的兴趣、解决问题的能力和技术知识（Gadanidis，2016）。各种校外 STEM 教育计划的实施为发展 STEM 教育提供了机会，并为代表性不足的学生提供更多资源（English，2017）。

为了缩小性别差距，中学时期被认为是提高女孩整体毅力、增强科学契合感、说服女孩在相关领域继续深造和就业的重要时期（Hill 等，2010；O'Brien 等，2017 年；Moreno 等，2016 年）。许多研究人员正在寻求通过设计和实施各种 STEM 干预措施来保持中学生对 STEM 领域的兴趣并提高她们的自我效能的方法。这些 STEM 项目证明了科学信心、对 STEM 学科的兴趣以及 STEM 相关职业的增加（Levine 等，2015；Heaverlo 等，2013）对缩小性别差距具有重要作用。

在扩大 STEM 参与水平方面，与其他种族和族裔群体相比，拉丁裔和西班牙裔面临许多挑战，包括较低的学业成就率和达到程度、较少的教育机会以及较少参与 STEM 职业（Taningco 等，2017）。他们对 STEM 领域的选择和坚持受到高中时的学业准备、对 STEM 专业的兴趣以及高平均绩点的影响（Cole 和 Espinoza，2008）。文化资本也影响了他们对大学专业和职业选择的看法。因此，探索初中和高中女生的 STEM 学习经历以及她们对参加校外 STEM 项目的看法非常重要，研究结果可能有助于研究人员和教育工作者更好地了解该项目如何影响学生的兴趣、自我效能和职业选择。

第二篇章

教育实践篇

教育实践篇章涵盖第三至第五章节，重点关注两个具有代表性的STEM教育项目：美国自然游戏中心的早期STEM教育项目和面向中学生的校外STEM项目。

美国自然游戏中心的早期STEM教育项目专注于探索早期儿童的STEM教育，致力于通过游戏和互动的方式，激发孩子们对科学、技术、工程和数学的兴趣。第三章将详细介绍该项目的教学方法、课程设置以及取得的成效，以期为其他类似项目提供借鉴和启示。

宝石STEM项目，作为校外STEM项目的代表，涵盖了面向初中和高中阶段的STEM教育内容。其中，"迷你宝石"项目专为初中阶段学生设计，旨在通过短期项目（夏令营）和长期项目（机器人俱乐部），培养学生的STEM技能和创新思维。而"超级宝石"项目则针对高中阶段学生，分为为期两周"超级宝石"夏令营和为期六周的研究型夏令营，旨在深入挖掘学生的科学研究潜力，并培养他们的领导能力和团队合作精神。第四章和第五章通过对这两个项目的介绍和分析，探讨它们在STEM教育领域中的创新之处、教学模式的特点以及对学生发展的影响。同时，也探讨这些项目所面临的挑战以及未来发展的方向。通过深入了解这些实践经验，为STEM教育的实践提供有益的借鉴和启示，促进教育的不断创新和进步。

第3章 萌芽阶段：自然教育视角下的
早期STEM教育启蒙

3.1 概述

回忆一下你的小时候，你最喜欢的游玩地点是哪里呢？

许多人可能会回忆起自己在街道、公共场所、后院、公园或未开发的空地中与大自然亲密接触的美好时光。公共空间作为供人们自由游玩的场所，其历史由来已久（Frost和Sutterby，2017）。这些地方为孩子们提供了在自然环境中尽情游玩的机会，自然的元素也成了孩子天然的游戏道具。孩子们在大自然中的嬉戏不仅培养了他们的认知能力、创造力，提高了他们的身体素质，还促进了其社交和情感技能的发展。研究表明，大自然中的游戏有助于提升儿童的自我控制能力、认知水平，有助于儿童健康快乐地成长（Kemple等，2016）。此外，自然游戏还是儿童与同伴交流和促进情感健康的有效途径（Kemple等，2016）。

自然游戏的核心理念在于与环境元素互动，如利用原木、棍棒、石头和工具等各种松散的部件进行创意组合（Wheeler，2015）。研究表明，自然游戏对儿童发展有益，能激发其有益于环境的行为（Almon，2017；Frost，1992；Wheeler，2015），培养其认知能力、创造力，提高其身体素质、社交和情感技能。体育游戏还为儿童运动技能的发展提供机会，有益于儿童的健康（Kemple等，2016）。天然的游戏材料为孩子们提供了不同的探索体验，引导他们接触多样的选择。通过使用松散的部件在自然游戏环境中互动，孩子们可以主导游戏，与同龄人和成人互动，促进情感健康（Kemple等，2016）。

　　自然游戏为婴幼儿提供了丰富的STEM学习机会。STEM不仅是科学、技术、工程和数学的首字母缩写，它还关乎孩子们的探究式学习，关乎孩子们在探究学习后的表现，如提出问题并正确地回答这些问题。自然游戏通过提供与STEM组件相结合的开放式材料，让儿童亲身体验，帮助他们为所处的世界做好准备。他们通过参与探索并了解事物如何运作，培养了沟通、合作、批判性思维和创造力等宝贵的21世纪技能。通过将STEM体验与户外学习相结合，儿童能够在自然环境中发现、玩耍和探索。与其说STEM是由与机器人或iPad相关的技术游戏引发的，不如说环境科学是通往STEM的一种有机且引人入胜的入口。这些自然游戏体验提供了无限的机会，使儿童通过亲身经历来探索科学概念、工程技能、高低技术以及数学概念。

　　尽管自然游戏的益处众所周知，游乐场设计师、家长和孩子们仍对其存在一些担忧。尤其是在城市地区，室外游乐场面临着空间有限和绿化较少的问题。考虑到安全问题以及孩子可能弄脏衣服，再加上天气可能太冷、太热或太潮湿等担忧，父母一般难以支持孩子们的户外游戏。柯蒂斯提到，无人监管的儿童街头游戏可能会引发一些负面看法，比如"孩子们可能学会说脏话、抽烟以及策划令人反感的冒险"（Curtis，2008）。这些问题导致大多数儿童在这些无人监管的游乐场中玩耍的自由度较低（Almon，2017）。这些障碍让父母面临着艰难的抉择，既希望孩子安全，又想鼓励孩子自由活动，因此他们努力在保护和放手之间找到平衡。这些障碍降低了儿童参与活动的自发性，这意味着他们的自主性活动机会减少了（Frost和Sunderlin，1985）。

　　值得注意的是，无人监管的自然游戏场也面临着一些挑战。当孩子们在这些无监管的自然游戏场中嬉戏时，家长们常常担忧安全问题以及游戏活动的具体内容。这可能导致大多数孩子在这些无监管的游戏场中的自由度较受限（Almon，2017）。在确保安全的同时，我们也需要寻找方法，让孩子们在自然中游戏时能够保持更大的自由度和独立性。这样，他们才能在与大自然互动的过程中更全面地发展各方面的技能，创造出更加丰富多彩的童年回忆。

　　为了更深入地了解自然游戏对婴幼儿STEM教育的帮助，本书还对美国克朗科斯基自然游戏场中心的情况进行了详细阐述。通过观察法对婴幼儿早期

STEM学习情况进行描述，作者用课程设计案例为读者呈现了这个独特场所的教育实践。在这个自然游戏场中，婴幼儿可以通过与环境元素互动，如原木、棍棒、石头和工具等，创造出各种有趣的游戏场景。这有助于培养婴幼儿的认知能力、创造力，提高身体素质，为他们的全面发展奠定基础。然而，尽管自然游戏对婴幼儿的STEM教育有着显著的帮助，但现有的课程体系存在一些缺陷。本书认为，对于STEM学习的全面支持需要更加系统和完善的教育体系。作者鼓励教育者和决策者深入思考如何构建更为综合和有效的STEM教育框架，以更好地促进儿童在自然游戏中获得STEM学习的机会。

3.2　美国克朗科斯基自然游戏场中心

3.2.1　克朗科斯基自然游戏场中心概况

位于美国得克萨斯州圣安东尼奥市的克朗科斯基（Kronkosky Tiny Tot）自然游戏场中心（简称中心）是一个引领自然游戏理念的户外游戏场所。该中心于2004年秋季首次开放，是全美首个专为0—5岁儿童及其父母设计的动物园展区，旨在为参观者提供互动式的自然和动物探索体验。园区占地1.5英亩，拥有多个儿童活动中心，包括带流动水的沙滩、露营地、发现龟蛋的地方、近距离接触草原狗的地方、与大鱼对视等多个吸引幼儿兴趣的特色区域。在这些区域，有专门的游戏领导者负责监督儿童并鼓励儿童游戏和探索。年幼的孩子们将受到思维和感官的刺激，获得不一样的视觉、听觉、嗅觉、味觉体验。中心的使命是给幼儿提供与自然一起成长的机会，让他们欣赏自然。教育目标包括：为幼儿提供有趣、适合年龄的机会，让他们与自然一起发展和成长；鼓励有幼儿的家庭积极参与各种旨在增强对自然世界的欣赏的活动，共同体验大自然；让幼儿在大自然中探索、玩耍并感到舒适，从而培养对周围世界的热爱和欣赏。具体而言，儿童（以及家庭）将通过感官、身体活动和解决问题的行为与自然建立联系。父母将了解新的经历和自然对幼儿大脑发育的重要性。通过孩子与自然环境的互动，全家人都会体验到自己的"内在小孩"和惊奇感。家庭将在大自然中变得舒适，并寻求在野外与家人相处的方式。家庭将采取行动并为自然提供管理服务。家庭将了解到这样的信息：早期与动物接触的经历有助于培养幼儿对自然的同情心。

图3.2-1 美国Kronkosky Tiny Tot自然游戏场中心标志

自然游戏场中心的设计理念体现了对儿童早期学习和发展的深刻理解，以及对大自然的独特欣赏。设计理念坚持以儿童为中心，聚焦于满足0—5岁儿童及其家庭的需求，设计元素也考虑到了幼儿的认知、感知和身体发展阶段。中心设计理念强调互动性和体验性，通过各种活动创造出引人入胜的环境。孩子们可以通过听、看、闻、触摸等感知和体验自然，从而更深入地理解和欣赏大自然。中心将自然元素融入儿童教育中，通过设计与动物、植物和自然景观的互动，激发儿童对生态系统的兴趣，使其获得对自然世界的独特感知和理解。设计理念鼓励家庭参与，主张创造一个共同体验的空间。家长与孩子们一起参与各种自然活动，共同发现大自然的奇妙之处，亲子关系也得到提升。游戏领导者在设计理念中扮演关键角色，他们不仅是引导者，还是故事的讲述者和学习的促进者。他们通过各种创意游戏引导孩子们主动参与，激发他们的好奇心和想象力。中心提供的包括沙滩、露营地、河岸、音响站等在内的多样性的自然体验，使孩子们能够在不同环境中获得不同的感知和认知刺激。设计理念注重儿童的健康和安全，通过合理布局、安全设施和定期维护，为孩子们提供一个安心的自然游戏场所。总体而言，自然游戏场中心的设计理念主张在儿童成长的重要时期，通过与自然互动，促进他们的全面发展，并在家庭共同参与的氛围中创造美好的记忆。

3.2.2 克朗科斯基自然游戏场中心核心区域

（1）泥浆厨房：发挥想象力的天地

泥浆厨房（Mud Kitchen）是中心的一大特色，为孩子们提供了一个发挥想象力的天地。在这个区域，孩子们通过角色扮演、规则游戏和假装游戏，使用厨房工具和石头假装制作食物。研究指出，通过这样的互动式游戏，儿童可以培养社交技能、提高创造力，同时学到一些基础的生活技能（Smith等，2018）。这里不仅是一个充满创意的游戏场所，孩子们还能成为好帮手、好奇的顾客，甚至充当友善的服务员，体验真实生活中的情景。

在泥浆厨房，孩子们可以在模拟的厨房环境中进行角色扮演，使用小型厨房工具和石头假装制作各种食物。这种活动不仅能够激发孩子们的创造力，还促使他们在互动中学习合作和分享的重要性。通过假装制作食物，孩子们能够模拟真实生活中的情境，获得对周围环境的认知和理解。

（2）后院栖息地：与自然亲密接触

后院栖息地（Play Habit）是一个得到美国国家野生动物联合会认证的区域，为野生动物提供庇护和食物。该区域根据真实房屋包括后院和前院进行仿照设计，孩子们在其中能够尽情发挥自己的想象力。在这里，他们可以采花、观鸟、喂鸟、捉虫子，与自然建立更为亲密的联系。先前的研究表明，与自然亲密接触对儿童的认知和情感发展都有积极的影响（Wells等，2019）。

后院栖息地被精心设计成一个模拟真实生态系统的场所，为孩子们提供了与自然亲密接触的机会。孩子们不仅可以在这里参与各种户外活动，还能观察到一些野生动物，这一切使他们萌发对生态系统的理解和关爱。这种与自然亲密接触的体验还有助于培养孩子们的环保意识和责任感（Chawla等，2020）。

（3）河岸：模拟真实海滩

河岸（River Bank）成为克朗科斯基自然中心中最受欢迎的地方，被许多孩子称为"海滩"。这个区域模拟了真实海滩的场景，包括水域、岩石沙、玩具、大棕榈树和休息椅。这里的沙子和水安全无害，为孩子们提供了一个安全的环境，让他们充分发挥想象力，创造出城堡、池塘等各种场景。同时，在这个区域中，通过单独游戏、小组游戏和大组游戏，孩子们的社交能力也获得发展。

河岸的设计不仅考虑了儿童的娱乐需求，还注重了对环境的保护。所使用的材料如沙子和水，都是安全无害的，使孩子们在玩耍中能够得到最大程度的安全保障。这种注重细节的设计体现了克朗科斯基自然游戏中心对儿童健康和安全的高度关注。

（4）音响站：发现声音的奇妙

音响站（Sound Station）是一个引导孩子们发现声音奇妙的区域，这里提供了不同大小的编钟和鼓。这些乐器有助于孩子们识别不同的声音，培养他们的听觉感知。音响站也为不同年龄段的孩子提供了合作的机会，通过一起聆听不同的声音，演奏乐器，孩子们混龄互动的水平也得以提高（Dadvand等，2019）。

音响站的设计考虑到了儿童的听觉发展需求，提供了丰富多样的声音体验。这不仅有助于拓展孩子们的感官体验，还通过音乐和声音的互动，促使他们在娱乐中学到更多关于声音的知识。

（5）露营地：探索真实露营环境

露营地（Go Camping）是一个为孩子们打造真实露营环境的区域，这里有河流、树木、帐篷、船、鱼、火、原木和跷跷板等。在这里，孩子们可以玩捉迷藏游戏，观察大自然，还可以踩过河流，体验真实的露营生活。这个区域的设计旨在通过自然元素的模拟，让孩子们更深入地理解大自然，并在户外环境中进行探索、得到锻炼（Charles和Louv，2017）。露营地不仅提供了户外游戏的机会，还通过模拟真实露营场景，让孩子们感受大自然的奇妙。这种亲身体验有助于激发他们对自然的好奇心，培养其对户外活动的热爱。

（6）"去野"区：户外开放游乐乐园

"去野"区（Go Wild）是自然保护区内最大的户外开放游乐区，这里有平衡豆、障碍物、玩具、堡垒、原木、玉米迷宫、休息区和沙箱等。丰富多样的游戏设施，让孩子们在探索中锻炼平衡感、玩耍尽兴。先前的研究表明，户外游戏对儿童的身体发育和协调能力有积极的影响（Gray等，2015）。

"去野"区的设计考虑到了不同年龄段儿童的需求，提供了多样化的游戏设施。这不仅有助于促进儿童的身体发育，还创造了一个开放的环境，让他们在游戏中建立友谊、锻炼团队合作能力。

综上所述，克朗科斯基自然游戏中心通过精心设计的多个区域，为幼儿提供了一个全面发展、寓教于乐的天地。在这里，孩子们释放天性，与家长共同探索，亲近大自然，通过与自然亲密接触、发挥想象力、探索真实环境，获得全面发展，成为具有丰富知识和积极探索精神的未来社会成员。

3.2.3　克朗科斯基自然游戏场中心独特的游戏领导者

在自然游戏中心，游戏领导者（Play Leader）的角色至关重要，他们负责设计和组织各类儿童游戏活动，以激发幼儿的好奇心和创造力。经过巧妙设计的游戏，创造出一个充满想象力和创造性的环境，让儿童在游戏中全面发展。由游戏领导者们组成的团队保持着开放的状态，他们充当故事的讲述者、活动的促进者、自然的敬畏者和乐趣的守护者等各种角色，不仅是游戏活动的引导者，更是塑造儿童自然体验的关键人物。游戏领导者的工作内容包括促进动物园儿童展览、开展自然景点中基于自然的儿童游戏等。

动物园儿童展览针对五岁及以下儿童。在展览中，游戏领导者履行各种职能，包括促进展览探索、领导活动、制定和实施自然活动、展示动物、讲故事，向游客传递策展思想和目的等。

在动物园儿童展览中游戏领导者的职责包括但不限于：

· 与同事建立并保持积极、合作、有效的工作关系。

· 以良好的态度服务游客，向游客微笑，关心游客的活动体验，并及时给予反馈。

· 以礼貌、得体的方式与公众沟通，协助游客解答问题并指导前往动物园各个区域的方向。

· 清除公共区域的垃圾和杂物，保持环境整洁。

· 通过游戏促进教育体验，创造一个鼓励好奇心、创造性思维探索和实验的环境。

· 为幼儿的教学和学习制定适当的实践方法。

·负责每天早上准备游乐区，监督儿童对展览的适当使用，进行安全审核，并在一天结束时关闭游乐区。

·应用展览所采用的标准、法规和指南来解决幼儿及其家庭的健康、安全和适合发育的问题。

·通过实施针对五岁及以下儿童及其家庭的适当保护教育机会的综合战略，支持动物园的保护使命。

·与动物园工作人员合作，确保准确传播信息并最大限度地利用动物园的资源来开展教育，发展儿童的各方面能力。

·在亲子互动中发挥桥梁作用，鼓励家长与孩子一同参与游戏，促进亲子关系的建立，创造一个家庭共同参与的欢乐氛围。

具体说来，在动物园儿童展览中游戏领导者的工作职责包括吸引动物园的小游客，维护展览区域，并且营造出一个奇妙而富有互动性的氛围，以确保每个孩子在这个自然景点中都能够获得无尽的乐趣。

自然景点中基于自然的各类儿童游戏，旨在激发儿童的好奇心和创造力。通过精心设计的游戏，游戏领导者创造了一个充满想象力和创造力的环境，使儿童在游戏中得到全面的发展。除了提供富有创意性的游戏体验外，游戏领导者还在自然互动和探索方面发挥了关键作用。通过引导儿童参与各种自然活动，如观鸟、捉虫、采花等，他们帮助儿童建立与自然的深刻联系。这种积极的自然互动不仅培养了儿童对自然的浓厚兴趣，也激发了他们对生态系统的认知。

在游戏中巧妙地融入自然教育，是游戏领导者的另一项重要任务。通过解释动植物特征、引导观察自然现象，他们为儿童提供了一种在游戏中学习的独特途径，促进了儿童认知和智力的发展。同时，游戏领导者鼓励儿童在游戏中承担责任，做出独立决策。这有助于培养儿童的责任感和自主性，使其在游戏和生活中都能够更好地展现领导力和自我管理能力。通过激发儿童对大自然的热爱，游戏领导者引导儿童树立正确自然观，这为儿童可持续发展和环保意识的培养奠定了基础。通过生动有趣的自然游戏活动，他们引导儿童在欢笑中培养对大自然的尊重。

社交技能的培养也是游戏领导者工作的一部分。在自然游戏中心，他们通过各类团队游戏和合作活动，帮助儿童建立友谊，学会与他人分享和合作。这为儿童社交技能的全面发展提供了有益的环境。安全是游戏领导者始终关注的重要问题。他们监督游戏区域，防范潜在的危险，确保儿童在游戏中的安全。同时，通过各种户外活动，游戏领导者促进儿童的身体发展，培养健康的生活习惯。

游戏领导者在亲子互动中发挥了桥梁的作用。他们鼓励家长与孩子一同参与游戏，促进亲子关系的建立，创造一个家庭共同参与的欢乐氛围。通过这些角色的发挥，自然游戏中心的游戏领导者为儿童提供了一个充满乐趣、教育性价值丰富的自然游戏场所。他们的工作不仅关乎儿童的当下快乐，更影响着他们未来的成长和对大自然的持久热爱。

3.3　自然视角下早期 STEM 教育行为观察

3.3.1　儿童游戏的观察方法

观察法是一种通过系统性地观察和记录个体或群体在自然状态下的行为、活动、反应或其他特征来收集信息的研究方法。此方法广泛应用于社会科学、心理学、教育学和行为科学等领域，旨在深入理解被研究对象的行为，而非依赖于实验室环境中的人为干预。在实施观察法时，研究者通常选择在被研究对象的自然环境中进行，以确保行为的自发性和真实性。该方法的核心目标是尽可能减少研究者对场景的影响，允许被研究对象的行为自然展现。观察过程本身需要高度的系统化，包括但不限于明确预定的观察目标、建立科学的观察记录系统以及确定观察的具体时间和地点。观察记录通常涵盖多种形式，如文字描述、图表、录音或摄影等，便于进行后续的数据分析和解释。在某些情况下，观察法可能涉及长期跟踪，以捕捉行为的演变和模式。此外，观察法可以是定量的，通过具体的计数和测量来量化行为，也可以是定性的，侧重于对行为的深入和质性理解。这使得观察法成为一种灵活而强大的工具，适用于多种研究需求。

在早期 STEM 教育行为的观察中，观察法可以帮助研究者更好地了解儿童在自然环境中如何参与 STEM 活动、表现出好奇心、解决问题以及与他人互动的过程。本书所使用的观察法包括：

（1）参与式观察：此方法涉及研究者直接参与儿童的STEM活动中，如同一位活动参与者或助手，而非仅仅作为观察者。通过这种深入的参与，研究者能够从内部观察和理解儿童如何互动、思考和解决问题。例如，在一个模拟的泥浆厨房活动中，研究者可以观察儿童在选择和使用各种厨具或自然材料如树叶、石头制作食物时的创造性思考和社交互动。通过这种互动，研究者可以获得关于儿童学习动机和策略的直接信息。

（2）记录学习过程：在儿童进行STEM活动时，记录每一个关键的学习阶段，从问题识别到解决方案的尝试，再到技能的掌握和知识的积累。其中，不仅包括成功的尝试，也包括失败的经历和由此产生的调整。记录可以采用视频录制、拍照和书写实地笔记等形式，这样研究者可以在活动后详细分析儿童的思考过程和学习策略。

（3）非干预性观察：在这种观察方式中，研究者尽量保持客观和被动，不干预儿童的自然行为。目的是观察儿童在没有成人指导的情况下如何发起和进行STEM探索，这包括他们如何处理挑战、探索未知和利用现有资源。例如，在一个开放的探索活动中，观察儿童如何独立使用放大镜观察昆虫或植物。

（4）小组互动观察：特别关注儿童在小组环境中的互动行为。观察他们在团队中如何沟通、合作解决问题以及如何在小组中分配任务。这有助于理解儿童在社交情境中的学习动态，以及他们如何通过协作来增进理解和解决复杂问题。

（5）多感官观察：关注儿童如何使用不同的感官进行学习。例如，在进行声音实验或触摸不同质地的材料时，观察儿童的反应和互动。这种观察帮助研究者了解多感官输入如何影响儿童的学习体验和知识吸收。

（6）反思讨论：在活动结束后，与儿童进行有指导的讨论，鼓励他们分享自己的感受、发现的问题和学习过程中的洞见。通过这种对话，研究者可以获得儿童对活动的主观感受和认知反思，这对理解儿童的学习过程至关重要。

综合这些方法不仅增强了对儿童STEM学习过程的理解，而且有助于设计更有效的教育干预措施，以支持儿童在自然环境中的自主和互动学习。

3.3.2 不同区域下儿童STEM游戏的观察结果

（1）泥浆厨房

图3.3-1 泥浆厨房中孩子们在玩耍

泥浆厨房是位于后院栖息地的一个独特环境，其中包含木制餐桌、烤箱、厨房工具和银器等设备。自然元素如水、岩石和沙子丰富了这个区域，而树下的休息区为孩子们提供了一个舒适的空间。孩子们对这个环境非常熟悉，通常会模仿父母在这里进行各种活动。在泥浆厨房，孩子们通过使用厨房工具和捡拾石头来进行各种创意游戏。他们扮演不同的角色，如帮手、顾客或服务员，展现了孩子与成人之间的互动。不同年龄段的孩子，均在这个环境中获得了独特的认知和学习体验。

观察1：在观察阶段中，五个孩子使用铲子、碗、茶壶、水桶以及其他厨房用具进行游戏，其中一个女孩正在尝试制作纸杯蛋糕。孩子们展现了对厨房用具的好奇心，与妈妈互动并展示了他们的创意。观察开始时，一个男孩和一个女孩正在捡起石头并将这些石头放入碗中，另一个男孩正在玩铲子。玩铲子的男孩学着另外两个孩子，也把石头放进了碗里。随后，两个男孩也加入了游戏。他们对厨房用具很好奇，问妈妈那是什么。他们还请求妈妈允许，说："妈妈，我可以玩这个吗？"女孩正在把石头放入纸杯蛋糕模型中。她的目的是做一些纸杯蛋糕。两个男孩没有与女孩互动。他们与妈妈的互动只是说："妈妈，这是你的胡椒博士。""妈妈，这是你的番茄汤。"

观察2：三个孩子在泥浆厨房区域玩耍，他们的父亲和奶奶坐在树下看着他们。男孩今年4岁，两个女孩分别6岁和8岁。6岁的女孩正在与4岁的弟弟合作。他们假装做汤和饼干。在我和男孩的交谈中，我发现他有性别意识和游戏规则意识。他的父母和家人都是他的榜样。他和其他孩子聊天，比如"我看到了一些饼干收据""我妈妈也在家做饼干""放点水让植物生长""我的朋友是个男孩。我喜欢和男孩子们一起玩"。男孩把自己的汤拿给奶奶看，自豪地说："我给你做汤！"

观察3：两个男孩正在泥浆厨房里玩耍。一个2岁了，另一个4岁了。大男孩把石头放在不同的容器里，比如碗、桶、纸杯蛋糕模型。小男孩玩着一个杯子。他捡起一点石头，放进杯子里。然后，他看了大男孩约三十秒。两个男孩之间没有任何互动。突然，大男孩把沙子扔给小男孩，然后笑了起来。对于小孩子（7岁以下）来说，他们可能不认为扔沙子是一种不好的行为，这对他们来说只是有趣。他们的妈妈说："不！不要那样做。"他停下来，再次捡起石头。小男孩对茶壶很感兴趣，重复了一些话。他们使用不同的容器放置石头，展现了对材料的创造性运用。在互动中，大男孩突然扔沙子给小男孩，表现了年龄较小的孩子对于行为的不同认知。妈妈的制止使得大男孩停下来，继续用石头进行创作。

观察4：六个孩子在泥浆厨房制作食物，他们彼此之间以及他们的父母都有互动，他们的父母就坐在树下。这六个孩子属于不同的年龄段。年长的女孩看起来像是这群人的领头羊。她正在给父母做番茄汤，并对妈妈说："妈妈，这是你的汤。艾米丽正在帮我煮汤。"他们的父母鼓励他们一起玩。小女孩把一些沙子放进桶里。年长的女孩说："看起来不错，再加点别的吧。"小女孩对大女孩说："好吧，我要放一些奶酪了。"在这一观察中，年龄是孩子们在群体中发挥角色作用的一个重要因素，大女孩给小女孩布置了一些工作。然后，另外有两个女孩过来了，她们用西班牙语与父亲交谈，但不与其他孩子说话。他们的父亲还帮助他们捡起沙子和石头。其他组和本组之间没有互动。

观察5：孩子们与妈妈分享他们的发现或产品。妈妈帮孩子"煮汤"，并指导他，比如"放点水""混合一下"。妈妈参与了角色扮演，她扮演"妈妈""顾客"等角色。孩子和妈妈互动："妈妈，你的汤好了。"妈妈参与角色扮演，指导孩子"煮汤"，营造了亲子互动的氛围。孩子们通过与妈妈的互动，展现了他们对创意游戏的热情和参与度。

观察结果显示，孩子们对泥浆厨房的熟悉程度很高，常常使用碗、茶壶等厨房用具进行各种创意活动。他们在游戏中扮演不同的角色，如帮手、顾客或服务员，展现了孩子和成人之间的互动。这种互动不仅仅是在创造性游戏中，还体现在对厨房用具的好奇和与妈妈的交流上。观察的时间横跨多个时段和日期，每次观察持续30分钟，并呈现出独特的场景。孩子们的年龄在4岁至8岁之间，不同年龄段的孩子在泥浆厨房中展现了不同的行为特点。对于年幼的孩子，他们可能更注重玩耍和探索，而年长的孩子则展现了更多的组织和分工的能力。观察中发现的一些具体情景包括孩子们合作制作纸杯蛋糕、模仿做汤和饼干，以及通过将石头放入容器中创造各种玩具，表明孩子们不仅与同龄人合作，还与家人互动，家庭成员在他们的活动中具有重要意义。

总体而言，泥浆厨房是一个充满创造性和互动的环境，为孩子们提供了模仿、合作和游戏的机会，丰富了他们的成长体验。观察结果突显了孩子们在这个特殊环境中表现出的多样化和丰富性。

（2）后院栖息地

图3.3-2　后院栖息地

后院栖息地是一个通过美国国家野生动物联合会认证的环境，为野生动物提供庇护和食物。它是基于现实生活中的房子包括后院、前院和周围植被而设计。孩子们在这个区域可以进行采花、观鸟、喂鸟、捉虫子、观赏植物和水生植物等活动。三条小路环绕房子，为孩子们提供了探索的机会。

观察1：孩子们喜欢在后院栖息地探索事物。今天早上，一对双胞胎男孩来到后院栖息地玩耍。他们很好奇房子后面有什么。一个男孩在植物周围走来走去。另一个男孩正试图打开房子的门。但他打不开它，因为门是不真实的。

观察2：孩子们在后院栖息地发现喂鸟器，并对其产生兴趣。今天有三个孩子在后院栖息地玩耍，其中两个男孩的表现是在房子周围走来走去，他们发现了一个喂鸟器，并对这个喂鸟器感到好奇。大一点的男孩捡起喂鸟器，把它扔到地上。他的祖母告诉他这不是他的玩具，他不能那样玩。他心里有些愧疚，想要离开。然后，他的祖母把喂鸟器放回去，他们就离开了。他们离开后，小一点的男孩走过来，他看到了喂鸟器，还把所有的玉米都扔到了地上。他的母亲告诉他："你不应该抓这些。那些是给鸟儿吃的。"于是，男孩低着头，向泥浆厨房走去。2分钟后，一个女孩看到了玉米种子。她摘了一颗玉米，摸了摸。然后她抓起茶壶里的一些石头和水。她给后院的花草浇水。在互动中，孩子们学到了不同的行为规范，如不随意摆弄喂鸟器。

观察3：3个孩子在屋前聊天、吃饭。一个男孩提着水桶走在石板路上。他找到了一个装满水的喂鸟器，并从那里取了一些水。然后，他又回到泥浆厨房，将水倒入泥桶中。小女孩拿着铲子跟在男孩后面。她边走边把铲子放进嘴里。她妈妈看到了，对她说"不"。她还是又把铲子放进了嘴里。我想她只是觉得好笑。于是她妈妈把铲子拿来放在另一个地方。然后，她去前院拿了一些沙子。当她妈妈说该走了时，她哭了。于是她妈妈就对她说："我们走吧，我们去洗手吧。"然后，他们就离开了。父母叫孩子离开，必须说"2分钟"或"我们走吧"的情况时有发生。观察中展现了孩子们对于周围环境的好奇心和尝试探索的态度。

观察4：早晨，有几组家庭在后院栖息地玩耍。第一组是一个男孩和一个女孩。他们从门口跑到房子前。他们发现一扇门，想要打开它，但没有成功。他们对房子里的东西感到兴奋和好奇。第二组由两名女孩组成。她们也是从入口进来的。一个女孩对另一个女孩说："来吧，欢迎来到我家。"她们也注意到了门。一个女孩说："我们打开吧。"但她们失败了。于是她们改变了主意，去了厨房。她们假装这是他们的房子，说："我们的厨房！"第三组家庭来了。男孩从厨房里出来。他躲在房子后面，对其他同龄人说："给我开门。"没有人回应他。他的父母来到面前告诉他大门锁着。于是，他站在大门前，敲了敲门。第四组家庭来了，是一个男孩带着一个大人。男孩请求允许，"我要回去，可以吗？"成人批准。然后，他在房子周围发现了一些植物，就问大人那是什么。大人没有回应他。于是他在房子里走来走去。孩子们在早晨探索后院栖息地，尝试打开房子的门。观察中显示了孩子们对门的好奇心和对房子内部的想象。

观察5：三个男孩在后院栖息地发现了一个放松的好地方，尽管他们意识到那里的房门是个假门。孩子们通过踏步石和绕房子走一圈来体验环境，他们总是喜欢探索新事物。一个男孩提议："我们回家放松一下吧。"他尝试打开门，却发现它并不是一扇真正的门。他对其他伙伴说："这儿没有房子。"然后他绕着房门走了一圈，踩着石头。其他两个男孩跟了过去，说："我们需要进去。"他们随后敲门、撞门、试图进入。

观察6：女孩在后院栖息地进行各种活动，包括捡石头、扔石头、模仿妈妈进行园艺工作。这次观察中呈现了孩子们与周围环境和家人互动的情景。一个女孩从地上捡起石头，放进喂鸟器里。然后，她收集路上的石头，扔出去，纯粹是为了好玩。另一个女孩假装她正在和妈妈一起做园艺工作。她的妈妈从泥浆厨房取水，给后院的植物浇水。妈妈又帮她打水，还给她浇了几株植物。她说："好吧，好吧，好吧，我们需要更多的水。"妈妈离开后，她拿起一个水桶，给一些植物浇水。在这次观察中，女孩和她的妈妈进行了互动。

这些观察结果显示，后院栖息地在设计上模仿了现实生活中的家庭环境，包括前院和后院，以及周围的植被。孩子们在这个区域中展示了丰富的活动，包括探索、观察鸟类、喂鸟、捉虫子、玩耍、观赏植物等。观察的细节涉及孩子们与后院栖息地的互动。例如，在第一场观察中，双胞胎男孩充满好奇地试图打开假门，展现了他们对环境的探索欲望。在第二场观察中，孩子们发现了喂鸟器，在互动中学到了不随意摆弄的规矩。第三场观察中，孩子们在屋前聊天、吃饭，其中一个男孩通过喂鸟器获取水，展示了他们对周围环境的好奇心和尝试探索的态度。在第四场观察中，孩子们在早晨探索后院栖息地，尝试打开房子的门，呈现了他们对门的好奇心和对房子内部的想象。在第五场观察中，三个男孩发现后院栖息地是一个放松的好地方，虽然他们发现房子并非真实的房门，但通过踏石和绕房子走一圈，体验了环境的放松氛围。在第六场观察中，女孩在后院栖息地进行各种活动，包括捡石头、扔石头、模仿妈妈进行园艺工作，呈现了孩子们与周围环境和家人互动的情景。

这些观察结果说明后院栖息地为孩子们提供了一个多样化和富有创意的环境，激发了他们的好奇心和探索欲望。孩子们通过与环境和家人互动，培养了对自然和社交互动的兴趣，获得了学习和成长。观察还突显了孩子们在这个认证环境中的自由探索和模仿家庭活动的重要性。

（3）河岸

图3.3-3　河岸

许多孩子和家长将河岸称为"海滩"。河岸确实模仿了真实的海滩，这里有水、岩石沙、一些玩具、大棕榈树、两个淋浴间、休息椅。沙子和水对于孩子们来说玩起来非常安全。在这个区域，孩子们发挥想象力，创造出自己想要的东西，比如城堡、池塘、食物、水路。他们还可以在沙滩上行走、踩水、挖洞和裸露身体。在这个区域，孩子们可以进行单独游戏、平行游戏、小组游戏和大组游戏。他们可以假装下雨，开展规则游戏，并追逐其他人。这是一个培养他们的想象力和练习社交技能的好地方。

观察1：这是一个阳光明媚、温暖的一天。大约有15个孩子在河岸玩耍。他们使用水桶、水车、玩具铲子。我注意到一个3岁的男孩正在独自玩耍。他模仿别人，假装正在下雨。他还重复了一些话。他拿着一把玩具铲子，但他不知道如何使用它。他和其他孩子之间没有互动。所以他想要吸引别人的注意力，想要加入别人的游戏。于是他捡起沙子，把它们扔进水里，以吸引别人的注意力。他没意识到这一行为可能不妥，游戏领导者看到了，对他说"不"。于是他停下来，又玩起了他的水桶。他把一些沙子放进桶里。

观察 2：孩子们一边玩沙子和水，一边做假装游戏。例如，一个男孩在玩沙子时假装做寿司。另一个男孩和另一个女孩正在为自己"做饭"。他们的游戏有自己的玩法和规则。他们的谈话很有趣，比如"现在是泳池的时间了""给你，你可以吃这个""我正在拿一些沙子来做食物"。孩子们总是和他们认识的孩子一起玩。他们需要一段时间才能与他人合作。例如，一个男孩很想参加别人的游戏，所以他先开始了平行游戏。他试图吸引他们的注意力，并强烈渴望加入其他人。孩子们向父母寻求帮助或寻求同龄人的许可。例如，一个男孩问他的母亲"我们可以玩吗"，但母亲拒绝了，所以他们就离开了。

观察 3：虽然天气炎热，但孩子们却玩得很开心。我注意到我们提供的一些玩具刷子和一个大水车引起了他们的兴趣。两个男孩试图解决水车的一个松动部件的问题。他们将沙子和水混合后放入水车，使得水车转动非常快。他们对此感到好奇并很快体会到了成就感。他们立下一个目标：建造一座城堡。然后他们将更多的沙子和水放入水车中。他们的游戏吸引了另一个男孩和一个小女孩。在此期间，他们探索了一些事情，例如将沙子覆盖到水车中并试图找到洞口。他们还想出了加速水车旋转的方法。小女孩在一旁看着，并给他们拿水。之后，三个男孩摧毁了城堡。一个男孩说："把我盖在沙子里。"然后，另外两个男孩把他"掩埋"起来。他说："感觉很奇怪。"然后，另一个男孩也想尝试一下。2 分钟后，他们决定再次玩水车。一个女孩想加入他们的小组，问男孩："我可以加入吗？"男孩没有回应，于是她跑去与另一个女孩一起玩。她们想先建造一座城堡，但她们失败了，因为她们无法建造一条水路。随后她（之前想加入小组的女孩）改变了主意，尝试做一个生日蛋糕，并打算找一些花来装饰生日蛋糕。

观察 4：这段时间大约有 30 个孩子在玩耍。有 16 个男孩和 14 个女孩。他们使用各种玩具，如泡泡枪、玩具铲子、玩具桶和玩具模型。我注意到一位 2 岁的女孩和一位 4 岁的男孩在附近玩耍，但他们似乎没有互动。此后，又一家人来了。儿子问妈妈："我们可以玩吗？"他母亲犹豫了一下，说不。于是他们离开了。4 岁的男孩想加入另一个团体。他站在一个年长的男孩旁边，跟着那个年长的男孩。他们各自玩自己的，进行平行游戏，彼此之间没有互动。孩子们倾向于和以前认识的孩子一起玩。玩的同伴可以是他们的兄弟、姐妹或朋友。当孩子想加入另一个小组时，他可能会站在旁边观察，或者做平行游戏。游戏过程中存在一些警告语。一个女孩和一个男孩正在玩水。女孩把沙子扔进水里，这是不允许的。男孩说，我要告诉你妈妈。然后，女孩停了下来。

（4）音响站

图3.3-4　音响站

音响站靠近露营地。该区域的设备有大编钟、小编钟、鼓、弓鼓、铃、休息区等。场地中还有几棵棕榈树，并覆盖着覆盖物。音响站为孩子们提供了聆听不同声音和演奏乐器的场所。孩子们被声音吸引并小小演奏了一会儿。有时，大人建议他们演奏乐器；有时，他们被其他孩子所吸引或对声音感到好奇。大多数时候，他们都会先演奏距离营地最近的小编钟。然后，他们敲响了大编钟和鼓。

至于小孩子，他们总是和大人一起玩，跟随大人或大孩子。对于大孩子来说，他们了解如何使用这些乐器。我们可以看到大孩子和父母之间的合作。

观察1：一家人正在音响站演奏。这家有三个女孩。爸爸和妈妈正在大编钟前合奏，两个女孩正在玩小铃。然后，他们的父亲过来和最大的女孩一起演奏。另一个女孩被吸引，也来到小编钟前。他们的父亲试图创造一个节奏（听起来更好），两个女孩正在笑。他们在这个简短的小组合作之间没有交谈。但在这10分钟里，孩子们的兴趣转移得很快。最小的孩子正在玩她的黄色球，不与其他女孩和她的父母互动。

观察2：一个小男孩毫无目的、毫无节奏地弹奏着乐器，两位女士正在为他拍照或录像。于是他看着他们并演奏乐器。重复此行为约一分钟后，男孩仔细看了看仪器棒，摸了摸。另一个男孩被他的声音吸引，过来敲鼓。男孩拿着仪器棒玩弄它并发出一些声音。一位女士试图通过敲鼓来吸引他的注意，但他没有任何回应。然后，那位女士走到大编钟前把玩。小男孩过来和那位女士一起玩。两位女士为他拍照。然后，他用鼓棒假装唱了一首歌。

观察3：在这一部分中，一个男孩将三种乐器一一演奏。他比较了不同的声音，先是用棍子敲击大编钟好几次，然后又走到小铃边，用同样的方法发出声音。再然后，他又跑回大家伙那里，比对着声音。最后，他尝试敲鼓，但没有声音。于是他回去和一位大人交谈。

观察4：两个女孩在成人的指导下演奏乐器，她们一个3岁，另一个是婴儿。小铃铛对她们来说似乎有点高，她们在大人的帮助下演奏乐器。一名男子还试图演奏一种乐器来吸引孩子们的注意力。他演奏了一首大曲，并向年长的孩子展示。一位女士为婴儿吹奏小铃声，婴儿笑了，她可能觉得发出的声音很有趣。大多数孩子会先玩小乐器，然后再玩大乐器。鼓通常是他们最后演奏的乐器（可能小一点更容易被看见）。

观察5：孩子们对乐器非常好奇。有时他们没有任何目的地随机玩，好像只是想探索如何发出声音。一个大人问一个孩子："你想玩音乐吗？"孩子从露营地跑到音响站并演奏乐器。他将那些仪器一一试了一遍。大人问："你想打鼓吗？"那孩子似乎对鼓不感兴趣，站在那里。大人又问："你想玩船吗？"孩子什么也没说，跑到了船上。

观察6：第一组来自露营区。男人先吹奏钟声，然后让一个女孩演奏。他们在不同的位置轮流演奏乐器。然后，他们走到大钟声前，一起演奏。又一家人来到了音响站的休息区。大人们想在那里吃点东西，他们的孩子则非常高兴地演奏这些乐器。他们先敲钟，然后敲鼓。可是，大人过来了，让他们吃点东西。音响站还是一家人休息的好地方，家长可以坐在乐器附近聆听孩子们的音乐。

观察7：一个带着3个孩子的家庭来到了音响站。两个成年人为他们的孩子创作了音乐。个子较高的女孩非常仔细地吹奏钟声，她一一听着声音。另外两个女孩正在敲鼓，有人和他们一起敲。两个孩子被他们的声音吸引，从露营地走了过来。他们吹响钟声，站在不同的方位。他们之间没有交谈。

（5）露营地

图3.3-5　露营地

露营地还原了现实生活中的露营环境。它由许多自然元素组成，如河流、树木、帐篷、船、鱼、火、原木和跷跷板。孩子们假装与其他孩子或父母一起去露营，并在该区域玩捉迷藏游戏。他们还观察鱼、鸟、植物、花卉，踏河拾石、鸟毛。该区域覆盖有覆盖物。游戏领导者带领孩子们在该区域进行多种活动，如自然漫步、喂鱼、玩寻宝游戏。这个区域适合不同年龄段的人：对于婴儿来说，他们可以练习运动能力；5岁左右的孩子，可以接触大自然、了解自然环境；5至10岁左右的孩子，可以玩规则游戏并享受他们的露营体验。

观察1：有3个孩子在露营地玩耍，其中两个是女孩一个是男孩。他们正在玩捉迷藏游戏：两个孩子躲了起来，一个孩子去找他们。这是一个规则游戏，所有孩子都需要遵守规则。游戏以"准备好，开始"的信号开始。目标是找出其他隐藏者。他们每时每刻都在改变自己的角色。当他们说"走"时，孩子就可以去找另外两个孩子了。这个游戏他们玩了4次。小男孩累了，就去和妈妈说话。于是，他们结束了游戏。随后，一位中国女孩和她的妈妈来到了操场。今天早上我们见过面，他们说的是中文。女孩想找个干净的地方，说道："这个地方没那么脏。"他们很注重清洁。船比帐篷还脏。然后，她爬到了圆木的顶端，穿过了圆木。

观察2：一个男孩和一个女孩正在玩跷跷板。他们看着妈妈说："妈妈，给我们拍张照片。"然后，他们停了下来。一个男孩看到一只鸟，就去追那只鸟。当小鸟喝河里的水时，他看着小鸟，对其他人说："看，它在喝水。"然后，他们去看长鼻浣熊和猴子。后来有两个男孩来了。他们找到了一条船，就跑到船上。一个男孩说："我开车。你可以坐在后面。"然后，他假装自己驾驶着一艘船，从船上起飞。

观察3：一行四个孩子来到了露营地，一个男孩告诉其他孩子"我们上船吧！"一个女孩说："我们来玩跷跷板吧。"然后，他们就去了跷跷板。他们的父母帮助他们整理生活用品，四个孩子一起玩，他们说话声音很大。另一边，2岁的男孩正在玩rody（一种跳跳马），他妈妈扶他上去，但他很快就滑倒了。2岁的孩子还需要练习运动能力，于是他又换了一张。然后，他就上了船，看其他孩子玩耍。船上有3个孩子，他们看起来意见不同。其中一人说："我们必须去河边散步。"另一个人说："我们必须去南方。"其中一个女孩下了船，对其他孩子喊道："我找到了一个帐篷！"她看起来很高兴，更喜欢和其他孩子一起在帐篷里玩。但没有人回应她。于是她又重复了一遍："我找到了一个帐篷！这里有一个帐篷。"没有人再回应她。她回到船上，告诉妈妈："妈妈，我在开车。"当其他孩子离开时，她也离开了。

观察4：这30分钟内大约有10个孩子在露营地玩耍。其中2个人正在玩跷跷板，2个人绕着整个操场跑来跑去，3个孩子正在划船玩耍。其他人正在与成人和其他孩子交谈。我坐在船边，观察孩子们如何玩船。这30分钟里，有三组孩子玩船。第一组是两个男孩，他们大约四五岁，正在船上讨论如何开船。一个孩子假装按下按钮并说：“一个。二三。四号，走吧。”然后，他们寻找子弹，但没有成功。于是他们拿起一块覆盖物假装成子弹。“这是一艘宇宙飞船。”一个男孩说道。然后，他们看着鱼，想喝点水。第二组过来了，是两个孩子，一个男孩一个女孩。男孩是女孩的侄子。在船上，男孩是司机，为女孩服务。第三个女孩来了，试图上船。男孩说：“轮到你了，但我得先服侍她。”第三个女孩似乎有些尴尬地看着他们，但她试图再次上船。这时，男孩大声说道：“现在还轮不到你。”第三个女孩说：“但是，我想上船。什么时候轮到我？”男孩等了一会儿说：“对不起，但必须轮到你了。”于是，女孩离开了，去和她的家人在一起。这两个孩子轮流玩船。一位是司机，另一位是顾客。等他们走后，之前被拒绝的女孩又回来了，自己玩。她是第三组。女孩看着望远镜，把它转向不同的方向。她的家人来了，让她去另一个地方。女孩问：“哪里？”“在那边。”家人回答。女孩告诉大人不要，但她还是跟着其他人离开了。

（6）“去野”区

图3.3-6 “去野”区

“去野”区是自然景点中最大的户外开放游乐区。夏令营的孩子们午饭后可以在此处自由活动。该区域适合较大空间的跑步和游戏，有时不向公众开放。区域提供的设备有平衡豆、障碍物、玩具、堡垒、原木、玉米迷宫、休息区、沙箱等。"去野"区的地形并不平坦，左右两侧有高差。右侧的沙子比其他两侧的沙子高。孩子们喜欢在这个游乐场里互相追逐。一家人放松身心，享受大自然所提供的一切。泥浆节主要在此区域举行，包括滑梯和障碍游戏。

观察1：一家三口（母亲和两个男孩）正在"去野"区玩。当我来到时，两个男孩正在探索小路，穿过玉米迷宫。他们谈论说这是一个阴影区域。然后，两个男孩试图折断植物，他们的母亲叫停了他们。于是，他们就往操场中央走去。他们发现了一些原木和一根巨大的树枝。他们找到了两根树枝，把材料带回了桌子上。他们将树枝插入原木并创造出一些东西。他们的母亲要求他们离开。于是他们把木头和树枝放回去。

观察2：一个女孩和一个男孩正在"去野"区玩耍。女孩踩着平衡木，唱着歌。然后，她看到了一条鳄鱼（玩具），并踩了它。妈妈帮助小男孩玩玩具割草机并告诉他如何使用它。女孩和男孩之间没有任何互动。小男孩不明白每个玩具和设备的功能。与母亲分开后，他感到有点不安。于是他又看了妈妈好几遍。然后，他的母亲来了，陪着他。他在平衡豆上发现了一摊水，并叫着"水"！

观察3：两个男孩从露营地赶来，直奔堡垒。他们迅速跑到一个较高的位置，从那里俯瞰整个区域。一个高个子男孩跑去捡起一根木头，将其放置在堡垒附近。随后，他开始玩玩具割草机，假装在割草。矮个子男孩跟随在其身后。高个子男孩向他的母亲喊道："嘿，妈妈，快来看我。"他试图吸引妈妈的注意。之后，他们一起进入堡垒内。在堡垒中，他们进行了一些对话，但不频繁。他们的妈妈告诉他们有一条鳄鱼。于是他们跑到鳄鱼跟前，轮流玩鳄鱼玩具，玩了大约3分钟。之后，他们拿起一根木头到堡垒，并试图在平衡豆附近创造一些东西。

观察4：一行6个孩子来到"去野"区。大孩子很兴奋，跑到区域中间说："我找到了一个大孩子的游乐场！"然后，他们分成了几个小组。有的在玩船（桥），有的玩玩具鳄鱼。大孩子告诉其他孩子他发现了沙子，他想向其他人展示他的发现。其中一名成年人对他说："杰森，不要沙子。"于是他转过身来告诉其他孩子："不要沙子！嘿，没有沙子。"然后，三人一前一后地走在平衡豆上。大孩子指着一棵树告诉妈妈："妈妈，有一个三巨头！"快要下雨了，于是他们离开了。

观察5：今天在"去野"区我见到了三个男孩和他们的妈妈，这三个男孩的年龄分别是8岁、6岁和4岁。他们正在迷宫里玩捉迷藏游戏。最大的男孩先找到最小的男孩。然后，他们就一起去找老二了。最大的男孩多次问最小的男孩："他在哪里？"但最小的男孩不知道。于是，他们拿起一些竹枝，敲打植物，发出一些声音。最大的男孩说："我在找你。"然后，他们放弃了，寻找更多的树枝。然后，他们找到了第三个男孩。他们的妈妈说："孩子，隐藏得很好。"在这个观察中，年龄是一个重要的事实。大男孩强迫小男孩回答他的问题。他还发出噪声以施加其他压力。他们的妈妈建议他们玩障碍物。他们玩了一会儿，然后回到迷宫。看来他们更喜欢迷宫而不是障碍物。三个男孩在操场上奔跑。但最小的男孩没能抓住他们，所以他摔倒了。他坐在泥地上，看着他的兄弟们。他的兄弟们互相追逐，直到最年长的一个割伤了自己，于是他们向妈妈求助。我给他们包扎绷带后，他们开始吃三明治，吃午餐。

观察6：有4个孩子在"去野"区玩耍，他们跳进沙箱里玩沙子。一个孩子与其他孩子分享了他的发现："木头。"他们正在遮盖自己，但他们的母亲说："出去吧，我们不是在海滩上。"显然，他们并没有停下来。大人们指导他们使用鳄鱼拖车，并与最小的幼儿自拍。其他孩子请求许可，例如"妈妈，我可以玩沙子吗？""是的你可以。"一个婴儿把沙子扔到一个男孩的脸上，其他女孩在笑。家长留在休息区，催促他们离开："哎，我们去玩水吧。""你准备好了吗？我们走吧。"

观察7：8个孩子正在玩平衡豆，一个男孩为其他同龄人移开了障碍。他搬了一个鳄鱼玩具、两个小屋、一座玩具桥来建造一条新通道。当其他孩子玩耍时，他站在旁边尝试更多的部分。其他同伴一次又一次地玩平衡豆，他只是看了看。

3.4 自然视角下早期STEM教育课程设计

活动1：寻找虫子

图3.4-1　孩子们在玩寻找虫子游戏

　　"寻找虫子"游戏的玩法是孩子们抓住虫子并将它们放入一个小罐子里。游戏的目的是让孩子们观察虫子的种类，并练习如何捕捉虫子。通过这个活动，孩子们了解到虫子喜欢待在潮湿、阴暗、柔软的环境中。游戏领导者在活动前准备了一些有关虫子的资料，并检查虫子的栖息地，以便更好地吸引孩子们的注意力。活动期间，一名5岁的小女孩正在寻找虫子，但她什么也没找到。所以她试图找出一些假的虫子（塑料虫子）。她花了一段时间才发现找到的大部分虫子是假的，而且她很难找出最后一个。在母亲的指点下，她找到了最后一个。作为一种报复，她极力隐藏所有这些塑料虫子。在这次活动之后，游戏指导者科里（Cory）和我花了大约5分钟来找到所有的假虫子。

　　这项活动适合不同年龄段的人。对于小孩子来说，他们可以找到一些不真实的虫子并学习如何捕捉虫子。对于较大的孩子，他们可以了解虫子的栖息地在哪里以及它的样子。科里还解释了为什么虫子在我们的生活中很重要。对于这项活动，孩子们需要一些鼓励和指导。有些孩子可能有点害怕抓住这些真正的虫子。

活动2：认知颜色

图3.4-2　孩子们在参加乌龟画活动

孩子们喜欢河岸，但我们为他们提供的游戏材料数量有限。最常用的是水桶、玩具铲子，这些玩具让孩子们可以进行小组游戏和单独游戏。在河岸，孩子们可以自己或与其他孩子一起创造一些东西。他们可以建造池塘或水坝，也可以玩假装游戏并与他人互动。乌龟画活动使孩子们在一起玩耍的同时认识不同的颜色。活动期间，孩子们说："我用粉色粉笔做这一面。你也可以（用粉笔）画那一面。"游戏领导者和一男一女两个孩子交谈："你觉得这个红嘴怎么样？"我和一个一年级的女孩聊天。她告诉我她从她妈妈那里学会了颜色，她总是每天早上看电视，下午在外面玩。此外，孩子们还讨论了乌龟的颜色。一个男孩说乌龟是绿色的，所以他画了绿色。一个女孩说乌龟是棕色的。令人欣喜的是他们注意观察周围的环境。我喜欢孩子们和游戏领导者之间的对话，孩子们在对话中获得启发。

活动3：乐器的发声原理

图3.4-3　孩子们在探索乐器

在乐器活动中，有两个男孩对每种乐器都感到好奇，所以他们演奏了所有不同的乐器。他们不断地问问题，例如"这是什么？""这听起来像什么？"我让他们猜这个乐器听起来像什么，并告诉他们这可能听起来像鞭子。小男孩在笑。然后，我建议给他们的父母演奏一曲。于是我们每个人都拿起了鼓，向孩子父母走去。他们的父母鼓励他们并赞扬他们的音乐。当我们回来时，活动中又增加了两个孩子。他们比这两个男孩年长。他们的父母也和我们一起参加了活动。一个男孩把四面鼓放在一起，担任鼓手。他的父母说："你将来可能会成为一名真正的鼓手。"按照男孩的建议，大家拿起乐器，像乐队一样演奏。孩子们高兴地说："我们是一支乐队！"我注意到，当一个男孩想向女孩借一根棍子时，他说："我可以借这个吗？"女孩想了想，同意了。这是有趣的活动，我很高兴地看到孩子们像乐队一样一起工作和演奏。

玛戈（游戏领导者）试图让孩子们打鼓，这样她就可以和其他孩子一起跳舞。该活动的目的是创造不同的声音并与孩子们互动，而鼓声可以有效地吸引孩子们参与活动。他们非常喜欢鼓。他们尝试发出声音并尝试找出其他乐器的声音。科里（另一个游戏领导者）后来来了。他打鼓，我和一个女孩聊天。她告诉我她喜欢鼓的声音，但她家里没有。我从这次活动中学到的教训是如何吸引孩子们的注意。游戏领导者需要与孩子们一起玩并向他们展示不同的项目。我学到了一种将动物的声音与我们的乐器的声音联系起来的新方法。今天三个孩子加入了我们，其中两个是兄妹。活动一开始，他们就自己演奏乐器。他们试图比较和对比这些鼓。哥哥让妹妹尝试不同的鼓。然后，游戏领导者让我们围成一圈坐下。她说："现在，我们像乌龟一样演奏声音。"两个大孩子很快就明白了。他们以轻柔而缓慢的方式敲鼓。然后，游戏领导者说"快如豹"，孩子们敲鼓的声音变快了。然而，小孩子并没有明白其中的意思。她只是按照自己的方式玩。孩子们玩得很开心。游戏领导者告诉我，她喜欢这样玩。这样孩子们就可以理解动物的不同声音。

活动4：自然色彩游戏

"自然工艺"活动的目标是用粘纸和一些天然材料制作一个书签。我今天早上做了一个，感觉这对于小孩子来说并不难。这项活动的目的是让孩子们通过多感官如看、触摸、闻花朵和叶子来了解花朵的不同颜色和叶子的不同形状。两个女孩加入了这个活动，她们是一对姐妹。一个今年5岁，另一个3岁。在活动开始时，我解释了我们要做什么。我让她们摘一些花和叶子。她们都喜欢粉红色的花，所以我们买了一些粉红色和紫色的花。然后，我让她们选择要做的物体的形状。姐姐想做一个心形的书签，我协助她完成了手工艺品。妹妹也表达了自己的愿望，她说完后，我请她向她姐姐求助。姐姐很愉快地答应了，并向她的妹妹展示如何制作书签。不过，遗憾的是我忘了给她们拍张照片。她们制作了两个相似的书签。当她们的母亲来时，姐姐告诉我她还有一个小妹妹。然后，他们就去里面钓鱼了。

活动5：观察长颈鹿并制作泥长颈鹿

图3.4-4　孩子们正在参加制作长颈鹿活动

这个游戏要求孩子们画一只长颈鹿，活动提供了美术纸和彩色笔。游戏领导者鼓励孩子们想象长颈鹿的样子并画出长颈鹿。这样孩子们就能了解长颈鹿的颜色、形状和身体。排在第一位的是一个6岁的男孩。一开始他还有些犹豫。游戏领导者给了他一些指示，并给他看了一张长颈鹿的照片。游戏领导者还告诉他，长颈鹿通常有棕色和黄色的斑点。他按照图画画了腿。游戏领导者问了他一些问题，比如"这是前腿还是后腿？"然后，他发挥自己的想象力，完成了上面的部分。后来又有两个男孩来了，他们是一对兄弟。哥哥今年8岁，他擅长画画，知道画长颈鹿的关键部分。他告诉游戏领导者，长颈鹿应该有角、大眼睛、黄色和棕色的皮肤。弟弟4岁，他一直跟着哥哥。孩子们的想象力和绘画天赋给我留下了深刻的印象。

在活动之前，我在纸上涂漆并制作了长颈鹿的身体和头部。活动中，我让孩子们找一些棕色的东西。4个女孩和1个男孩在营地参加了我的游戏。他们发现了树枝、棕色的叶子、树皮。然后，我们把所有棕色的东西都固定在彩纸上。孩子们帮我把长颈鹿的头放在上面。然后，他们还用棕色画笔来绘制（长颈鹿的）皮肤。对于小男孩来说，他可能很难找到棕色的东西。但是，他能分辨出黄色和棕色的不同。我和两个女孩聊天，她们一个5岁一个7岁。长颈鹿是她们最喜欢的动物。

活动6：羽毛艺术

图3.4-5　孩子们在参加羽毛艺术活动

羽毛艺术活动的目的是引导孩子们表达其有关鸟类和羽毛的知识。孩子们可以触摸、感觉和剪断羽毛。他们还知道鸟翅膀的样子。我为它们准备了透明纸、彩纸、彩色羽毛、剪刀和胶水。共有6名小朋友参加了本次活动，其中4个女孩、2个男孩。他们捡起五颜六色的羽毛，制作了自己的鸟翅膀。在活动中，我向大家讲解了羽毛的功能以及鸟类为何如此丰富多彩。他们通过触摸感受羽毛有多么光滑。我以前在泥浆厨房见过托斯卡诺和乔瓦尼。托斯卡诺今年9岁，乔瓦尼3岁，他们是姐弟俩。他们的父亲大卫对他们非常热情和耐心，他帮助了我并给了孩子们一些指导。小男孩也从他姐姐那里学到了一些东西。作品完成后，他们把自己的名字写在了艺术品上，然后交给我们。

活动7：浮船

图3.4-6　孩子们在参加"浮船"活动

　　"浮船"活动包括两个环节：制作船只和观察浮船。在制作船只时，一切都是回收的、天然的材料！孩子们利用树叶、树枝和泡沫板制作一艘船。这一活动适合不同年龄段的孩子。我最初的想法是准备不同颜色的建筑用纸，孩子们要准备的则是找到一根棍子。为了安全问题，我帮他们把所有材料放在一起。一开始，他们选择了报纸并很快制作成了船。很快，他们发现当纸湿了，船就会变得很重，无法再次使用。于是，一个女孩找到了一片叶子，做了一艘"叶船"。我告诉她那将是一个绝妙的主意，并对她说："来吧，我知道你能做到。"她还为她的船起了一个名字。在观察环节，一些大孩子正在讨论如何让船跑得更快。他们告诉我方船不是最快的，也许三角船可以跑得更快。一个男孩发现小块泡沫板也能漂浮在河上。一些小女孩正在观察小船如何在河上漂浮。当我离开时，他们还在玩它。我告诉他们，这些材料到处都可以找到，可以在家里造船。

活动8：我们来做晚饭吧！让我们做披萨吧！

图3.4-7　小女孩正在专注地"做披萨"

晚饭吃什么？意大利细面条！什么味道？肉丸！今天游戏领导者和一个男孩一起"做了一顿晚餐"。游戏领导者准备了一些草和泥，我们所需要的只是想象力。游戏领导者与男孩交谈并询问他如何制作意大利面。然后，他们假装草是意大利面条，游戏领导者拿了一些红色蛋彩画当番茄酱。他们从水面取了一些水来"煮"意大利面。然后，他们倒了水，把草（意大利面）放进另一个碗里。下一步是制作一些泥肉丸。我们每人做了一个泥丸子，放进烤箱。烤好后，泥丸子看起来不错。男孩与游戏领导者进行了一些对话，例如"我正在搅拌意大利面条。能喝点水吗？""我知道怎么做肉丸。"之后，他们放了一些闪光粉作为胡椒粉。在这次活动中，我看到了孩子们如何做假装游戏。孩子们将不真实的事物与真实的事物联系起来。他们将这些材料假装成肉丸、意大利面、番茄酱和胡椒。他们模仿他人的行为或他们的榜样。

在"让我们做披萨"（Let's make PIZZA）活动中，游戏领导者准备了一些不同颜色的花朵、树枝、叶子和泥土。当开始使用松散的部件（即低结构材料）时，孩子们就有了自己的思想，进入了他们的世界。这些自然元素为儿童的游戏提供了广泛的材料。如图3.4-7，这个女孩非常专注地在做披萨，她边做边说"给我更多的奶酪""我想要更多番茄酱""我喜欢这个披萨"。然后，她把披萨端给我和她妈妈。我们假装吃东西并鼓励她。

活动9：树叶清道夫狩猎

图3.4-8　孩子们正在寻找目标树叶

这项活动需要提前做计划，但这是值得的。它适合不同年龄段的孩子集体行动。孩子们因寻找不同的叶子而快乐地忙碌，他们可以触摸、看和闻到不同的叶子。游戏领导者准备了几种叶子，让孩子们找出这些叶子所属的植物。孩子们花了一段时间才找到这些植物。如果他们不成功，找到了错的叶子（不匹配的），游戏领导者会鼓励他们进行第二次狩猎，并比较两片叶子的差异。由于孩子们很快就失去了好奇心和耐心，游戏领导者还给孩子们准备了一块看板，以吸引他们的注意力。该活动鼓励创造力并要求仔细观察。这项活动还可以用于寻找柔软的东西、棕色的东西、适合鸟类的东西。对于大孩子和大团体来说，这项活动可能更具目标导向，因为他们有更好的能力来比较和对比不同的叶子。

活动10：鱼喂食器

该活动旨在引导孩子们喂鱼，学习一些关于鱼的知识。活动开始，游戏领导者介绍了这些鱼的种类、年龄、生活习性和摄食特点。然后，请孩子们喂鳄鱼雀和斑雀鱼。再然后，游戏领导者鼓励孩子们寻找鳄鱼龟黛西，她喜欢生活在泥土下面。孩子们对黛西很好奇。他们还喜欢看鱼如何吃掉食物。一个男孩问他能得到更多的食物吗？但游戏领导者告诉他们，她想确保鱼不会吃得过多。我认为这是动物保护对话的一部分，传递了保护鱼类的知识。有时，人们认为动物很可爱并提供食物，但事实是动物可能不需要它。参加活动的孩子们的父母告诉他们，之前的喂食对于鱼来说可能就足够了，它们不能吃得过多。临走前，一个男孩说这是鱼自助餐。他将此次喂食的经历与自己生活中的事件联系了起来。

图3.4-9　孩子们正在给鱼喂食

3.5　自然视角下早期STEM教育工作者角色与价值

3.5.1　自然视角下早期STEM教育工作者角色定位

游戏领导者必须关注成人干预的质量和数量。根据Blalock和Hrnicir的研究（2012），游戏领导者通常扮演三个基本角色：观察者、参与者和促进者。游戏领导者的角色在21世纪得到了扩展，他们不再只是游乐场和游戏中心的管理员，还有了新的角色——宣传工作者。正如Jacobs（2001）所说，"倡导儿童游戏就是捍卫儿童的需求和权利，使其在社区内得到认可"（第32页）。游戏领导者在不同的地方扮演着不同的角色。在圣安东尼奥动物园自然景点实习期间，我收集了游戏领导者的轶事并记录了我的日常工作，以便对游戏领导者的经历进行定性研究。我从这项研究中发现了五个重要的结论。

第一，游戏领导者将孩子的学习和生活经历联系起来，以了解孩子的兴趣,激发他们进行更深入的思考,并以有趣的活动和引人入胜的方式引导孩子积累新知识。孩子们喜欢在说话时分享他们的故事,并且很快就会转移注意力。通过与孩子们的交流,我了解了孩子们最喜欢的事物,并鼓励他们探索新的想法。这种方法帮助我引导他们观察自然元素,为他们带来多感官体验。"寻宝游戏"是我最喜欢的活动之一,因为它为孩子们创造了探索新事物、观察自然元素、比较几种自然元素之间差异的机会。在"树叶拼图和寻宝游戏"活动中,我从营地里准备了一些树叶,并将它们切成两片(如图3.5-1)。孩子们需要找到另一半,将叶子放在一起,并完成叶子拼图。我发现7岁以上的大孩子很容易理解这些概念并认识到缺失的部分。在游戏过程中,一名8岁的男孩理解了拼图的概念、颜色、图案以及完成拼图的方法。然后他教导弟弟说:"这个很难,因为它有不同的形状和颜色。"他5岁的弟弟,尽管很难将树叶的右半边拼凑起来,但已经有了拼图的概念。年幼的孩子需要游戏领导者的鼓励和指导。

图3.5-1 "树叶拼图和寻宝游戏"活动中准备的树叶

游戏领导者注意到,孩子们有时会害怕动物,但仍然对它们感到好奇。游戏领导者组织活动鼓励孩子们提出问题,促进他们与动物的亲密接触,并帮助他们表达有关动物的知识。这些活动为孩子们创造了交流和学习各种不同事物的机会。在"多种多样的松鼠猴"活动中,孩子们有机会制作弓箭,为松鼠猴制作食物花生酱卷,并观察猴子如何进食和争夺食物。这不仅增加了他们对自然界的认识，也加深了他们对动物行为的理解。

第二，游戏领导者利用低结构材料，组织有趣的活动，传递环境保护信息和科学知识，提高孩子们保护动物的意识。游戏领导者通常会向孩子和家长介绍我们的自然游戏活动，例如制作假期盒、乐器和项链。我们的想法是让父母和孩子通过与游戏领导者一起参加活动来更好地了解自然。这些活动开阔了家长和孩子的眼界，让他们轻松地从简单的自然元素中获得很多乐趣。我喜欢利用树叶、树枝、水、沙等自然元素来表达科学知识。例如，在"造河"活动中，我准备了一些铝箔纸、塑料球、树枝和树叶以及工具（如图3.5-2）。孩子们齐心协力挖一条水道，把箔纸铺在沙子上蓄水，并用树枝在"河"上假装搭建桥梁。这个活动使他们有机会与其他孩子互动并一起解决问题。对于年龄较大的孩子来说，铝箔纸给了他们储存水的想法。建造的过程是一个很好的科学家学习的过程：如何建造一条河流，如何修复河流，如何让球流到水里。对于年幼的孩子来说，这可能是一个与其他孩子玩耍和合作的机会。在游戏领导者的帮助下，不同年龄段的孩子都可以了解建造河流和桥梁的概念，并观察水是如何流动的。

图3.5-2　孩子们在玩"造河"游戏

第三，游戏领导者让父母参与游戏，并鼓励他们回到家后继续模仿着玩，从而使家长更好地了解户外游戏和可能的家庭活动。与家长、游客和家庭成员的联系和合作使游戏领导者能够表达他们对自然游戏价值的信念。我们的研究始终相信自然的游戏可以在任何地方进行，因此鼓励家长参与。父母是孩子的第一任老师。在自由玩耍中，大多数时候孩子会先与父母交谈。他们还邀请父母在游戏中扮演一些角色。通过父母的干预，孩子可以更好地玩耍和学习，因此让父母了解活动的好处十分重要。活动中可以请家长回答一些简单的问题，例如为什么孩子们喜欢在泥巴里玩耍，为什么游戏领导者使用某种材料，或者为什么孩子们在自然景点玩得很开心。家长的回答体现了活动的意义，如弄脏对于孩子来说可能是一件有趣的事情，孩子们玩泥巴创造了许多可能性。此外，游戏领导者为家长提供了解自然物品的机会，并鼓励他们将学到的游戏带回家继续玩。例如，一位父亲在完成一次户外活动后，意识到女儿对大自然的兴趣，决定计划一次露营旅行。这样的时刻总是提醒我游戏领导者对家庭的影响有多么重要。将活动带回家很重要，因为父母每天都会学习如何促进和激励孩子玩耍。

第四，游戏领导者提供各种游戏指导和活动，但孩子们也可以发挥自己的想象力，创造自己的游戏。孩子们通常愿意与朋友和家人分享从圣安东尼奥动物园得到的经验和教训。通常，当孩子们喜欢一项活动时，他们可以自己想到其他很酷的事情。比如"浮船"（Float Your Boat）活动中，我准备了树叶、树枝、建筑纸和泡沫板等来制作船（如图3.5-3）。在最初的十分钟里，

图3.5-3　浮船活动

孩子们找到了木棍，选择了建筑用纸，并制作了船。很快，他们发现当纸湿了，船就变得很重，无法下次使用。然后，一个女孩找到了一片叶子，做了一艘"叶船"。她为她的"叶船"取了一个名字，并与其他孩子分享了这个想法。一群孩子聚集在一起讨论如何让船跑得更快。经过几次比较，他们发现三角船比方船跑得快。他们开始了划船比赛。

第五，游戏领导者扮演着多种角色，他们需要准备游戏材料、招募参与者、参与游戏、观察过程和促进学习。游戏领导者积极与孩子互动，鼓励孩子参与，让孩子在玩游戏时感到舒服，并根据孩子的兴趣提供游戏材料。作为游戏领导者之一，我还扮演着参与者和观察者的角色。我相信孩子们可以在自然环境中学到很多科学知识，所以我喜欢为年龄较大的孩子安排一些科学活动。幼儿是自然科学家，因此游戏领导者提出问题可以帮助加深他们的思想和想法。在"我们去露营"活动中，我向孩子们展示了如何生火。我还告诉他们，这可能是他们去户外露营时必备的技能。如图3.5-4，在活动中他们解释说，阳光透过放大镜可以聚光并生火。孩子们还知道最好选择一个更明亮的地方并使用更大的放大镜。我相信热情对于开展有趣的活动非常重要，所以我试图向孩子们表达我的热情。例如，在泥巴节上，一些孩子害怕抓住泥虫。所以我和他们一起玩，告诉他们只要做好适当的准备就可以弄脏自己，并让他们通过实际行动感受玩泥的乐趣。

图3.5-4　"我们去露营"活动中孩子正在生火

3.5.2　给游戏领导者的建议

　　进入游戏为游戏领导者了解儿童的经历和想法提供了通行证。在北美,游戏领导者的数量很少,但在不断增长。游戏领导者干预儿童游戏的方式包括鼓励儿童探索、提问、评价、给出建议等,其目的是扩大自由游戏的范围(Frost,1992)。研究证明,成人干预对儿童游戏有积极影响,可提高游戏质量和儿童的创造力、解决问题能力、换位思考能力、语言智力,促进儿童语言发展(Frost,1992;Frost和Sunderlin,1985)。在其他研究中,Frost(1992)表明,成人介入可以增加儿童从游戏中获得的收益,并且成人应该在游戏期间引导儿童进行互动。同样,Blalock和Hrncir指出"在成功的游乐场氛围中成人介入的作用至少占50%的",游戏领导者促进儿童的学习和玩耍(Blalock & Hrncir,2012)。作为成年人,游戏领导者具有特定的技能和角色,他们可以是教师、木匠、规划师、社会工作者,也可以模拟家长的角色。他们是儿童游戏中的观察者、参与者和促进者(Blalock和Hrncir,2012)。在训练有素的游戏领导者的帮助下,孩子们可以更轻松地找到进入游戏情境的适当方式。

　　为了更好地准备和促进游戏,游戏领导者必须考虑四个因素:时间、空间、材料和社会环境(Frost,1992)。第一个变量是时间。游戏领导者应该为孩子们提供适当的材料和自由活动的时间,因为一些自由游戏往往很耗时。随着时间的推移,孩子们会增强游戏角色,发展他们的计划能力,并增加与游戏主题的材料整合(Frost,1992)。第二个变量是游戏空间,它指的是活动场地中所有可能的地方,包括桌子、禁止点和舞台(Frost,1992)。至于室外游乐场,游乐设施的摆放和空间布置比空间大小本身更重要(Almon,2017)。第三个变量是游戏材料,它应该鼓励和支持游戏。根据游乐环境的不同,游戏材料也要不断更换。冒险游乐场通常为儿童提供新奇、更自然、更具挑战性的游戏材料。Frost(1992)建议,游戏材料应该丰富多样,促进自由和促进发现,以便孩子们可以自由地探索和发现新事物。至于第四个变量,Benson(1994)指出,创造一个积极的社会环境对于孩子们的户外玩耍很重要,因为孩子们有必要知道他们周围发生的事情并对之有一定的控制力。她建议成年人应该让孩子自己做决定，做出个人选择，并激励孩子玩耍，从而创造一个积极的环境。Benson建议"提供自我表达的渠道，鼓励孩子发挥创意，提供风险和挑战，融入艺术，保持灵活性，并允许幻想和富有想象力的行为"（Benson，1994，第13页）。

3.6 本章小结

在第3章中，我们深入探讨了自然游戏在儿童早期STEM教育中的应用与实践，尤其是通过克朗科斯基自然游戏场中心的案例，揭示了自然游戏如何有效促进儿童在科学、技术、工程和数学（STEM）领域的学习和发展。本章详细阐述了自然游戏的重要性、实践应用、游戏领导者的角色以及面临的挑战与机遇，为我们提供了一个全面的视角来理解自然游戏在早期教育中的独特价值。

自然游戏的核心价值在于提供一个富有创造性和探索性的环境，让儿童通过与自然元素的直接互动，比如土壤、水、石头和植被，来自然地发展认知能力、创造力和社交技能。这种游戏方式不仅强调儿童的身体发展，更重要的是通过实际操作和实验，培养儿童的问题解决能力和批判性思维。研究表明，自然游戏可以显著提高儿童的自我控制能力、认知水平以及身体健康，这些都是STEM教育中至关重要的能力。

克朗科斯基自然游戏场中心作为一个引领自然游戏理念的实践平台，为0—5岁儿童及其家庭提供了一个互动式的自然和动物探索环境。该中心不仅有泥浆厨房、后院栖息地等特色区域激发儿童的想象力，更通过与动物直接接触、观察植物生长等活动，让儿童在游戏中获得丰富的自然体验和科学知识。此外，中心的设计理念强调以儿童为中心，每个设计元素都考虑了幼儿的认知、感知和身体发展阶段，确保他们在这个环境中能够全面成长。

在这个自然游戏场中心中，游戏领导者的角色显得尤为重要。他们不仅是活动的组织者和设计者，更是教育者和引导者。通过设计各种富有创意和教育意义的游戏，游戏领导者激发儿童的好奇心和探索欲，引导他们主动学习和发现新事物。例如，在泥浆厨房中，孩子们通过假装制作食物来学习基本的生活技能，同时也能在过程中理解食物的来源和制作过程。在后院栖息地，儿童通过直接观察和互动，学习了关于本地生态系统和野生动物的知识。

尽管自然游戏有诸多益处，但其在城市环境中的实施也面临着不少挑战。例如，城市中的空间限制和安全问题常常成为制约自然游戏发展的主要因素。此外，现代家庭对于儿童玩耍的环境有过多的担忧，如担心安全问题、天气不宜或孩子弄脏衣服等，这些都限制了儿童在自然中游戏的自由。因此，游乐场设计师、家长和政策制定者需要找到适当的平衡，既保证游戏的安全性，也要保留游戏的开放性和探索性，以充分利用自然游戏在早期STEM教育中的潜力。

自然游戏是一种有效的早期STEM教育工具，能够在儿童的自然探索和学习中发挥重要作用。通过克朗科斯基自然游戏场中心的案例，我们看到了一个成功的模式，这不仅为儿童提供了一个与自然亲密接触的平台，也为家长和教育者提供了宝贵的教育资源和启示。未来，我们应进一步推广和优化这种教育模式，使更多的儿童能够从中受益，为他们的全面发展和未来的STEM学习奠定坚实的基础。本章的探讨和分析显示，自然游戏是一种有效的早期STEM教育工具，能够在儿童的自然探索和学习中发挥重要作用。

第4章 发展阶段：教育公平视角下的 初中校外STEM学习

4.1 概述

科学、技术、工程和数学（STEM）在教育改革和全球经济中发挥着重要作用。然而，STEM教育在正规初中和高中课程中缺乏实践条件。多个STEM学科中普遍存在的性别差距导致中学女生对STEM领域的积极态度和兴趣低于男生。近年来，科学、技术、工程、艺术和数学（STEAM）教育被视为在美国提高学生兴趣和改善STEM领域学习机会的其他方法。STEAM教育中艺术的加入为STEM学习提供了更多机会和现实世界背景，满足了更多学生的兴趣。

近十年来，美国青少年开展STEM学习的方式发生了很大变化——突破传统学校的藩篱，日渐呈现出学校课程学习与校外活动参与相结合、分科式课程学习与综合性项目学习互为补充的发展趋势。统计资料显示，2014年美国平均4个家庭中就有一名儿童参与校外STEM学习项目。当前，美国的"放学后计划"（Afterschool Program）已经为840万名学生提供服务，其中包括作业支持、辅导和丰富的活动，特别是为处境不利的青少年提供更多的学业帮助。研究表明，与以课程为主导的学校教育相比，类似"放学后计划"这类的课外活动项目采用了以儿童或青少年为中心的方法，提供各种各样的课程、时间表和活动，具有多样化的目标和任务，并由众多利益相关方提供。这些项目和服务可能由基础教育系统、大学、非营利组织或这些机构的联合组织提供（Gootman，2000；Miller，2003）。课外活动项目旨在补充和增强学习，激发和激励处境不利学生的学习动机。

　　在课外活动中，学术技能固然重要，同样重要的还有建立个人关系、基于兴趣和个人才能的课程选择，以及专注于学术建立自信和自我效能感，这些都被认为是有效支持课外活动项目实现特定目标和任务的条件（Huang和Cho，2009）。许多研究者开展了课外活动项目的有效性以及学生参与课外活动项目与其学业成就、社交和情感学习以及在校行为之间关系的相关研究。

　　在美国，有许多专门面向低收入和少数族裔青少年所设计和开展的校外STEM项目。对于课外STEM学习机会的强调支持了少数族裔的人群，为其提供了在这些领域探索和参与的机会。面向少数族裔或低收入社区的STEM项目框架是为了解决传统公立学校由于课程资源不足、次群体/性别成就差距或财政限制等因素导致的学生无法接触到STEM学习问题而设计和推广的。这些项目一般发生在学校设置之外，可以在学校日之前或之后、周末、学校假期（春季和冬季）或夏季进行，为STEM提供了一个良好的学习环境。它们通常是免费的，为少数族裔或低收入社区的学生提供了一个与其富裕同龄人一样的校外STEM学习机会，为其在科学领域的学习提供了有意义的体验，潜在地影响他们未来的经历（Rahm，Moore和Martel-Reny，2005）。

　　这些项目的设计目的是消除社会经济地位差异以及在STEM领域中存在的性别和族裔差异，为所有学生提供公平的学习机会。在这一背景下，项目努力打破传统学科边界，鼓励学生参与实际的科学、技术、工程和数学实践。此外，它们还致力于培养学生的创造性思维、解决问题的能力以及团队协作技能，这些都是在当今科技驱动的社会中非常重要的素质。这些项目提供了丰富多样的学科内容和实践经验，使学生在STEM领域中有更深入的了解和实践。项目所授内容并不局限于课堂内的理论知识，还包括学生在参与STEM课外项目时得到的是实际应用和实践机会。例如，他们可能参与解决真实世界的问题，设计和构建项目，进行科学实验，或者参与技术创新。这种实际经验不仅增强了他们的学科知识，还培养了其实际解决问题的能力和创新思维。这些项目提供的STEM学习机会还在很大程度上扩大了学生的学科兴趣范围。通过提供多元的STEM领域体验，学生可以更全面地了解STEM各个学科之间的联系及其在实际生活中的应用。这有助于激发学生对STEM领域的浓厚兴趣，并为他们未来的学术和职业选择提供了更多的可能性。在这些项目中，强调实际问题的解决和创新意识，而非仅仅追求学术成绩。这种创造性的学习环境有助于培养学生对STEM领域的深层理解和热情。而与此同时，学生在这样的项目中也建立了与同龄人和导师的密切关系，这种支持网络对于提高学生的学术自信心、自我效能感以及对未来职业的追求是至关重要的。这些课外和社区项目通过提供丰富多彩的STEM学习机会，不仅弥补了学校学习时间内学习的局限性，也为低收入和少数族裔学生提供了更广阔的未来发展空间。它们在培养学生的STEM技能的同时，更注重学生的全面发展，为他们打开了通向科学、技术、工程和数学领域的大门。在这一过程中，学生不仅仅是知识的获取者，更是实践者、创新者和未来科技领域的领导者。

许多研究表明，高质量的STEM课外活动项目对学生产生了积极的结果，包括对STEM领域和职业的态度改善，STEM能力和技能的增强，以及更有可能以相关专业毕业并从事STEM职业（Sardeshmukh和Smith-Nelson，2011）。例如，"主题探索组织"（Project Exploration）的60%的参与者在追求STEM领域学位的四年制大学中入学。一些著名的课外组织如The Afterschool Corporation和Afterschool Alliance，一直致力于记录和评估众多项目的效果，以促进全国范围内对于低收入和少数族裔处境不利儿童和年轻人的课外STEM教育机会。本章节将深入介绍和探讨美国得克萨斯州的校外STEM教育项目——"迷你宝石"项目。该项目是由圣道大学（UIW）的自动驾驶车辆系统（AVS）实验室为六至八年级的中学生举办的为期两周的免费夏季STEAM和编程夏令营。"迷你宝石"是圣安东尼奥第一个特别关注工程和编程的免费营地。该营采用基于项目的学习课程，提供多次动手实验、实地考察以及与演讲嘉宾的重要互动，所有这些都旨在提高中学生对STEM相关领域的兴趣。

4.2 美国中学生STEM教育公平现状研究

中学时期是学生为快速变化的未来做好准备并学习成功STEM职业的基础技能的重要形成和转变时期。然而，中学STEM教育面临着政策变化、学科不公平、实践经验缺乏等问题。自2013年州立法机关通过以来，《众议院第5号法案》在得克萨斯州得以实施。该政策要求进入高中的学生在2014年秋季从五个类别中选择一个认可：（1）STEM；（2）商业和工业；（3）公共服务；（4）艺术和人文；（5）多学科。众议院第5号法案的目标是为学生提供早期经验和连贯的课程顺序，以使学生增强准备并保持对STEM职业的兴趣。STEM教育的另一个问题是学科关注不公平。中小学STEM教育学科高度重视科学，忽视工程和计算机编程教育。然而，工程教育和计算机编程有很多好处。工程教育将现实世界与STEM科目的学习、解决问题的能力、沟通和团队合作技能联系起来。计算思维的应用为数学教育带来了机会。因此，中小学工程教育和计算机编程教育应该受到更多的关注和重视。缺乏实践经验也是中学STEM教育的一个问题。在STEM课堂上，学生往往是被动学习者。学生不是通过练习现实世界的知识和与同伴之间的对话来学习，而是被迫接受一些虚构的问题，并想尽办法去解决。Levine等人（2015）认为，初中和高中课程中缺乏动手实践性实验室的原因是STEM教育资金减少和标准化测试普及率增加。为了解决这些问题，需要开展实践项目，制定各种方法来增加实践学习的时间，实施实地考察和科学实验。

中学阶段对于提高女孩在STEM领域的整体坚持程度非常重要。女孩在中学时期开始对科学和数学失去兴趣。在这一阶段，女性和男性在标准化STEM考试和STEM课程学习方面的表现和所取得的成绩存在差异。中学女生对STEM领域的积极态度和兴趣低于男生。Dare（2015）研究表明，整个高中阶段，男性对STEM领域的兴趣保持在40%，而女性的兴趣从15.7%大幅下降至12.7%。与男孩相比，女孩对自己数学能力的评估较低，并且在空间技能方面存在较大的性别差异。女孩的自我效能、期望和愿望很容易受到家人、朋友和老师的行为和信念的影响。此外，在STEM职业愿望方面男女也存在较大的性别差异，即初中和高中期间，男性对工程更感兴趣，而女性对健康和医学更感兴趣。因此，许多教育工作者正在努力保持女孩在中学期间对STEM的兴趣。对STEM课程和STEM教学法进行一些改变可能会帮助女孩更好地发展她们的STEM身份。因此，针对STEM教育中的问题和性别差异，"迷你宝石"项目开始了，该训练营仅针对女孩，旨在引导更多女性进入工程领域，提高其对 STEM 学科的认识。

4.2.1 美国"放学后计划"的缘起

美国的"放学后计划"（Afterschool program）是响应社会经济发展需要而兴起的一项重要教育改革措施。这种计划主要是为了解决随着越来越多的女性参加工作，大量儿童在放学后无人看管的问题——这些儿童被称为"钥匙儿童"。随着无人监管时间段内的青少年犯罪和安全问题日益突出，放学后计划的需求愈发显得迫切。

从历史角度看，20 世纪 50 年代之前，许多美国儿童放学后都能得到家庭的照看，因为当时有超过一半的母亲不参加工作，扮演全职家庭主妇的角色。然而，随着经济形势的变化和女权运动的兴起，越来越多的女性开始寻求和男性平等的工作机会。在政府推动下，旨在增加女性就业机会的政策逐渐实施，导致许多女性走出家门参与社会劳动。根据美国劳动统计局的数据，从 1950 年到 2015 年，参与工作的美国女性比例逐年上升，到了 2000 年左右达到高峰。这种变化导致了儿童在放学后的监管空缺，因为大多数学校在下午三点放学，而这个时间点远远早于大多数家长的下班时间。这种时间错位导致放学后的儿童缺乏有效监管，变成了"钥匙儿童"。由于认知和情感发展的局限，这些无人看管的儿童更容易涉及暴力、酗酒、吸毒和其他不良行为。国家药品使用与健康调查的数据显示，数百万青少年涉及酗酒和非法药物使用，给他们的健康成长带来了严重隐患。面对放学后 3 点至 7 点这一时间段内青少年犯罪率激增的情况，美国开始通过"放学后计划"为这些无人看管的"钥匙儿童"提供各种活动，将这一时间段从"危险频发"转变为"发展机遇"。这些计划不仅保护了儿童和青少年的身心健康，而且为美国未来的人才储备提供了保障，缓解了社会治安问题的严峻性。

美国的"放学后计划"历经多个发展阶段，逐渐成为教育体系中的重要组成部分。计划在 19 世纪中期至 20 世纪初期初具雏形，那时美国工业化完成后城市经济迅速发展，吸引了大量移民。移民子女因生活在环境恶劣、犯罪频发的社区中，容易受到不良影响。为此，民间组织和个人开始在教堂、社区中心等地方为他们提供放学后活动，如基督教青年会（YMCA）和各类男孩俱乐部，旨在提供安全的娱乐和学习环境，帮助他们适应美国生活并远离不良行为。

进入20世纪，"放学后计划"进入自主发展阶段，受到了更广泛的社会关注，并显示出迅猛发展的趋势。众多的放学后项目开始出现，如1919年在马萨诸塞州斯普林菲尔德开设的"青年商业会"，主要提供基础商业知识教育，以帮助青少年适应未来岗位需求。同时，更多民间组织机构也开办了丰富多样的放学后活动项目，这些项目不仅规模在扩大，而且内容更加丰富、教育目的更加明确。

到了20世纪90年代，美国联邦政府开始正式介入"放学后计划"的运行和管理，这标志着"放学后计划"进入政府参与阶段。1998年，克林顿政府推出了21世纪社区学习中心计划（21stCCLC），这一计划的实施标志着"放学后计划"被纳入政府管理范畴。随后的《不让一个孩子掉队法案》（No Child Left Behind）和《让每个学生成功法案》（Every Student Succeeds Act）进一步规范了"放学后计划"，要求提供高质量的教育活动，强调STEM技能的重要性。这一系列的发展反映出"放学后计划"对于美国社会稳定和青少年成长的重要性。从最初的社区自发组织到政府的正式介入和支持，"放学后计划"不仅为无人看管的儿童提供了安全的成长环境，还通过教育活动帮助他们获得更多发展机会，对整个社会的稳定和发展产生了积极影响。

随着科学、技术、工程和数学（STEM）在现代社会的普遍应用，新兴的工作岗位需求激增，凸显出STEM教育的重要性。美国教育部发布的《STEM2026：STEM教育创新愿景》报告中表示，在未来五年内，美国就业市场需要至少增加160万具备STEM专业技能的员工。这些数据表明，未来不仅传统的STEM工作领域，几乎所有行业和职位类型都将对STEM相关知识和技能提出需求。为了促进课后STEM教育的发展，并帮助学生未来获得更优质的工作机会，"放学后计划"在全美各州广泛推广。这些计划作为正规教育的补充，在内容和形式上赋予学生更多的自主权，并通过与政府、社区及社会机构的合作，为学生提供了一个容错能力更强、更具灵活性的学习环境。

4.2.2 面向女性和少数族裔的"放学后计划"项目

美国是一个典型的移民国家，具有多民族多种族的特征。根据美国人口普查局（United States Census Bureau）2020年的统计数据显示，白人仍然是人数占比最多的族裔，约为57.8%。在少数族裔中，拉丁裔群体约占18.7%，非洲裔群体约占12.4%，亚裔群体约占6%。尽管各少数族裔的人数总和几乎占据着美国总人口数的一半，但在新兴的劳动力市场中，从事相关工作的美国少数族裔仅占30%，大量少数族裔仍然从事着低收入的工作，挣扎在生存的温饱线上。相较于白人群体，大多数少数族裔家庭的儿童在学习和发展的过程中往往面临经济贫困、交通不便、网络资源匮乏等问题，除了正式课堂学习之外，他们很少有额外的学习活动，这导致其学习成绩不佳、21世纪技能的培养受限，影响其职业潜力和未来发展，使其所在群体长期陷入贫困循环。美国在2002年颁布的《不让一个孩子掉队》（No Child Left Behind）法案确立了"放学后计划"为少数群体和弱势群体学生服务的功能定位，旨在通过丰富和高质量的放学后活动为这些孩子创造更多学习机会，以实现教育公平。这些活动不仅涵盖学术辅导，还包括技能发展和实践操作，目的是帮助少数族裔与处境不利儿童获得与其他群体相同的成功和成长机会。

一方面，"放学后计划"为参与的学生提供了一些福利，为低收入的少数族裔家庭儿童的参与创造了条件。比如在联邦政府和地方政府的联合支持下实施的"免费或半价午餐计划"。根据放学后联盟的调查，在参与"免费或半价午餐计划"的学生中，有64%是少数族裔学生。此外还有一些放学后项目或计划联合当地儿童援助协会（the Children's Aid Society），不仅对少数族裔儿童提供免费申请通道，还为在实践活动中表现优异的少数族裔儿童提供带薪实习活动，多方面减轻他们参与"放学后计划"经济负担。另一方面，"放学后计划"不仅为学生提供学业辅导，还注重培养他们的21世纪技能，如STEM课程，逐渐成为促进少数族裔儿童成长的重要平台。调查数据表明，参与"放学后计划"的少数族裔儿童在学校的表现通常优于未参加的同龄人，学业成绩显著提高。随着越来越多的少数族裔儿童参与到这些课程中，他们在学习STEM等技能方面的差距正在逐渐缩小，这为他们未来在竞争激烈的劳动力市场中争取更优质的就业机会奠定了基础。

总的来说，"放学后计划"在提升少数族裔儿童的教育和职业前景方面发挥了关键作用，这不仅有助于打破贫困循环，也为整个社会的多元化和包容性增加了宝贵的资本。通过这些计划，未来将有更多的少数族裔学生掌握21世纪关键技能并加入更高层次的职业竞争中，从而提高他们的生活质量和社会地位。

4.3 促进教育公平的"迷你宝石"校外STEM项目案例解析

4.3.1 美国校外STEM理论基础

校外STEM项目是"放学后计划"中不可或缺的一部分，为学生提供了聚焦于科学、技术、工程和数学的学习内容。"放学后计划"和校外STEM项目的实施不仅补充了正规教育体系中可能存在的空缺，尤其是在实践和应用STEM技能的机会上，而且延伸了学校教育的时间和空间，帮助学生在课后巩固并拓展所学的知识。通过包括校外STEM项目的多样化活动，"放学后计划"为所有学生，特别是来自资源较少的家庭或社区的学生，提供了平等的学习机会。这种做法有效地缩小了少数族裔与处境不利儿童和其他儿童在教育成就上的差距，并通过促进家庭与社区的参与，加强了对教育的支持和投入。此外，校外STEM项目还特别强调职业准备，通过实践操作和接触先进技术，为学生应对未来就业市场的需求做准备。这些项目不仅提升了学生的科学技能，还培养了他们的社交能力和生活技能，全面提升了学生的教育质量和生活质量。作为"放学后计划"的核心部分，校外STEM项目不仅拓宽了教育的深度和广度，还为学生的全面发展和未来的成功打下了坚实的基础。这些项目通过提供额外的资源和支持，使教育更加公平和全面，有助于学生为将来的挑战做好准备。

全球性的青少年机器人竞赛"第一乐高联盟挑战赛"（First Lego League，简称 FLL）经常作为学校或社区中心的放学后活动。在这个项目中，学生在教练的指导下学习设计、建造和编程机器人以解决一系列挑战，这不仅提升了他们的工程技能，还培养了团队合作和问题解决能力。同样，"Girls Who Code"是一个旨在缩小科技领域性别差距的项目，它在全国的学校和图书馆提供免费编程课程，帮助女学生开发编程技能并激发她们对科技行业的兴趣，为她们的未来职业生涯奠定基础。"After-School All-Stars"提供了广泛的放学后计划，包括 STEM 活动如编程、科学实验和数学竞赛，特别服务于低收入社区的学生。这些活动旨在提高学生的学业成就，并增强他们对 STEM 领域的兴趣。

旧金山的 Exploratorium 博物馆提供的"放学后计划"，利用博物馆丰富的资源为学生提供探索物理、生物和化学现象的机会。这些互动的实验和展览不仅与学生在课堂上的学习相辅相成，而且极大地增强了他们的科学探索精神。而"TechbridgeGirls"专门为少数族裔女学生提供工程和技术教育，通过实地考察科技公司、与专业人士的互动以及参与实际的工程项目，帮助这些学生看到科技职业的可能性，并激发她们追求 STEM 职业的信心和技能。

通过这些实际案例可以看到，放学后 STEM 项目不仅补充了学校的正规课程，还提供了宝贵的实践机会，帮助学生将课堂知识应用于解决实际问题，深化了他们的学习体验，并为未来的学习和职业生涯打下坚实的基础。这些项目特别强调为所有学生提供平等的学习机会，无论性别、经济状况还是种族背景，都致力于使每个孩子受益，特别是那些来自较为弱势群体的学生。

4.3.2 "迷你宝石"校外 STEM 项目缘起与概况

（1）项目缘起

圣道大学（University of the Incarnate Word，UIW）是得克萨斯州第四大私立大学。尽管其学生中有 60% 为女性，但女性工程专业的入学人数不到 5%，并呈下降趋势。得克萨斯州邻近的其他教育机构提供的几个 STEAM（科学、技术、工程、艺术和数学）项目也遵循相同的趋势。大量研究表明，需要向学生及其家长更加强调在小学和初中阶段学习科学的重要性。

另一个推动因素是《得克萨斯州众议院法案5号》（HB5）的通过。自2013年州议会通过该法案以来，该法案对该州的课程和高中毕业要求进行了重要调整。HB5于2016年秋季生效，有三个主要组成部分：（1）每名学生必须完成一组核心课程，总共22学分；（2）要求每名八年级毕业生从列出的五个学科类别中选择一个作为职业，这是与职业相关的广泛类别的课程；（3）卓越的成就水平，以杰出表现获得所选职位。五个学科类别分别是：（1）STEM（科学、技术、工程、数学）；（2）商业和工业（包括职业培训）；（3）公共服务；（4）艺术和人文学科；（5）多学科研究。该政策将原本发生在高中中后期的职业咨询和决策提前到初中进行。初中教师的重要任务是成为职业信息传授的倡导者，鼓励学生追求STEM职业，并告知他们大学课程的要求。然而，问题在于初中教师通常不太了解各种STEM学科，比如工程，因此也就不能以足够详细的方式描述该领域，谈论就业机会，或列举大学的课程要求。基于这些信息，圣道大学自动驾驶车辆系统（AVS）实验室于2015年夏季牵头首次举办了"迷你宝石"STEAM夏令营。

（2）项目概况

"迷你宝石"项目包括"迷你宝石"夏令营和"迷你机器人"等具体活动。

"迷你宝石"夏令营（也称训练营）是圣安东尼奥市第一个针对六至八年级中学生的免费夏令营，它特别注重工程和编程。圣道大学的自动驾驶车辆系统（AVS）实验室自2015年以来一直主办"迷你宝石"训练营。该训练营的目标是通过机器人项目、计算机编程、图形设计和演讲嘉宾互动等方式提高中学生对STEM相关领域的兴趣。该营地还强调为代表性不足的社区提供学习和研究机会。2015年是自动驾驶车辆系统实验室举办为期五天的免费工程训练营的第一年。来自圣安东尼奥市低收入水平Title I学校①的25名中学女生参加了该夏令营。与此同时，自动驾驶车辆系统实验室的四名工程研究助理和当地学区的三

---

① Title I学校，是指根据美国《中小学教育法》（*Elementary and Secondary Education Act*，简称ESEA）中的一个重要条件而获得资助的学校。这项法案旨在提供联邦资金支持那些服务于贫困学生的学校。Title I资助主要用于提供额外的学术支持和服务，以帮助贫困学生在学业上取得成功，并缩小因经济差异而导致的成绩差距。

图4.3-1 "迷你宝石"项目标志

名中学教师协助处理日常的机器人项目和各种比赛。2016年夏季，代表圣安东尼奥不同学区，特别注重从代表性不足的社区招募而来的26名项目参与者进入夏令营。来自自动驾驶车辆系统实验室的五名本科生研究助理和来自当地学区的三名中学老师帮助进行了日常营地活动的事先规划和全程管理。2017年，该夏令营成为免费的为期两周的STEAM（科学、技术、工程、艺术和数学）和编程夏令营，为六至八年级的低收入和处境不利家庭的中学生举办了四次。"迷你宝石"2017中增加的艺术学科提供了更多的学习机会和现实世界背景，满足了更多学生的兴趣。2017年夏天，在圣道大学举办了四场为期两周的"迷你宝石"STEAM训练营，共计八周，超过114名中学女生和10名中学科学教师参加了该项目。在为期两周的训练营中引入了基于项目的学习课程，课程在学生最后学习结果演示和小品中结束。在过去的五年里，"迷你宝石"项目发展迅速，并开始招募高中女生（第9届）。截至2019年夏季，该项目（"迷你宝石"扩展为了"宝石"项目）包括一个初中级别的STEAM夏令营（称为miniGirls）和两个高中级别的STEAM夏令营（称为megaGirls和megaResearch）。该项目还在小学和中学整个学年举办机器人俱乐部（称为迷你机器人），并赞助俱乐部中的女孩同时参加"第一乐高联盟挑战赛（FLL）"。

"迷你机器人"（MiniRobots）是一个全年开放的机器人俱乐部，被视为"迷你宝石"夏令营的延伸。这是一个由"迷你宝石"赞助的全女子机器人俱乐部，为一所被列为Title I的公立中学首先举办。该学校名为特雷维诺中学，位于得克萨斯州南部的市中心独立学区（CDISD）。"迷你机器人"俱乐部的目的是提高中学生的STEM兴趣和编程技能。2018至2019赛季，该俱乐部在特雷维诺中学组织并赞助了第一支"第一乐高联盟挑战赛"女子队。2019至2020赛季，这项女子STEM教育项目组织和赞助了市中心独立学区的四支球队。中学生在课堂上和周末在学校参与编程和乐高EV3机器人（Mindstorms）学习。STEM专业的大学生和学校教师担任当地"第一乐高联盟挑战赛"团队的导师。

"迷你宝石"训练营通过各种基于项目的学习活动丰富了STEM教育的内容，包括环境可持续性、生物启发机器人、乐高EV3机器人、机器人控制和计算机编程。参与者有机会使用"海洋潜艇"（SeaPerch）水下机器人进行建造和竞赛，这是一个旨在增加工程领域女性数量的独特项目。"迷你宝石"训练营由圣道大学多个STEM项目（包括工程和生物医学科学）的本科生和研究生领导，聘请中学教师参加夏令营。这些老师帮助招募各自学校的中学生。

4.3.3 "迷你宝石"校外STEM项目理论框架

（1）从STEM到STEAM教育的转变

STEAM一直被视为提高学生兴趣和改善STEM学习机会的其他方法。学生在艺术中培养的创造性和批判性思维技能可培养学生与STEM成功相关的四项技能——观察、视觉思维、识别和形成模式以及操作能力。将艺术与STEM教育相结合与学生的学业有着积极的关系。具体来说，在课程中加入音乐可以提高学生在初中和高中期间的学业成绩和标准化考试成绩。在十一至十五岁期间，刺激右脑功能的活动（例如听音乐）有助于学生的大脑发育和身体整合。到高中结束时，音乐和其他有节奏的活动对青少年的大脑发育有最大的影响。尽管STEAM教育提高了学生的参与度和学习成果，但STEAM教育的研究人员比STEM教育要少。STEAM项目在设计第五项原则、实施课程和实现课程目标方面面临许多挑战。

（2）儿童游戏与建构主义学习理论

儿童游戏对于儿童的成长至关重要。游戏是一种积极且富有创造性的人类互动活动，也是初中和高中学生学习的强大媒介。游戏内容涉及领导力、社会背景、想象力以及对社会文化的反思。通过游戏，学生可以培养谈判能力、解决问题能力、创造力和灵活性。随着社会发展和技术革命，教育越来越注重学生的有意义学习以及寓教于乐的教学方式。因此，游戏是童年的自然活动，也是儿童学习的工具。

在"迷你宝石"训练营中，游戏在指导交互式学习环境的设计方面有许多优势，能有效提高参与者对STEM领域的兴趣和职业抱负。交互式学习环境的设计基于建构主义概念，并辅以与项目助理的互动和实践活动的元素。"迷你宝石"的辅导员需要营造互动学习的环境并询问学生的困难，以避免做出错误的判断与决策。在这样的环境下，学生可以与他人进行创造性的互动并反思自己的学习，而不是听老师讲课。"迷你宝石"的参与者通过有意义的基于问题的实践活动积累经验和知识。学习从学生的愿望开始，并在积极的互动环境中持续进行。教师和项目助理扮演促进者或导师的角色，提高学生的自我意识、自我效能和对STEM领域的兴趣。

当学生参与活动并将之与现实生活经历相联系时，他们最有可能学习科学并构建知识。"迷你宝石"注重通过各种有意义的实践工程和编程活动来学习。有意义的游戏活动可以增加学生的知识，提高学生对STEM相关活动的参与度和洞察力。"迷你宝石"STEAM训练营中的活动特别侧重于机器人项目、计算机编程、图形设计和嘉宾演讲（演讲内容包括对营养、教育和赋权重要性等的讨论，十分全面）。因此，"迷你宝石"训练营的参与者从自然世界、真实世界和虚拟世界中学习科学和工程。通过这些实践活动，学习的管理从教师转移到学生。学生传授工程知识，并可以自由选择确定自己的探索、发现和学习目标。

（3）非正式和非正式学习理论

STEM教育在"学校科学"和实践科学之间存在脱节，这可能会影响学生对科学和STEM相关职业的态度和兴趣。非正式学习环境和实地考察的非正式学习体验是连接"学校科学"和实践科学的常用策略。研究者指出，学生85%的时间都花在课堂之外。非正式学习和非正式学习的环境对于提供校外学习机会非常重要。与正式学习环境相比，非正式学习环境的结构化程度较低，将学习从教师转移到学生身上，为学生提供了更多的学习选择。博物馆和科学中心是重要的非正式学习环境，它们为学生提供非正式学习体验，让学生更好地了解科学。非正式学习是通过各种非正式的学习环境发生的，通常有一些由教师或指导者主导的预先安排的情境。非正式学习是有计划的，只不过在学习场所方面具有很强的适应性。此外，非正式学习具有以正式学习为中介的特点，但学习动机可能来自学习者的内部因素。

根据皮亚杰的儿童认知发展阶段理论，中学生对于他们没有具体学过的东西有逻辑推理和假设的能力。中学生的学习从整体概念开始，而不是从具体形式开始。这一时期的科学教学应该注重研究和发现的意义，而不是记忆和重复。非正规和非正式学习提供了影响学习和学生发展的有效环境，它们的出现将有助于STEM教育改革。非正式学习提供结构化学习和预先安排的支持活动，由其他教师、领导或助理协助展开。同时，非正式学习是通过学生的好奇心和小组互动来进行的。因此，"迷你宝石"训练营中以工程为中心的非正式学习环境可以提高学生的工程意识、丰富学习内容，而经过培训且有能力的讲师更是吸引学生的参与。

4.4 促进教育公平的"迷你宝石"校外STEM项目实践研究

4.4.1 "迷你宝石"项目参与者信息分布

2017年，"迷你宝石"夏令营从圣安东尼奥的三个不同城市学区（分别是NISD、SAISD和SWISD，其中，SWISD和SAISD都被认为是经济上不发达的Title I学区）的三所中学中招募学生，来自相应学区的三位老师承诺担任夏令营的指导老师和项目助手。五月初，研究者向参与的学校提供了"迷你宝石"夏令营的电子和纸质版宣传册、申请表和家长同意书。在招募成员方面，我们优先考虑了低收入学生以及在传统工程领域代表性不足的学生，以及将在下个秋季升入高中的学生。然后是8年级、7年级，最后是6年级的学生。根据项目预算，我们估计能够支持的学生最多为114人，因此于六月初在初中教师的帮助下选择了最有资格的114名学生进入"迷你宝石"项目。

2018年，"迷你宝石"夏令营从得克萨斯州南部的19所学校招募了139名中学女生，详细信息见表4.4-1。2019年，共从44所学校招募了153名中学女生，具体情况见表4.4-2。我们发现"迷你宝石"训练营的所有项目中西班牙裔参与者的比例很高。即将入学的六年级学生在"迷你宝石"夏令营中所占比例最大。随着项目的发展和举办经验的丰富，每个项目的学生人数都在增加，学生来源也变得更加多样化。

表4.4-1 2018年"迷你宝石"夏令营人口统计信息

	注册人数	6年级（%）	7级（%）	8级（%）	西班牙裔（%）	英语作为主要语言（%）
营地1	35	0	31	69	97	74
营地2	30	30	37	30	87	77
营地3	38	50	18	32	89	55
营地4	36	42	44	14	72	94

表4.4-2 2019年"迷你宝石"夏令营人口统计信息

	注册人数	6年级（%）	7级（%）	8级（%）	西班牙裔（%）	英语作为主要语言（%）
营地1	29	38	24	38	93	72
营地2	29	3	62	34	72	86
营地3	45	62	29	9	87	51
营地4	50	56	12	32	34	78

4.4.2 "迷你宝石"项目的独特性

"迷你宝石"项目因其以下三个方面的特殊性、独特性和复杂性而被选为单一案例研究（Stake，1995）。首先，"迷你宝石"项目不需要任何费用，并为所有学生提供交通补贴，以帮助学生克服经济困难。尽管南得克萨斯州有不少STEM项目（例如iD tech、互动技术体验中心、SASTEMIC），但并非所有项目都是免费的，更别说是专门为在Title I公立学校学习的中学生设计（iD Tech，2018；Saygin等，2012）。基于项目的学习环境帮助学生将抽象的数学和科学概念转化为具体的现实生活应用，并将通常看似与STEM学科脱节的领域（例如音乐）联系起来。在这个校外STEM项目中，许多参与者表示，单性别学习让她们忽略了性别差异（即男孩的负面行为），变得放松（即大声说话），并建立了对STEM学科的契合感（即在机器人和工程主题）（Wang和Frye，2019）。

其次，"迷你宝石"计划特别为来自Title I学区和学校的学生提供服务。本研究中的Title I学校和学区的低收入家庭学生比例很高，高风险学生比例也很高（U.S.Department of Education，2018年）。以特雷维诺中学为例，该校有94.2%的经济困难学生，81.5%的学生被认为面临辍学风险（Texas Education Agency，2019）。绝大多数的参与者是拉丁裔，他们在学校课堂上学习机器人和工程学的机会不多。2018年"迷你宝石"夏令营数据显示，76.3%的女孩表示自己是拉丁裔种族身份，并相信自己属于拉丁裔文化（Wang和Frye，2019）。原因包括他们的墨西哥传统、家庭出身、语言和文化传统。大多数营员在他们的朋友和家人中不认识任何科学家和工程师。除了"迷你宝石"项目之外，他们中的大多数人之前没有过STEM夏令营经历。

4.4.3 "迷你宝石"STEM项目课程设计原则

夏令营的每一天都充满了不同而有趣的学生活动，项目强调积极学习，最大程度减少讲座，加强协作学习。其目的是鼓励学生积极参与夏令营，从而增强他们对学习STEAM课程，尤其是工程学的兴趣。在夏令营的第一天我们团队的研究人员开始了为期45分钟的"见面，问候，分享"活动，帮助学生互相认识、打招呼，同时分享个人信息，包括姓名、年级、学校、兴趣和爱好。这有助于学生之间的社交破冰，使他们尽快熟悉起来并在群体中表现自在，因为团队合作是整个夏令营不可避免的一部分。此外，由于学生来自不同的学区，我们必须避免学校和学区之间的派系问题。夏令营的具体内容包括学生团队合作完成项目、项目演示、实地考察、与专业工程师和科学家的座谈讨论等。

学生团队合作完成项目：为促进团队合作，每组分配最多四名学生，并附有一名额外的小组同龄导师协助项目。夏令营的一个主要组成部分是要求学生共同完成每日的工程项目，并讨论和解决问题。每日项目包括上午的"破冰活动"和下午的"每日挑战"。"破冰活动"的内容包括建造棉花糖塔或气动汽车。"每日挑战"则是小组任务，要求小组共同完成例如使用智能手机进行相扑比赛或带领机器人走出迷宫等任务。最后，在"海洋潜艇"日，学生团队建造了一个水下机器人，并在大学游泳馆的水域中进行了比赛。

项目演示：学生每天参加研讨会，根据会议要求就选定的主题（个人/小组）进行发言。每位学生都发放了一个实验笔记本。在夏令营的第一天，研究人员和初中老师向学生强调了实验笔记本的重要性并交代了如何确定要写入的数据。此外，在最后一天，学生被要求根据他们在夏令营期间收集的数据和经验进行最终演示。在演示、实验笔记本记录和数据分析方面表现卓越的学生将获得奖励。

实地考察：在夏令营的最后一天，作为实地考察的一部分，学生在由TAME运营的名为STEAM Trailblazer的"流动科学博物馆"中度过了上午。通过海报、视频，以及TAME和大学本科生提供的实际演示，学生们学到了许多关于STEAM的有趣概念，包括共振、飓风、电机和引擎、电力和光。此外，在夏令营的第一天，学生还有机会参观大学的太阳能房屋，这是一个运用太阳能和回收水运行的模拟住宅，学生了解了光伏和太阳能电池板的概念，以及如何建造一个不依赖电力网络的房屋。

与专业工程师和科学家的座谈讨论：每天午餐时，会有来自行业的特邀演讲者参观"迷你宝石"夏令营，他们与学生讨论自己在工程领域的职业生涯。在此环节，"迷你宝石"夏令营迎来了来自HEB Groceries的一名工业工程师，来自CPS Power Energy的四名电气、机械和工业工程师，一名在当地公司担任工程师的圣道大学校友，以及两名大学的女性生物学和工程学教授。

星期四"海洋潜艇"（SeaPerch）水下机器人比赛和星期五宴会：6月23日星期四，学生整天在大学游泳馆与海军合作进行"海洋潜艇"项目。"海洋潜艇"是一种遥控水下载具。海军提供了五名人员，全天协助我们进行水下机器人比赛。这些海军人员与"迷你宝石"中的学生一起参与活动并讨论了工程的重要性。学生团队共同建造和调试该水下遥控载具，并在水下障碍赛道上比赛。此外，夏令营活动参与者还有机会与大学的副校长一起参观大学，交流关于大学校园的问题，以更多地了解大学生活。最后，在6月24日星期五，"迷你宝石"项目组为夏令营的学生和他们的家长举办了午宴宴会。学生们通过小组准备的海报展示他们的研究和整个夏天的收获。

4.4.4 "迷你宝石"STEM项目课程实践

基于项目的学习（PBL）作为一种教学法在STEM领域得到了广泛的应用。在STEM教育中，学生需要将学校知识与实际世界联系起来，了解这些知识对他们生活的重要性，从而激发对STEM学科的兴趣（Wang和Frye，2019）。多项研究表明，将基于项目的学习教学法应用到STEM设计中对学生的学习产生了积极影响。在女子STEM课程中，采用基于项目的学习教学法，为学生提供更多实践机会，帮助他们将学科内容与现实世界联系起来。基于该种教学法，"迷你宝石"STEM项目在夏令营中的高影响力活动主要集中在以下几个STEM领域：

工程学："溢油清理"活动旨在教导学生有效利用自然资源，减少浪费，并从环境工程和石油行业的角度思考问题。学生分组模拟漏油事件，尝试不同的清理方法，分析场景，从而学到了如何保护环境安全。

图4.4-1 "迷你宝石"项目中学生们正在进行科学领域的探究

科学：学生通过制作黏液和大象牙膏，以有趣的方式了解活动中涉及的不同元素的基本概念。活动中涉及不同化学反应，使学生体验到科学的趣味和奇妙。

机器人技术：使用乐高（Lego）EV3机器人编程，学生学习了数学和机器人概念，设计、构建和编程自己的机器人。他们通过编程机器人完成任务，如穿越迷宫，展现了STEM中工程和编程的实际应用。

乐高机器人大赛："第一乐高联盟挑战赛"（FIRST LEGO League，简称FLL）是由其非营利母机构FIRST组织的计划。该挑战赛遵循竞技模式，是一项面向思维的运动。在"第一乐高联盟挑战赛"中，学生共同努力创建一个可编程的机器人（乐高EV3机器人），以完成基于主题的不同挑战。尽管机器人是"第一乐高联盟挑战赛"的重要组成部分，但学生的学习远不止学习构建和编程机器人，他们被鼓励团队合作，并向评委团呈现他们的想法。因此，参与这样的机器人竞赛有助于学生发展编程和沟通技能，也有助于培养其STEM兴趣。然而，并没有很多研究专门利用"第一乐高联盟挑战赛"来了解学生的学习经验并衡量其有效性。2018年，圣道大学的"迷你宝石"项目组织并赞助了首支"第一乐高联盟挑战赛"全女子团队，这对该项目和女生的STEM学习具有重大意义。

计算机技术：游戏设计和编程活动旨在通过使用基于可视化块的编程教授学生游戏设计。学生通过设计游戏，学习了基于可视化块的编程，增加了对计算机科学的兴趣。

图4.4-2 "迷你宝石"项目中学生正在探究乐高机器人

艺术与科学结合：在不同活动中，女孩们体验了如何将艺术与科学和工程相结合，包括讲故事、黏土船、牙签塔等实践活动。这些活动培养了学生创造性思考、问题解决和团队合作的技能。

"迷你宝石"项目通过整合科学、技术、工程、数学和艺术的不同领域，利用实践活动和基于项目的学习教学法，提高了女孩的STEM水平并发展了相关技能。未来，项目将进一步拓展课程内容，引入更多领域的教育，并将人工智能和高级编程语言培训纳入高中课程，以为学生构建STEM职业道路提供必要的编程技能。

4.4.5 项目有效性评估

研究对"迷你宝石"项目的有效性进行了日常和项目调查。对工程师所需技能的整体理解反映在日常调查、实验笔记、最终论文和演示、总结调查以及后续调查数据中。日常调查提供了每日的活动标准，并在必要时允许立即采取纠正措施。从日常调查中得出的一个有趣的结论是学生们吃午餐的重要性。橄榄披萨非常不受欢迎，学生们期望能有健康的选择。研究人员从日常调查中了解到了早餐的重要性，因为一些学生在早上提到他们感到饥饿。学生们在四月或五月申请夏令营时填写了一份预调查表。预调查的目的是确定学生是否计划上大学，他们对同学和学校的看法，以及他们是否对工程学感兴趣。预调查并非用于筛选参加"迷你宝石"夏令营的学生，而是用于了解他们对自己、学校、朋友和工程学的基本态度。总体而言，预调查反映了学生对上大学和对学校环境持有自信和积极的态度。唯一显著较低的结果是第8个问题"我对从事工程职业感兴趣"的答案，得分为4.00。参加"迷你宝石"夏令营的大多数学生都属于STEAM俱乐部或对STEAM感兴趣。

同时，本项目开发了一系列的量表，表4.4-3和4.4-4分别为"迷你宝石"项目和"宝石机器人"项目的评估框架和课程概述。具体评估量表见表4.4-5。

表4.4-3 "迷你宝石"项目和"迷你机器人"项目评估框架

项目	迷你宝石	迷你机器人
成分	・2 周课程 ・圣道大学师资合作 ・受 STEM 激励的同龄人 ・自动驾驶车辆系统实验室支持	・秋季学期 ・实践练习 ・同行和导师 ・自动驾驶车辆系统实验室支持
概念	・机器人技术 ・编程/游戏设计 ・参与 STEM 活动 ・职业暴露 ・额外课程（营养与园艺） ・艺术活动	乐高 EV3 机器人大赛
目标	・转变 STEM 态度、增加 STEM 兴趣 ・21 世纪技能 ・为 5 个营地提供 STEAM 学习体验	・保持学生的兴趣、参与度和动力 ・在三个学区中建立一个社区
使命	让女孩接触 STEM 职业 提高女孩对 STEM 领域的兴趣 在 K-12 学校构建 STEM 学习环境	
评估	方法：调查/事前调查/访谈 正在进行：收集有关项目如何推进问题解决的数据 中期：评估您的项目是否按照计划进行 最终：衡量结果和数据并确定有效性和研究问题	

表4.4-4 "迷你宝石"项目和"迷你机器人"项目课程概述

	周一	周二	周三	周四	星期五
科目	科学	技术	工程	机器人	编程
第 1 周	・破冰船 ・制作史莱姆 ・牙签塔 ・蛋滴 ・大象牙膏 ・写日记 ・报纸塔	・EV3 简介 ・编程和编码 ・建造机器人 ・编程 ・相扑 ・写日记	・活力 ・气象 ・稻草桥 ・黏土船 ・EV3 机器人 ・编程 ・写日记	・仿生鱼 ・图形设计 ・客座演讲者 ・写日记	・编程和游戏设计 ・写日记
介绍	每个夏令营的前五天重点探索 STEM 领域，并通过乐高 EV3 机器人和 Scratch 编程语言向营员和 STEM 老师介绍计算机编程领域。在此期间，营员们分组并开始设计一个机器人，以应对营会第二周举行的机器人挑战赛				

续表

科目	周一 科学	周二 技术	周三 工程	周四 机器人	星期五 编程
第2周	·食物科学 ·特邀发言人 ·写日记	·编程 ·第一乐高联 　盟障碍	·瑜伽 ·音乐歌唱 ·天文学 ·特邀发言人 ·写日记	·建筑 ·机器人编程 ·机器人比赛	·过山车设计 ·黏土船 ·营养 ·礼物和奖励 ·写日记

介绍　在每个训练营课程的第二周，营员们将花四天的时间使用MATLAB编程语言，学习编写简单程序的基本语法，这些程序可以执行绘制数学方程、执行算术运算和求解代数方程等操作。此外，营员们还参与乐高EV3机器人的开发，最终完成一项高级挑战，需要使用传感器、闭环反馈和结构化实时编程

表4.4-5　评估量表

类别	陈述	测量评价登记
FLL的观点	FLL挑战很有趣	1—5
FLL的观点	难度适当	1—5
团队合作	由于FLL，我的团队对科学技术有了更积极的看法	1—5
FLL的观点	由于FLL，我对科学技术有了更积极的看法	1—5
FLL的观点	明年我会再次参加	1—5
FLL的观点	我会向其他人推荐FLL	1—5
经验	我的团队成员明年可能会重复FLL	1—5
评估	总体而言，该计划物有所值	1—5
编程与沟通	通过参与本项目，您认为您在以下哪方面的技能得到了提高： 沟通 编程 整体技术知识	1—5/视觉模拟/回顾性前后期
FLL的观点	您对FLL项目的总体感受如何？	1—5
经验	参加FLL是怎样的体验？	开放式
自我效能感	当我编程时我对自己有信心	1—5

续表

类别	陈述	测量评价登记
自我效能感	我希望将FLL的知识运用到我的学习中	1—5
自我效能感	我确信我可以在编程方面做高级工作	1—5
团队合作	小组工作最大限度地提高了我自己和小组成员的学习效果	1—5
团队合作	我积极与小组成员交流想法	1—5
团队合作	我感觉自己是小组学习社区的一部分	1—5
团队合作	我能够通过朋友合作培养解决问题的能力	1—5
团队合作	这次训练营的合作帮助我了解其他女孩的观点	1—5
团队合作	总的来说，我对本次训练营的团队精神和协作感到满意	1—5

4.5 本章小结

在本章中，我们探讨了科学、技术、工程、艺术和数学（STEAM）在教育改革和全球经济中的关键作用，以及美国如何通过校外STEM项目和"放学后计划"响应这些挑战。虽然STEM教育在中学课程中普遍缺乏实践性实验室，导致女学生对STEM领域的兴趣普遍低于男学生，STEAM教育的推广通过艺术的融入，为学生提供了更多与现实世界相关的学习背景，从而提升了学生对STEM学科的兴趣。

校外STEM项目和"放学后计划"为学生提供了学习科学、技术、工程和数学的平台，这些项目通常在学校时间之外，如周末或假期进行，为所有学生尤其是来自资源较少的家庭的学生提供了平等的学习机会。通过提供多样化的活动，例如家庭作业支持、辅导以及科学和数学的实践活动，为学生提供了一个安全和支持的环境，以进一步发展他们的学术和社交技能。这些计划特别关注处于风险中的青少年、低收入和少数族裔青少年，努力缩小由社会经济地位引起的教育差距。这些项目不仅提高了学生在STEM领域的表现，还激发了他们未来对科技的兴趣和职业潜力。

此外，在本章中，我们还了解到"迷你宝石"项目从2015年开始，由圣道大学的自动驾驶车辆系统实验室主办,旨在为六至八年级的学生提供免费夏令营,项目内容侧重工程和编程。夏令营的目标是通过机器人项目、计算机编程、图形设计和嘉宾演讲培养学生对STEM的兴趣,并特别注重对代表性不足社区的关注。项目在过去几年中不断发展,增加了艺术元素,提供了更多学习机会,同时拓展到高中阶段。

在项目理论框架中,我们了解到项目做了从STEM到STEAM教育转变的调整,将艺术与科学、技术、工程、数学相结合,强调创造性和批判性思维的培养。此外,项目还运用了儿童游戏与建构主义学习理论,通过基于项目的学习和实践活动提供丰富内容,培养学生的创造力、解决问题能力和灵活性。非正式和非正规学习理论被纳入项目,通过实地考察和非正规学习环境,该理论架起了"学校科学"和实践科学之间的桥梁,为学生提供更多学习选择。

在"迷你宝石"STEM项目课程与实践中,项目采用了基于项目的学习、实地考察、与专业人士的座谈等活动,通过工程、科学、机器人技术、计算机技术和艺术的介绍,为学生提供了多元化的STEM体验。项目强调团队合作、学生演示、实地考察和与专业人士的交流,加强了学生在STEM领域的学习和实践机会。

总体而言,"迷你宝石"项目通过跨学科的STEM课程设计、实践活动和与专业人士的互动,积极培养了学生的兴趣和技能,为她们将来从事科学、技术、工程和数学领域相关职业的道路提供了坚实基础。

第5章 形成阶段：职业生涯视角下的高中STEM教育深化

5.1 概况

培养具有STEM能力的劳动力和具有STEM素养的公民对于美国保持全球竞争力至关重要。教育工作者和政策制定者经常使用术语"STEM能力"和"STEM素养"，以描述学生在STEM领域的能力。STEM教育和职业道路非常重要，因为它们有助于培养STEM人才，让学生选择STEM领域的专业并将其转变为STEM职业。鼓励学生早点进入STEM职业道路并找到帮助他们坚持这些职业道路的方法可能是解决美国目前缺少STEM劳动力的解决方案（Noonan，2017）。

在美国，传统的科学、技术、工程和数学（STEM）职业途径正在发生变化。这种变化的主要原因是全球竞争需要更多具有前瞻性思维的劳动力，以促进创新和提高生产力。与非STEM相关的工作领域相比，STEM相关领域的就业人数在过去十年中大幅增长。这一趋势预计将在未来十年继续发展（Noonan，2017）。根据美国商务部的数据，2015年美国有860万个STEM工作岗位，占美国就业市场的6.2%。此外，93%的STEM工作的工资高于全国平均水平（Fayer，Lacey和Watson，2017年）。因此，拥有一支具有STEM能力的劳动力对于确保美国在全球舞台上保持竞争性的经济和社会优势至关重要。

STEM教育和职业道路是培养STEM人才、吸引学生选择STEM领域专业并将其转变为STEM职业的重要组成部分（VanIngen-Dunn等，2016）。然而，在资助STEM职业领域四年制大学学位方面，美国落后于中国和其他工业化国家（Diekman和Benson-Greenwald，2018）。国际学生申请STEM博士学位课程越来越多，但美国国内学生在竞争中表现不佳（Diekman和Benson-Greenwald，2018）。如果忽视这些教育和劳动力发展趋势，美国可能会在未来面临不利局面。为了确保具有STEM能力的学生在美利坚合众国留住并发展，以及让他们进入STEM职业领域，学者们努力开发STEM职业途径。传统STEM职业途径通常包括对STEM内容的早期兴趣，高中期间参加严格的数学和科学课程，并在毕业后和高等教育中继续从事该领域探究（Ashford，Lanehart等，2016；Blotnicky等，2018；Maltese等，2011）。成功的STEM教育推广和职业探索有助于吸引学生继续学习STEM所需的知识和技能。这最终将导致可转让的STEM认证和学位，得到工业界和商界认可（VanIngen-Dunn等，2016）。

然而，在中学阶段，学生对STEM职业的了解有限。研究表明，70%的中学生对STEM职业感兴趣。然而，他们对创造力、技术、科学和表达能力以及与这些职业相关的信息了解不足（Blotnicky等，2018）。学生对STEM职业的模糊认识对他们的职业选择产生了负面影响，尤其是在高中阶段，对某职业的清晰认识被认为是进入STEM职业道路的重要一步。因此，学生需要明确的职业知识，以便更好地规划和实现与STEM相关的职业目标，尤其是在高中阶段。

Blotnicky等的研究以及Zhang和Banit的研究表明，学生对STEM内容和技能的清晰认识对于考虑未来的职业选择至关重要。与父母、同龄人和朋友的互动也被发现对一个人的职业生涯产生重大影响（Knowles，Kelley和Holland，2018）。尽管教师在提高STEM职业意识方面发挥着重要作用，但他们通常对STEM相关职业的实践内容和进入渠道了解不足，这导致了STEM职业道路和职业知识发展之间的脱节。因此，需要进一步研究和提高STEM职业知识，以更好地帮助学生坚持并成功进入STEM职业领域。

5.2 职业生涯视角下的高中STEM教育现状研究

5.2.1 关于"管道"和"泄漏"的职业生涯发展理论

教育工作者和政策制定者经常将教育系统STEM职业之间的联系设想为一个隐喻的"管道"（Pipeline）。这个理论表明，随着学生的学习，这个

"管道"会逐渐缩小，直到只有少数学生有机会进入STEM职业。Berryman（1983）最早提出了这一比喻，将之作为解决进入高级科学和数学领域的某些亚人群趋势和原因的概念模型。管道比喻已成为讨论STEM人才招聘和保留问题的流行模型，被广泛引用和使用（Ball等，2017；Bergeron和Gordon，2017；Canady，Greenwald和Harris，2014；Doerschuk等，2016；Knipprath等，2018；Mendick等，2017年）。随着管道比喻的出现，"泄漏"（leaky）概念也随之出现，主要用于描述管道中的网关或检查站。1993年，Alper首次提出了"泄漏"一词，用于指代在STEM领域进入职业道路的学生，其中有些人无法成功，尤其是女性。"泄漏管道"（Leaky Pipeline）的比喻描述了女性在科学、技术、工程和数学领域成为代表性不足的少数群体。在数学和工程领域，这种不平衡在本科之前就开始了，选择这些领域做专业的女性人数较少。"泄漏"概念已被扩展到其他亚人群，例如少数族裔或种族、低收入家庭的学生以及第一代大学生（Ball等，2017；Bennett Anderson，Moore等，2017；Doerschuk等，2016）。大规模纵向研究的结果表明，"泄漏"是由于学生群体的代表性不足，导致他们在进入STEM领域并获得成功方面面临重重困难。解决这些泄漏的方法包括在管道关键连接处采取措施，鼓励学生在早期参加STEM职业活动，并加压管道（Ball等，2017；Redmond-Sanogo等，2016）。

将职业道路比喻为"管道"和"泄漏"也有反对者。有观点认为，使用管道比喻来看待STEM职业道路会导致问题过于简单化，努力解决亚人群代表性不足的问题会导致职业轨迹过于单一。管道模型的狭隘观点导致某些学生只能按照"一个入口、一个出口、一个方向"的模式进入STEM领域，而忽视了学生之间的复杂差异。此外，管道比喻无法准确区分哪些经历导致某些人进入STEM领域，以及哪些经历可能会提供替代职业（Mendick等，2017；Cannady等，2014）。

目前，在学生的STEM职业发展路径中，主要存在四个问题，它们在一定程度上阻碍了学生进入STEM领域。第一，收入差距。来自低收入家庭的学生通常无法获得高质量的教育资源，包括先进的课程、有经验的教师和额外的辅导机会。这种资源的缺乏限制了他们在STEM领域的竞争力和成功率。研究表明，这些学生往往在基础数学和科学知识掌握上落后，这直接影响了他们参与更高级STEM课程和活动的能力。为了缓解这一问题，一些学区和非营利组织已经开始实施针对性的教育项目，如专门面向低收入学生提供STEM夏令营和奖学金。第二，性别差异。尽管近年来情况有所改善，但女性在某些STEM领域，特别是工程和计算机科学，仍显著少于男性。这种不平等起源于社会文化因素、性别刻板印象以及学校和家庭的期望。教育机构和政策制定者正在采取措施提高女性在STEM领域的参与度，例如通过女性导师计划、职业启蒙活动以及在课程内容中强调性别平等。第三，社会文化、经济和环境因素的综合影响。学生的STEM教育受到其社会文化背景的显著影响。种族和民族少数群体在STEM领域中的代表性不足，部分原因是缺乏榜样、文化支持和社区资源。学校和社区领导者正在寻求与当地企业和大学合作，建立针对这些群体的支持网络和实习机会，帮助他们克服障碍并激发他们对STEM的兴趣。第四，学习障碍和资源不足。在资源贫乏的学区，学生面临的挑战不仅仅是财政上的。这些学区往往缺乏足够的科技设备、实验材料和更新的教育内容，这些都是进行有效STEM学习的关键。政府和私人部门的资金援助正逐渐增加，用于改善这些条件。此外，远程学习和数字教育平台的兴起为缓解这一问题提供了新的可能性，使学生即使在资源有限的情况下也能接触到高质量的STEM教育资源。通过探析并解决这些问题，我们可以更好地为所有学生提供成功进入并在STEM领域发展的机会。

在探讨STEM领域的性别差距时，我们不能将女性学生较少涉足该领域的原因简单归结为她们缺乏能力或最初的兴趣。通过郭等人在2018年对芬兰1259名成年人所进行的纵向研究，我们可以更深入地理解STEM领域性别差距的问题。该研究追踪了参与者从十一年级至毕业后八年的教育和职业发展。研究结果揭示了性别相关的价值观差异，这些差异是导致职业选择不平衡的关键因素。研究中突出了几种核心价值观差异。在社会价值观方面，女性更倾向于选择那些可以与他人合作并对社会有益的职业。在物质和地位价值观方面，男性更倾向于追求高薪酬和高社会地位的工作。至于工作与生活平衡的价值观，女性更愿意接受较低的薪资以换取更大的工作灵活性，这反映了她们高度重视工作与生活的平衡。这些价值观上的差异深刻影响了男女在职业选择上的不同倾向。此外，其他研究也表明，男女在职业生涯中如何平衡工作与生活的问题上趋于一致。从青春期后期开始，女性更有可能寻求那些能够使她们有更多时间专注于家庭的职业选择。而男性则更倾向于寻找那些能够增强他们社会地位和权力的职业，通过与他人的合作和影响来实现这一目标。对自我效能的感知也对性别差距有显著影响。许多女性在科学领域感到自己缺乏效能，对自己的数学和科技能力缺乏信心，这使她们在课堂和职场环境中不太愿意参与竞争。这一现象在Bergeron和Gordon（2017年）以及Redmond-Sanogo等人（2016年）的研究中得到了体现。因此，解决STEM领域的性别差距不仅要注意提升女性在这些领域的参与度，还需要在教育和职场文化中建立支持女性自信和能力感的环境。

5.2.2　STEM领域里的性别刻板印象

科研和技术的创新对于解决全球许多问题至关重要。尽管如此，女性在全球科技创新领域的参与度尚不到30%，这一性别差异不仅影响了女性的职业发展，还制约了科研领域的多样性与创新能力。

从早期教育阶段开始，性别刻板印象就已根深蒂固地影响着孩子们的兴趣和自我认知。美国文化中倾向将数学和科学视为男孩的领域，而将文学和人文学科视为女孩的领域。这种文化认知导致了男女学生在STEM学科中的表现具有差异。此外，家庭的支持和同伴的接受度对于孩子的兴趣培养至关重要，尤其是对女孩而言，父母和朋友的积极鼓励能显著提高她们对STEM领域的兴趣和参与度。

在女性进入大学及其职业生涯的初期，她们面临的挑战更为严峻。物理学、计算机科学和工程学等领域普遍存在"男性主导"的刻板印象，这使得许多女性感到这些领域并不适合她们。尽管与女性STEM教授的互动有助于提高女学生的自信心和职业发展，但在STEM领域中，女性导师和榜样相对稀缺，这进一步加剧了女性的不安全感和归属感缺失。

当女性进入STEM职业领域后，她们首先遇到的挑战通常是就业歧视。研究表明，即使在简历相同的情况下，审查委员会往往对男性候选人给出更高的评价和更优厚的薪酬条件。此外，女性在STEM领域的归属感普遍低于男性，这严重影响了她们的职业满意度和发展。

为了克服这些障碍，Dasgupta和Strout建议采取一系列措施，包括增加STEM课程中的互动性和团队合作，组织非正式的STEM活动以吸引女性学生，以及在职场中实施性别中立的政策。建立一个包容性的STEM部门文化、提供工作生活平衡的政策，以及提供专业支持以克服性别障碍，都是降低女性离职率的关键。联合国教科文组织的"STEM与性别进步"（STEM and Gender Advancement，简称SAGA）项目旨在在全球范围内减少STEM领域的性别差距，通过研究和制定政策来提升女性在STEM职业生涯中的参与度和成功率。通过这些措施，我们不仅可以提高女性在STEM领域的参与度，还可以激发整个科研和技术领域的创新潜力，为全球可持续发展贡献力量。

为了解决STEM领域中的性别差异问题，首先需要认识到女性参与STEM课程的现状，并承认她们的职业生涯路径往往与男性不同。研究显示，解决性别差异不仅需要培养学科兴趣和能力，更需关注职业文化和社会标准的演变。通过营造一个平等的教育和职业环境，我们可以挑战和改变传统的性别角色观念，从而鼓励更多女性进入STEM领域。此外，STEM教育的改革和政策制定应综合考虑多种因素。这包括提供全面的职业规划和咨询服务，公平分配教育资源，以及建立一个支持多样性和包容性的STEM文化环境。只有通过这些全面的努力，我们才能在STEM领域实现真正的多样性和包容性，使每个人都能在这一领域找到成功的道路。

5.3 促进STEM职业发展的校外STEM项目案例解析

二十一世纪是数字化和全球化的时代，企业和组织遍布全球。因此，跨文化交流、跨国合作和掌握数字技能是成功的关键。技能的快速发展要求一个人能够适应不断变化的环境，不仅仅是在全球范围内，也包括与现代技术互动。经济合作与发展组织（OECD）强调信息、沟通、道德和社会影响这三个方面的技能。现代社会需要数字素养、创新和创造力、解决问题和决策能力。协作、有效沟通和虚拟交互是社会互动的关键要素。此外，履行道德和社会责任需要批判性思维、做出正确的决定和成为数字公民的能力。

研究表明，高中生毕业时缺乏现代知识，可能导致他们在中等教育和高等教育之间缺乏技能。导致技能差距的三个主要因素是教育体系、教师的能力以及技能本身的复杂性。学生必须在学校阶段就获得适应现代需求的技能，以缩小这一差距。未来的职业市场将更加竞争激烈，需要员工具有批判性思维、信息收集和交流能力、分析和解决问题的能力。拥有这些能力个体不仅在职业生涯中保持竞争力，而且在高等教育中也具有优势。成为全球公民需要更多的跨文化交流和理解，以及更多地关注全球性问题。21世纪的技能培养不仅关乎个人的职业成功，还关乎他们在世界社会中的地位和责任。

在这种情况下，学生有机会通过参加不同类型的STEM研究营来学习和提高现代技术，这将为他们未来的学术和职业生涯打下坚实基础。许多高中STEM项目采用基于项目的学习（PBL）的教学法。基于项目的学习强调学生参与项目设计、问题解决和决策制定的实践学习模型，它将学生置于学习中心，使学生成为知识建构的核心。通过参与真实的项目，学生不仅能够学习学科知识，还可以提高解决问题能力。基于项目的学习教学法是建构主义理论的一个组成部分，强调学生通过与环境互动和合作建构自己的知识。学生在解决问题的过程中积极参与，这有助于他们更深入地理解所学内容。基于项目的学习教学法的目标是通过解决现实问题来促进学习。学生在项目中提出问题并寻找解决方案，这有助于提高他们的创新能力和批判性思维能力。在基于项目的学习中，学生通常以小组合作完成项目，他们必须有效地与团队成员合作，分享想法并解决问题，这有助于培养他们的现代协作和沟通技能。基于项目的学习允许学生根据自己的兴趣和学习风格选择项目，这为他们提供了更多选择，同时也有助于尊重学生的独一无二的学习方式，提高学生的学习动机和参与度。

通过参与真实项目，学生有机会在研究、调查和实验过程中锻炼他们的独立研究能力。这对于他们未来在职业生涯和高等教育中拥有更深层次的学术素养至关重要。在科学、技术、工程和数学（STEM）领域，基于项目的学习尤为有效，能够激发学生对这些领域的兴趣和理解。总之，基于项目的学习不仅仅是一种教育方法，它更是一种理念，教育学生学会解决问题、创造性思维和合作精神。在高中阶段使用基于项目的学习教学法有助于提高学生的综合素养和现代技能，并为他们提供更丰富、实际的学习体验。

5.3.1　美国国家科学基金会本科生研究经验项目介绍

美国国家科学基金会本科生研究经验项目（NSF REU）指由美国国家科学基金会（NSF）为本科生提供的本科生研究经验（REU）项目，REU是Research Experiences for Undergraduates的缩写。该项目旨在为希望从事科学和工程研究的本科生提供机会。

美国国家科学基金会本科生研究经验项目涵盖许多学科领域，例如自然科学、工程科学、计算机科学和社会科学。不同大学和研究机构的项目可能涉及不同的研究主题，学生可以根据自己的兴趣选择合适的项目。美国国家科学基金会本科生研究经验项目通常在暑期进行，持续8到12周。在此期间，学生将全身心投入到实际研究工作中，与导师和研究小组一起解决科学难题。在研究小组中，学生将与一位有经验的导师一起工作。导师通常是专业人士，他们指导学生进行研究并提供专业知识。除了研究工作外，学生还可以参加培训、研讨会和实验室访问等活动，以进一步了解科学。在项目结束后，学生通常需要撰写研究报告，并有机会在项目研讨会或学术会议上展示他们的研究成果。

美国国家科学基金会本科生研究经验项目通常提供工资，有时还提供住宿或其他福利，这有助于学生在项目期间支付日常费用。参加美国国家科学基金会本科生研究经验项目通常需要学生有良好的学术成绩和对相关领域的浓厚兴趣。简历、推荐信和个人陈述等可能属于申请程序。学生可以通过访问美国国家科学基金会官方网站、各大教育机构的科研办公室网站或直接与相关院系联系获得更多信息和申请细节。值得一提的是，美国国家科学基金会本科生研究经验项目对学生的学术前景和申请研究生学位都有积极影响。

5.3.2 美国陆军教育拓展计划项目

美国陆军教育拓展计划（AEOP）项目是一个由美国陆军主导的教育计划，旨在通过为学生提供深入的实践经验来激励和培养未来的工程师、科学家和研究人员。这个项目涵盖了科学、技术、工程和数学（STEM）等多个领域，旨在为学生提供深度参与STEM领域的机会，激发他们对这些领域浓厚的兴趣，并为他们的学术和职业生涯奠定基础。

在美国陆军教育拓展计划项目中，学生将学习广泛的领域，例如计算机科学、工程科学和自然科学。课程的设计旨在满足学生的兴趣和学科需求，并为他们提供广泛的STEM教育。实验室研究、项目设计、编码和计算、实地实验等活动都是学生参与的机会。这些活动不仅注重学生的理论学习，还强调实践操作，使学生能够应用理论知识解决现实问题。在该项目中，学生有机会与专业领域的导师和实验室团队合作，进行深入的科学研究和项目工作。项目强调学生的创新思维和解决问题的能力，并鼓励他们在现实生活中应用所学知识。项目涵盖了许多STEM领域，使学生能够在不同学科之间建立联系，并获得广泛的STEM教育。为了获得个性化的指导和实践经验，学生将与专业领域的专家和导师密切合作。

美国陆军教育拓展计划项目通常在暑期或学年期间进行，为学生提供一个集中而深入的学习体验。在此期间，学生将有机会参加各种学术和实践活动，以增强他们的学科知识和实际技能。总而言之，AEOP项目为学生提供了一个独特的STEM学习机会。通过实际参与、实践研究和导师合作，学生有机会在科学、技术、工程和数学领域提高理解和实践能力。

5.4 促进STEM职业发展的"超级宝石"校外STEM项目实践研究

在前一章节中，我们详细介绍了针对较年轻学生群体的"迷你宝石"（miniGEMS）项目。本章节将专注于介绍面向高中女生的STEM项目——"超级宝石"项目。"迷你宝石"和"超级宝石"共同构成了由圣道大学自动驾驶车辆系统实验室所设计和实施的一系列校外STEM教育项目，旨在激励和培养女性学生对科学、技术、工程和数学（STEM）领域的兴趣和能力。

"超级宝石"（megaGEMS）项目是"迷你宝石"项目在高中学段的延伸，它包括"超级宝石"夏令营和"超级研究"（研究型夏令营）两个项目。"超级宝石"夏令营专为高中女生设计，为期两周。在夏令营中，学生们将参与更深入的科学实验和工程项目，例如制作黏液、学习化学反应、平衡化学方程式和复杂的编程任务。这一阶段的项目不仅旨在加深学生对STEM领域的理解和兴趣，也为她们未来的学术追求或职业生涯做好充分准备。而"超级研究"项目则代表了这一教育路径的高级阶段，它是一个为期六周的研究型夏令营，为学生们提供了类似大学本科生的研究体验。在这个项目中，参与者将在专业教师的指导下进行具体的科学研究项目。这不仅极大地提升了她们的研究技能，也为她们在科学和技术领域的职业生涯或更高层次的学术追求打下了坚实的基础。

具体而言，在为期两周的"超级宝石"夏令营中，参与者将通过实践活动深入学习STEM领域知识。她们不仅会动手制作，还将探索化学反应并学习较难理解的公式。此外，夏令营还特别引入Python编程语言的教学，取代了在"迷你宝石"项目中仅限于使用乐高EV3机器人进行图块编码的范畴，这一新增内容为学生提供了更全面的技术教育体验。该项目的核心目标是为女性学生提供多样化的编程语言学习机会，为她们未来在STEM领域的职业生涯打下坚实的基础。此外，"超级宝石"项目还与多个社区伙伴如Girls Inc.等机构合作，旨在激励和支持年轻女孩追求科学技术领域的梦想并在未来取得成就。通过这样的项目设计，"超级宝石"项目不仅延续了"迷你宝石"课程的教育理念，还进一步拓宽了课程内容和教学深度，致力于培养女性学生的科技兴趣和专业技能，为她们未来的学术和职业道路提供更广阔的视野和更坚实的基础。

"超级研究"项目为期六周，专为高中三年级和四年级的女生设计。该项目借鉴了美国国家科学基金会本科生研究经验项目的模式。本科生研究经验项目模式旨在通过提供真实的研究经验来增强本科生的科学研究技能，涵盖从科学到工程的各个领域，使学生在导师的指导下进行原创科研。与本科生研究经验项目模式相仿，"超级研究"项目通过基于项目的学习教学法和STEAM研究相结合，让参与者在专业教师的指导下，亲身体验科研项目的设计与执行。该夏令营的目的是让高中女生提前适应大学级别的研究，并鼓励她们探索及深入科学和工程领域。通过参与"超级研究"项目，学生们不仅能够获得实际操作的科研经验，还能在科研过程中学习到如何自主管理时间和组织研究，这些技能对她们未来的学术和职业生涯都极为重要。此外，"超级研究"项目得到了美国陆军教育拓展计划（AEOP）、高中计划（HSAP）和罗切斯特理工学院的AEOP REAP等资金支持。这些资金来源为每位参与者提供一次性补贴，用于改善学习环境，并增加交通和餐饮费用的支持。

通过从"迷你宝石"到"超级宝石"再到"超级研究"三个阶段的项目学习，学生们能够从基础的科学兴趣培养逐步过渡到深入的科研能力训练，形成了一个完整又系统的STEM教育路径。这一路径为年轻女性在科技领域的发展提供了全面的支持和准备，使她们能够在未来的科学技术世界中取得成功并发挥重要作用。

5.4.1 STEAM夏令营的教学计划

在为期两周的"超级宝石"夏令营中，学生们将通过一系列精心设计的活动，深入探索STEM领域的多个方面。每天的活动安排充满挑战性和创造性，确保学生们在乐趣中学习，通过实际操作加深对科学、技术、工程、艺术和数学的理解。

在第一周中，学生们通过基本信息介绍和讲解规则开启他们的夏令营之旅，接着参与破冰活动，建立团队精神、营造合作氛围。下午，他们将参与由专业领域教授主导的专题活动，这些活动旨在激发学生的创新思维和解决问题的能力。从周二到周四，学生们坐上"奇客巴士"（Geek Bus）进行学习。这是一个移动教室，里面装备了各种高科技工具和设备，如3D打印机和编程工具，学生们将在这里学习Python编程和EV3机器人的构建与编程。"奇客巴士"是一项针对低收入学生的STEM教育倡议，旨在通过移动教室的形式激发学生对科学、技术、工程和数学领域的兴趣。"奇客巴士"装备了先进的技术和教学工具，比如3D打印机、编程设备和机器人，让学生们在实际操作中学习和探索。这一项目不仅为学生提供了接触高科技的机会，还教授他们解决实际问题所需的"设计思维"。"奇客巴士"的活动不仅加深了学生对技术的理解，还让他们在实际操作中学习编程和机械工程的基础。周五，学生们接触气象学，通过互动活动了解天气系统的科学原理。这一天的活动旨在将科学理论与实际现象相结合，增强学生们的实际观察能力和分析能力。

在第二周中，学生们将继续他们的编程学习并参与更多实际操作项目，如鸡蛋投掷实验，这是一个测试物理原理和工程设计的活动，学生们需要设计能够保护鸡蛋免受高空跌落影响的容器。这个活动不仅考验他们的工程设计能力，还激发了他们对物理学的兴趣。本周的周四和周五，学生们将进行展示和参加竞赛，展示他们一周来的学习成果。这包括海报制作，展示他们对所学知识的理解和应用。此外，"第一乐高联盟挑战赛"（FLL）障碍挑战将测试他们的团队合作和机器人编程技能。通过这样的活动安排，"超级宝石"项目不仅提供了丰富的学习内容，还通过"奇客巴士"等创新平台，确保学生们能在动手实践中发现问题、解决问题。夏令营的结构鼓励学生们发挥创造力，培养团队精神，同时在实际操作中深化对STEM领域知识的理解和应用。

"超级宝石"夏令营的核心课程包括：

1. 网络安全：介绍网络安全的基本原理，包括加密、恶意软件和移动安全等内容，帮助学生建立起保护信息安全的意识和能力。

2. 机器人编程：学习使用Blocks编程语言对乐高EV3机器人进行编程。通过解决实际问题，培养学生的编程技能和逻辑思维。在完成基础的EV3机器人编程课程后，学生将运用所学技能，在代表圣安东尼奥的任务垫上完成各种任务。这一活动需要团队合作，强调实际应用编程解决问题的能力。

3. 无人机：设计并制造能够起飞和飞行的无人机。通过团队合作，学生不仅能够深入了解无人机技术，还能够实际操作和测试自己的设计。

4. Python编程：理解和应用基本的编程概念（如变量、数据类型、控制结构、if语句和循环以及函数的使用），以及通过编写实用的程序来处理实际问题和设计具体的项目（如简单的游戏、数据分析或自动化任务），学生将应用他们学到的编程知识来解决问题。该课程鼓励学生发展逻辑思维和系统分析能力，这些能力对于未来任何科技或工程领域的职业都是至关重要的。

5. 气象学课程：为激发学生对天气现象和气候科学的兴趣，气象学课程为学生提供实际的工具和知识，帮助他们理解和预测天气模式。这门课程结合理论学习和互动实验，让学生们通过实践活动深入探索气象学的基本原理和应用。

5.4.2 "超级研究"研究型夏令营项目化教学流程

在"超级宝石"项目中，项目化教学模式通过以下六个精心设计的阶段实施，每个阶段都贴切地体现了项目的特色和教育目标。

在项目启动和目标定义阶段，来自高校和学校的项目辅导员和专业教师为学生们介绍不同项目的核心主题，如STEAM领域的科学研究，以及项目相关的技能目标，包括编程、团队协作和科研方法。学生们在此阶段将被引导明确具体的学习目标和预期成果，并且通过实际示例了解他们将如何通过参与各种活动——例如编码挑战和科学实验——来达成这些目标。

进入计划和准备阶段，学生们在辅导员的指导下分组讨论如何实施项目，制定详细的研究计划和时间表。在项目中，学生们需要学习如何找到高质量的参考资料和进行文献综述，这些技能在此阶段得到特别强调。此外，学生们也将接触到实际操作环节，比如设置实验室设备或编程环境，以确保他们在后续阶段能够顺利执行项目。

执行项目阶段是学生们将计划转换为行动的关键时期。在项目中，学生们不仅需要进行科学实验和数据分析，还涉及编程和技术开发，如使用Python进行项目的编码。这些活动要求学生应用他们在前期学习的理论知识和技术技能，这将有利于培养他们的解决问题和团队协作的能力。

在监控和调整阶段，辅导员会定期检查每个团队的进度，并根据需要提供反馈。这个阶段尤为重要，因为学生们在实践中可能会遇到技术挑战或科研方法上的难题。辅导员的反馈不仅帮助学生优化他们的研究方案，也确保学生能够从每次活动中学到最多，保持项目按照既定目标前进。

成果展示和评估阶段是项目的高潮，学生们在这一阶段需要整理他们的研究成果，准备展示和报告。学生们通常通过制作海报和进行PowerPoint演示的方式来展示他们的工作，这不仅考验了他们的科学研究能力，也锻炼了他们的公众演讲和视觉表达技能。此外，学生们还需要提交他们的项目到学术会议或类似平台，进一步增强他们的学术交流经验。

项目结束后，反思和修正阶段允许学生和教师共同回顾整个项目的经验。在这一阶段，大家将讨论项目中的成功点和改进空间。这不仅帮助学生总结个人成长和学习成果，也为教师提供了宝贵的信息来优化未来的项目设计。"超级宝石"项目领导层将根据这些反馈调整教学策略，以提高教学效果和学生的整体参与度。此外，项目还特别考虑到了健康和安全问题，特别是在新型冠状病毒（COVID-19）疫情期间，严格按照美国疾病控制和预防中心（CDC）的指导方针实施了一系列安全措施，包括个人防护设备的使用和定期的场所消毒。通过这些措施，确保了学生和教职员工的安全，也让家长们能够放心。

综上所述，"超级宝石"项目中的教学模式是一个高度综合和互动的学习过程，不仅注重学生科学技能的培养，也重视软技能的提升，同时确保学习环境的安全和健康。这种模式有效地结合了理论学习和实践操作，使学生能够在真实的科学环境中应用所学知识，为将来的学术或职业生涯打下坚实的基础。通过这些步骤，项目化教学模式不仅提升了学生的科学技能和软技能，也促进了他们对复杂问题的深入理解和解决能力的培养。

5.4.3 "超级研究"研究型夏令营项目化教学实例

在"超级研究"研究型夏令营中，学生主要通过小组合作完成项目来进行学习。在这种教育模式中，学生不仅学习科学、技术、工程和数学（STEM）的基础知识，还能通过艺术来增强创意和设计的理解，这是STEAM教育的核心。以下为七个项目化教学案例。

项目一：设计爆炸物处理（EOD）模拟

在这个项目中，学生们使用几何魔术（Geomagic）和Unity3D触摸触觉设备，设计并创建一个爆炸物处理（EOD）模拟器。通过这个过程，学生们不仅学习到关于触觉技术的最新发展，还将编程语言C#和游戏引擎Unity3D的应用实践融入教学。这个项目结合了科学（触觉技术原理）、技术（Unity3D和编程）、工程（设计模拟系统）、艺术（用户界面体验设计）和数学（编程逻辑），全面体现STEAM教育的跨学科特点，同时培养学生的创造力和解决复杂问题的能力。

项目二：设计触觉机器人手术模拟

此项目让学生们在Unity3D平台上，使用C#语言和几何魔术触摸触觉（Geomagic touch Haptics）设备，开发一个触觉机器人手术模拟器。该项目通过实践活动使学生理解并应用机器人手术的精密性和技术复杂性，将医学（机器人手术的应用）、工程（设备和软件开发）、技术（编程和游戏引擎利用）、艺术（用户界面体验设计）以及数学（算法开发）整合于一体，展示了STEAM教育的多维度学习效果。

项目三：设计药房分类模拟

学生们通过开发一个药房分类模拟应用来学习编程和触觉技术的应用。这个项目连接了医药学（药物分类知识）、技术（Unity3D和触觉设备使用）、工程（设计模拟系统）、数学（编程逻辑）和艺术（用户界面体验设计），通过实际操作来提升学生对于STEAM领域的综合应用能力。

项目四：使用无人机执行搜救任务

通过研究和实践无人机在搜救任务中的使用，学生们能够了解到无人机技术的多种可能性，如图5.4-1所示。这个项目融合了科学（无人机和传感器技术）、技术（无人机操控和数据处理）、工程（任务规划和执行）、艺术（图像和数据的视觉呈现）和数学（数据分析和计算），全面展现了STEAM教育在现代技术应用中的重要性。

项目五：通过使用太阳能烹饪发展健康饮食

学生们研究并开发太阳能烤箱，并围绕此设计健康的烹饪方法，如图

5.4-2所示。此项目结合环境科学（太阳能利用）、技术（太阳能设备设计）、工程（烤箱构造）、艺术（烹饪艺术和食品展示）及数学（能量计算和效率优化），强调了环保和创新的重要性，同时也让学生体验到科学与日常生活的密切联系。

图5.4-1　项目四　无人机实验

图5.4-2　项目五　太阳能烹饪

项目六：自主检查无人驾驶系统

在自动驾驶车辆系统（AVS）实验室进行的项目中，学生们探索人工智能在无人系统评估中的应用。这个项目整合了计算机科学（AI和机器学习算法）、工程（系统设计和实验设置）、技术（传感器和自动化）、艺术（用户界面和交互设计）和数学（算法性能评估），充分体现了在高科技领域中跨学科学习的力量。

项目七：传感器融合与自主地面车辆控制

在此项目中，学生们通过Python和ROS（机器人操作系统）学习如何控制地面车辆并进行自主决策。此过程结合了机器学习（决策算法开发）、工程（车辆和传感器集成）、技术（软件编程）、艺术（系统设计和界面优化）以及数学（数据分析和算法优化），让学生体验到STEAM教育在现代机器人技术中的应用。

表5.4-1 "超级研究"项目化教学案例

编号	项目名称	驱动性问题	技术平台
1	设计爆炸物处理（EOD）模拟	如何使用触觉技术和虚拟现实来增强爆炸物处理训练的效果和安全性？	
2	设计触觉机器人手术模拟	我们如何通过增强现实和触觉反馈提高机器人手术的精确性和效率？	几何魔术（Geomagic）触摸设备，Unity3D游戏引擎，C#编程语言
3	设计药房分类模拟	如何通过自动化技术提高药品分类的效率和准确性？	
4	使用无人机执行搜救任务	无人机如何在提高搜救效率的同时确保操作的安全性？	无人机及其设计和控制系统
5	通过使用太阳能烹饪发展健康饮食	如何利用太阳能技术促进可持续生活和健康饮食？	太阳能烹饪设备设计与制造
6	自主检查无人驾驶系统	如何使用人工智能技术和虚拟现实技术来自主检查无人驾驶系统？	传感器和AI功能的无人驾驶模拟平台
7	传感器融合与自主地面车辆控制	在多种传感器数据融合的基础上，如何设计一个有效的自主地面车辆控制系统？	激光雷达，摄像头，超声波传感器，ROS（机器人操作系统），Python编程语言

这些项目不仅提供了技术和理论知识的学习，还提供实践机会和挑战性的问题，促使学生们应用和扩展他们的STEM知识，同时培养他们的创新思维和团队合作能力。同时，这些项目具有以下特征：

首先，项目化教学通过解决现实世界的问题，强调知识的应用而不仅仅是理论的学习。学生们需要在完成项目的过程中，动手操作并使用现代技术工具，如编程软件、仿真平台和各种传感器设备。这种实践操作的过程不仅加深了学生对科学原理的理解，还激发了他们探索未知的兴趣和解决问题的能力。

其次，校外STEM教育为学生提供了更广阔的学习平台。在学校之外的环境中，学生可以更自由地探索自己的兴趣，这通常伴随着更多的创新和个性化的项目选择。例如，在项目化教学中，学生可以选择与真实世界相关的主题，如环境保护、健康医疗或灾害响应，这些都是具有社会意义的重要领域。此外，团队合作是项目化教学中的另一大特色。在校外STEM项目中，学生们必须与来自不同背景的其他学生协作，共同设计和实施解决方案。这种多元化的团队合作经验不仅提高了他们的沟通与合作技能，也使他们能够在多样化的思维方式中受益。

再次，项目化学习还强调了创新和创造力的培养。在设计和开发项目的过程中，学生们需要运用他们的艺术感觉和创新思维来优化解决方案和产品设计。这种创新的过程有助于他们在未来的学术和职业生涯中，面对复杂问题时能够提出独到的见解和方法。

最后，项目化教学强调成果的展示与反思，这一点在校外STEM教育中尤为重要。通过展示会或科学会议，学生们有机会展示他们的项目成果，这不仅增强了他们的自信心，也提供了接受外部反馈和批评的机会。这种评估和反思的过程对学生进行自我提升和未来学习方向的调整具有重要意义。

综上所述，"超级研究"项目结合项目化教学和校外STEM教育的特点，可以极大地促进学生的全面发展，不仅提升他们的技术技能，还发展了他们的创造力、合作能力和生活技能，为他们未来的教育和职业生涯奠定坚实的基础。

5.4.4 项目有效性评估

在"超级宝石"项目中，项目评估扮演着至关重要的角色，它不仅要确保教育活动吸引学生参与，还要确保项目能有效提升学生的STEM技能和团队合作能力。项目评估采用一系列综合方法，包括问卷调查、日常日记、一对一访谈和项目演示，以量化和质性研究相结合的方式分析学生的学习进展和项目影响。

项目开始和结束时进行的问卷调查是评估学生对STEM领域兴趣、理解以及未来学习愿望的关键工具。通过比较前后问卷结果，组织者可以量化学生技能和态度的变化，评估项目对学生科学思维和技术技能的具体影响。学生们还需定期撰写日记，记录他们在项目中的体验、面对的挑战及其解决方案，这不仅能够帮助辅导员跟踪个体学生的成长，也为组织者提供了评估项目教学效果的定性数据。

此外，通过项目结束时的一对一访谈，组织者能够深入了解每位学生的具体感受和对各项目环节的反馈。这些访谈有助于揭示项目中最有效的元素以及需要改进的地方。学生的项目演示和比赛则直接展示了他们如何将学到的知识应用于实际问题解决中，同时也是评估他们创新能力和技术应用能力的机会。辅导员和教师的反馈同样不可或缺，为项目提供了教学角度的评价，指出了课程内容、学生参与度及教学方法的优势与不足。这些反馈对于完善教学策略、调整课程结构和提升教学质量具有重要意义。

通过这种全面而多角度的评估方法，"超级宝石"项目能够确保教学活动的目标得以实现，同时不断优化和调整教育内容，以适应学生的需求和教育趋势。项目化教学的评估不仅强调学生的学术成就，更重视他们解决问题的能力和创新思维的培养，这些都是21世纪急需的关键技能。通过持续的评估和改进，"超级宝石"项目努力为学生们提供一个充满挑战和启发的学习环境，激发他们对STEM领域的长远兴趣和热情。

5.5 本章小结

在美国，提升高中女生的STEM职业选择被认为是促进性别平等、创造更加多元化的劳动力以及推动创新和经济增长的关键步骤。首先，性别平等在职场一直是一个重要的社会目标，而STEM领域一直存在性别不平等的现象。通过鼓励女性参与STEM职业，可以消除性别差距，让女性在科技领域发挥更大的潜力。其次，提升女性在STEM领域的参与有助于创造更加多元化的劳动力队伍。不同背景、经验和视角的员工能够带来更多创新和解决问题的机会。在STEM领域引入更多女性，有助于拓宽思维范围，提升团队的创造力和创新性。再次，STEM行业一直是美国经济增长和竞争力的关键推动力。通过鼓励女性投身STEM职业，可以充分利用整个人才池，确保国家在技术和科学领域保持领先地位。这对于美国在全球科技竞争中取得优势至关重要。最后，STEM领域的职业往往是提供高薪、有挑战性的工作。通过为女性提供更多进入STEM领域的机会，可以帮助她们在职业生涯中取得更大的经济独立性和成功。这不仅有助于个体的职业发展，也对整个社会的经济繁荣产生积极影响。因此，提升高中女生的STEM职业选择被视为实现性别平等、推动创新和确保国家经济竞争力的关键举措。

为了促进高中女生投身STEM职业，美国开展了多项面向这一目标的研究项目。这些项目的设计旨在激发女性对STEM领域的兴趣，并为她们提供学习和参与实践研究的机会。在这些项目中，女性被鼓励参与科学、技术、工程和数学等学科的学习，以期为未来选择STEM领域专业和工作并取得成功打好基础。这些STEM研究项目通常采用实践性学习的方法，例如基于项目的学习（PBL）。通过参与这些项目，女学生有机会应用所学知识，解决实际问题，培养创新和解决问题的能力。此外，这些项目也强调团队合作、沟通和领导力等能使女性在STEM职场中更具竞争力的软技能的培养。这些项目的目标之一是弥合STEM领域的性别差距，确保女性能够在科学和技术创新中发挥重要作用。通过提供专门面向女性的研究项目，社会倡导了一种更加包容和平等的STEM环境，鼓励女性在这一领域追求职业。

这些为高中女生设立的STEM研究项目旨在拓宽女性的职业选择，促使她们更多地参与STEM领域，从而推动科技行业的多样性和创新。

"超级宝石"项目的主要目标是通过培养高中女生在科学、技术、工程和数学（STEM）领域的兴趣和能力，帮助她们掌握现代知识和技能。该项目以学生为中心，通过实践经验、团队合作和软技能培养，鼓励学生在设计、问题解决、决策制定和最终产出中发挥主导作用。课程设计的核心原则之一是基于项目学习（PBL），为学生提供在能够理解学习意义的环境中与内容互动的机会。这种学习模型促使学生提出问题、寻找解决方案，并通过小组合作解决现实问题，培养了解决问题的能力。

项目注重软技能培养，强调团队合作、沟通、领导力、自我效能和演讲技能的重要性。通过各种团队活动、寻宝游戏和早晨散步等互动性强的方式，学生在项目中培养未来职业所需的合作和沟通能力。此外，项目还通过开展如爆炸物处理（EOD）模拟、触觉机器人手术模拟、药房分类模拟和无人机搜救任务等活动，为学生提供实践科学研究的机会，培养其了解最新技术应用的能力。

在应对疫情的挑战时，"超级宝石"项目展现出灵活性。通过虚拟研究夏令营模型，项目提供在线学习，确保学生在安全的环境中继续学习。安全措施包括提供独立工作场所、每天体温测量等。为了更好地满足学生的需求，项目负责人增加了导师与学生的交流时间，并通过匹配专业专家提高工作效率。引入每日Python编码课程，帮助学生快速掌握编码技能，并通过协作互助促进学习。这些原则构成了项目设计的基础，旨在为学生提供全面的STEM学习体验，培养她们在未来科技领域中的竞争力和创新力。

第三篇章

学生发展篇

学生发展篇章涵盖了第六至第八章，通过定性和定量的研究，分析本书所依托的两个STEM教育项目对于早期儿童、初中和高中学生发展的影响。首先，通过对儿童工程思维、认知投入的影响进行分析，可以了解STEM教育如何在幼儿阶段培养儿童的创造性思维和问题解决能力，从而为其未来的学习和发展奠定坚实的基础。其次，通过展示"宝石项目"在初中阶段的实施情况，分析其对于初中女生STEM学习兴趣的影响，探讨STEM教育如何激发女生对科学、技术、工程和数学的兴趣，从而促进STEM教育的性别平等和多样化。最后，通过展示"宝石项目"在高中阶段的实施情况，分析其对于高中女生STEM领域职业兴趣的影响，探索少数族裔高中女生在STEM领域的职业发展现状、困境以及路径，并探讨如何促进STEM教育公平及少数族裔学生职业发展和学业成功。通过对这些方面的分析和探讨，能够深入了解STEM教育对学生发展的影响，并从中汲取经验教训，为未来的教育实践提供有益的借鉴和启示。

第6章　早期儿童STEM思维和科学素养培养研究

6.1　概况

近年来，STEM教育在全球范围内得到了广泛关注，并逐渐成为学前教育的重要组成部分。STEM教育旨在培养儿童的综合素养和创新能力。随着教育理念的不断发展，STEM教育不仅仅关注STEM领域的技能和知识，也将人文艺术融入其中以全面培养儿童的思维能力、解决问题能力以及情感态度和价值观。本章节将阐述早期STEM教育对幼儿工程思维、学习投入的影响，旨在为理解STEM教育对早期儿童教育的影响提供全面的视角。

工程思维是一种系统性思维方式，涉及问题定义、方案设计、测试评估和优化等过程。幼儿通过工程思维的培养，可以发展解决复杂问题的能力、创新思维和实践能力。工程思维不仅是工程师的专利，更是21世纪公民必备的核心素养之一。STEM教育通过跨学科整合的方式，提供了丰富的工程活动和项目，使幼儿在实际操作中发展工程思维。例如，Moore等（2014）的研究表明，通过工程设计活动，幼儿能够更好地理解物理概念和科学原理，并在问题解决过程中应用这些知识。多个实践案例证明了早期STEM教育对幼儿工程思维的有效促进。Resnick（2017）通过"乐高机器人"活动，发现幼儿在搭建和编程过程中表现出了极高的工程思维能力，包括创造力、系统思维和协作能力。此外，研究还发现，工程项目的实施可以显著提升幼儿对工程学科的兴趣和参与度。

另一方面，学习投入是指学生在学习过程中表现出的行为、情感和认知的积极参与状态。高水平的学习投入不仅能提升学习效果，还能促进学生的整体发展。STEM教育强调动手实践和项目学习，这种教学方式能够显著提升幼儿的学习投入。Fredricks等（2004）的研究指出，STEM活动中的实际操作和互动能够激发幼儿的学习兴趣和动机，增强他们的积极参与感。通过科学探究和工程设计等活动，幼儿在STEM教育中的学习投入得到了显著提升。例如，Lachapelle等（2013）在一项研究中发现，通过STEM项目，幼儿在科学实验中的专注度和参与度显著提高。此外，STEM教育还能够培养幼儿的协作精神和团队意识，进一步提升他们的学习投入。

早期STEM教育对幼儿工程思维和学习投入具有显著的促进作用。通过跨学科整合和项目学习，幼儿能够在实际操作中发展工程思维，提升学习投入。未来的研究和实践应继续探索和完善STEM教育模式，推动教育理念的不断创新和发展。

6.2 早期儿童STEM工程设计思维研究

6.2.1 指向工程思维的早期STEM教育：内涵与理论

美国国家工程科学院（NAE）在其报告《K-12教育中的工程：理解现状和提升未来》中描述了工程思维，即工程领域特有的"思维习惯"，具体包括：系统思维、创造力、乐观主义、合作、交流沟通和伦理考虑。对于工程思维的理解，国内不同研究人员提出了不同的看法。徐长福（2002）将工程思维定义为在工程活动和工程研究过程中所形成的独特的思维方式，他描述这种思维为"专业层次的筹划型实体思维"。他指出，工程思维首先是目标导向的，即按照预先设计进行建造的过程；其次工程思维的"专业层次"决定它的复杂性与系统性，完成一项工程是一个漫长复杂的过程；最后工程思维是人类为改造世界而产生的一种思维方式，具有很强的目的性和价值性。李永胜（2015）从工程本体论出发，认为工程思维是基于工程活动的本根性与主体性以及工程理性观察、认识世界，评估、判断事物并筹划新的实存，以人工造物为着眼点和关注中心，着力于构建应然而未然的理想化人工系统的一种思维方式。

李伯聪（2004）则强调，不同于自然过程，工程活动是造物活动。在工程活动中，思维活动贯穿始终，这种以解决工程问题为核心的思维被称为工程思维。他指出，工程思维是价值定向的思维，其核心是解决工程问题，它是与具体的"个别对象"联系在一起的"殊相"思维，必然在很多方面都表现出当时当地的特征。通过这些不同的视角，我们可以看到工程思维的多维度性和其在实际应用中的深远意义。

学前儿童工程思维是STEM教育中一个比较新的概念，专注于培养儿童早期的工程学习和思考能力。这一概念重视在儿童早期阶段通过实践和体验来引导他们培养解决问题、设计和创新的能力。学前儿童工程思维鼓励儿童通过观察、提问、尝试和测试等实际操作来探索和发现世界，从而激发他们对事物的好奇心和主动学习的意愿。

工程思维强调解决问题的过程，而不仅仅是结果。学前儿童通过迎接各种挑战，学会分析问题、提出解决方案，并在实践中验证这些方案，培养解决问题的技能。学前儿童工程思维注重培养儿童的设计和创造能力。通过手工艺、绘画和其他创造性的活动，学前儿童将自己的想法具体化，并在这个过程中学习如何将抽象概念转化为实际的物品或解决方案。工程思维还强调团队合作和有效沟通的重要性。学前儿童通过与同伴合作，分享观点和想法，培养了解决问题时的团队协作和沟通技能。学前儿童工程思维的内涵还包括在科学和数学领域建立基础概念。通过实际经验和探索，儿童开始理解自然规律、形状、空间关系等科学和数学概念。工程思维鼓励学前儿童发展批判性思维，即对信息和问题进行分析和评估的能力。这不仅有助于他们了解解决方案，还能够使他们理解方案的背后原理和可能的影响。学前儿童工程思维的内涵也包括培养持续学习的态度。通过尝试、失败和反思，儿童能够理解学习是一个连续的过程，从而保持好奇心并持续发展自己的知识和技能。

总体而言，学前儿童工程思维旨在通过早期的STEM教育，培养儿童在科学、技术、工程和数学领域中的基本思维和能力，为他们未来的学习和职业生涯打下坚实的基础。通过这种教育方式，孩子们不仅学习到具体的知识和技能，而且在解决复杂问题的过程中培养了创新和批判思维能力。

6.2.2　STEM视角下学前儿童工程设计模式

近年来，设计思维受到了广泛关注，其中人们重点关注的是如何提高儿童以多种方式解决复杂的现实问题的能力和技能（English 和 King，2015）。通过设计的过程，孩子们可以体会到：一个问题可以有不止一种解决方案，获得所需的产品的方式和工具也不止一种，初始设计是可以接受的，设计会"失败"（Lachapelle 和 Cunningham，2014）。

工程设计有三个核心组成部分：其一，"定义和界定工程问题"，明确说明根据成功标准和给定约束条件要解决的问题（第71页）；其二，设计解决方案，首先产生可能的解决方案，然后评估解决方案并找出最有希望实现的那个，以确定哪个最能满足问题标准和约束条件；其三，通过系统地测试和改进来优化解决方案，并通过将不太重要的功能替换为那些被认为更重要的功能来改进最终设计。

基于设计的学习（DBL）是一种基于探究和推理过程的教育方法，旨在生成创新的设计、系统和解决方案（Puente，van Eijck 和 Jochems，2013）。基于设计的学习是一种有趣的学习方法：它让孩子们在一个非常流畅的过程中将游戏和设计思维无缝地结合起来。与基于问题和基于项目的学习不同，基于设计的学习开放了学习活动，在这种活动中学习者必须学习和应用设计技能（Perrenet，Aerts 和 Woude，2003）。设计思维和基于设计的学习都以解决问题的结构为中心，这些结构源自以问题为导向和基于项目的教育。通过让学生参与设计，基于设计的学习提供了更多应用原创和创造性想法的机会，这有助于孩子们的发展和成长。尽管基于设计的学习教学法已经在高等教育和部分学校中得到了应用，但针对儿童设计学习的研究似乎较少，尤其是以设计思维为学习目标的研究（Hummels 和 Frens，2009）。

鉴于大部分研究都集中在高年级学生，本研究提出了一个适用于幼儿的工程设计框架，如图6.2-1所示。该框架由六个主要阶段组成，为设计学前儿童木工活动提供了起点，并帮助我们分析儿童的设计过程。

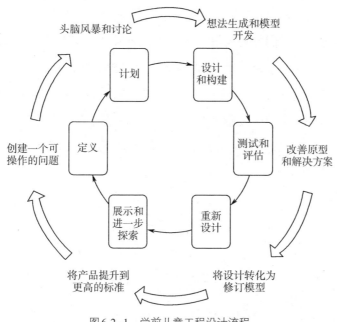

图6.2-1　学前儿童工程设计流程

（1）定义。我们认为"定义"是为幼儿创建可操作的问题的一个重要但代表性不足的过程。特别是，"定义"包括了解孩子的见解和需求、明确和重新启动目标、确定解决问题时需要满足的条件和约束条件。

（2）计划。我们认为"计划"包括头脑风暴和讨论，其中包括建立协作、讨论策略和制定建设计划。例如在木工坊内，老师们和孩子们一起整理工具，对工具进行勘察和分类，回顾每件工具的操作规范，并进行第一阶段的随机活动。通过一系列的计划，孩子们可以更好地了解工具和材料，提高安全意识。

（3）设计和构建——测试和评估——重新设计。这三个步骤是构成我们框架的核心活动。幼儿需要绘制蓝图、搭建原型模式、提出解决方案，并将设计转化为模型。然后，幼儿测试模型，评估问题，并仔细检查约束条件。在重新设计过程中，幼儿评估设计并将新设计应用到更好的模型中。通过"设计—制作—优化—反思"的过程，幼儿逐渐对项目产生兴趣直至完全沉浸其中，不断学习科学、数学、技术和工程知识。

（4）展示和进一步探索。对于幼儿来说，进行展示是最后但也是最重要的一步。教师通过各种展示帮助幼儿反思他们的学习经历。通过分享和发现新概念，幼儿可以将探究提升到更高的水平。

在木工坊中，我们的主要目标群体是五至六岁的儿童。如图6.2-2所示的"STEM项目关键组成部分图"是教师指导、分析和评估项目的主要工具。该课程的重点是基于工程、技术、科学和数学科目的教学。"工程"强调设计、实施、优化和问题解决，是所有STEM课程的核心。"技术"是指工具、材料和编程等的运用。"科学"是指科学思维和科学经验的形成。数学主要涉及数的应用和几何。

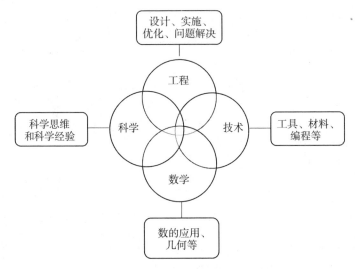

图6.2-2 STEM项目关键组成部分图

在木工中心，孩子们参与到各种项目中。根据主题，整个项目被分解为更小的任务。比如"制作哪吒"项目，展示了孩子们如何在一个月内实施一个完整的木工项目。此项目旨在通过实际操作，把科学、技术、工程和数学的概念整合到学前儿童的学习中。

6.2.3 自然教育中的工程思维

（1）自然环境中工程思维的体现

自然环境为儿童提供了一个丰富、多变且充满挑战的学习环境，能够有效促进工程思维的发展。在自然环境中，儿童面对各种自然元素，如土壤、石头、水和植物，这些元素不仅是儿童探索和游戏的对象，也是他们理解工程概念的重要材料。自然环境的复杂性和不确定性鼓励儿童通过观察、实验和反思来解决问题，这与工程思维的核心过程高度契合。

在自然环境中，儿童遇到的问题通常没有标准答案，这需要他们运用创造力和批判性思维来寻找解决方案。例如，搭建一个稳定的小桥以跨越溪流，或者设计一个避风的遮蔽所，这些任务需要儿童运用测量、平衡和结构设计等工程原理。通过在自然环境中解决这些实际问题，儿童不仅掌握了基本的工程技能，还培养了他们的团队合作和沟通能力。

自然材料（树枝、叶子、石头和泥土）是儿童在自然游戏中常用的材料。这些材料的形状、大小和质地各异，使用它们进行工程设计可以激发儿童的创造力和实践能力。例如，使用树枝和绳子搭建一个小木屋，或者用石头和泥土建造一个水坝，这些活动让儿童在动手实践中学习力学、结构和材料科学的基本原理。自然材料的多样性和可塑性提供了无限的设计可能性，鼓励儿童不断尝试和创新。

（2）指向工程思维的克朗科斯基自然游戏中心案例

克朗科斯基自然游戏中心是一个结合自然环境与工程思维教育的空间。儿童通过参与各种设计和建造活动，学习基本的工程原理，并培养他们的问题解决能力和创造性思维。儿童可以参与多种多样的项目和活动。例如，树屋建造活动让儿童使用自然材料，如树枝、树皮和绳子，设计并建造简单的树屋。他们在这个过程中学习了结构设计和力学原理。溪流改道项目中，儿童通过设计和建造小型堤坝和水渠，尝试改变溪流的流向，这帮助他们理解水动力学和工程设计的基本概念。自然障碍课程则通过设计和建造一系列的障碍路线，使儿童在挑战自我和合作中学习了平衡、协调和团队合作的重要性。这些实践活动不仅提供了动手操作的机会，还促进了儿童在实际问题解决中的工程思维发展。通过不断的尝试、失败和改进，儿童在游戏和探索中逐渐掌握了复杂的工程概念和技能。克朗科斯基自然游戏中心通过这种方式将工程教育自然地融入儿童的日常游戏中，使学习过程变得生动、有趣和富有成效。

6.3　早期儿童STEM活动中学习投入状态研究

6.3.1　学习投入对幼儿能力发展的影响

（1）学习投入的内涵

学习投入是一个涵盖心理、行为和情感多个层面的复杂概念，它描述了学生在学习过程中的积极参与和深度涉入程度。研究表明，"幼儿投入"关系到他们的学习效果、情感发展以及社会技能的建立。在教育实践中，提高幼儿的学习投入可以优化教学效果，帮助幼儿更好地过渡到正式教育（formal education）阶段。

英文中涉及"学生投入"的术语有student engagement，student involvement，study engagement等，而在国内，这些术语被翻译为"学生投入""学生参与"和"学习参与"。目前，关于"学生投入"的定义尚未统一。例如，Newman和Thomas（2008）将学生投入定义为学生在掌握知识、技能或技艺时所展现的心理投资和努力。相较之下，"投入"这一词更能体现学习者在学习过程中的心理活动，因此本研究选择"学生投入"和"幼儿投入"作为相应英文术语的中文翻译。

尽管对"幼儿投入"的具体定义尚无共识，但国内外的研究都强调"幼儿投入"涵盖了行为和心理两个层面。Jablon和Wilkinson（2006）指出，幼儿投入不仅包含心理层面，也包括行为层面。中国学者汪刘生和詹启东提出，幼儿的机械学习和情感缺失与投入紧密相关，这表明幼儿投入不应仅限于行为层面，而应涵盖心理层面。因此，原晋霞将幼儿投入定义为"幼儿在教学过程中所产生的行为、思维、情感的卷入和浸入，即幼儿在教学过程中所投入的生理和心理能量"。研究普遍认为，幼儿投入包括行为、情感和认知三个层面，但国内的研究更侧重于心理投入，即情感和认知部分。

测量学生投入的方法众多，Chapman等（2014）总结的测量方法包括自我报告、学生记录和评定量表、直接观察、任务样本分析及集中案例研究等。针对幼儿的心理特征，研究者主要通过观察法来测量幼儿投入，根据研究需要对幼儿投入的行为进行分类，并设计了具有高信效度的观察量表。原晋霞在其《幼儿园集体教学活动》的研究中，特别制定了测量幼儿"情感投入"和"认知投入"的观察工具。程诗杰在研究新入园小班幼儿的参与行为时，参考Mcwilliam，Trivelle和Dunst（1985）的工作，根据幼儿的心理参与程度对幼儿参与行为进行分类，并据此设计了观察表。无论采用何种观察方法，研究者在设计观察量表时都没有忽视幼儿的心理层面。

（2）影响幼儿学习投入的因素

幼儿投入的影响因素可从内部和外部两方面讨论。内部因素主要涉及幼儿的人口统计学特征（如性别、年龄、种族等）及个体特征（如性格、气质类型、健康状况等）。外部因素则包括家庭背景和幼儿园环境。家庭因素的研究较为丰富，例如，Annunziata，Hogue和Liddle（2006）认为家庭管理、家庭凝聚力和父母的期望都会显著影响学生的学习投入。同时，研究显示，经济条件较差的学生通常表现出较低的学习投入。尽管关于家庭因素对幼儿投入的研究不多，但已有研究指出母亲的交往风格会影响幼儿的参与情况。

在幼儿园环境中，教师因素、教学活动类型、同伴互动及教学环境都会对幼儿投入产生影响，其中教师因素尤为重要。研究发现，教师的及时关注比延时关注更能够激发学前儿童的高水平投入。Mcwilliam，Trivelle和Dunst（1985）的研究显示，教师的行为、教学风格、育人观念及与幼儿的交往行为类型都会影响幼儿投入。他们从教师行为的七个方面进行分级，探究了这些行为与幼儿投入水平之间的关系。

国内研究者进一步探讨了教师对幼儿投入的影响，指出教师被教案束缚、未充分尊重幼儿的主体地位、缺乏教育机智等因素会导致幼儿投入较低。原晋霞的研究显示，教师的教学手段、提问行为及回答行为是影响幼儿投入的主要方式。孙延永则指出，教师的教学艺术、活动环境、教学目标及活动内容都会对幼儿投入产生影响。

在教学活动层面，金芳等研究者通过问卷调查发现不同类型的游戏（如建构游戏、阅读游戏、表演游戏等）对幼儿的学习品质有显著的预测作用，从而强调了游戏在幼儿学习中的重要作用，并建议幼儿教师重视游戏的价值，创设良好的游戏环境以促进幼儿学习品质的发展。孙延永的研究对集体教学活动中幼儿的参与进行了系统探讨，从时间、频次、方式、活动发起者以及幼儿的积极性、兴趣和参与过程等方面进行了深入分析，并将幼儿投入分为积极、中等和消极三个维度。研究结果表明，幼儿园集体教学活动的发起者通常是教师，幼儿多处于被动的地位。此外，不同领域的集体活动中，幼儿在语言、美术以及科学领域的参与积极性较高，情感投入也较社会、健康领域要高。这提示教师应根据活动特点及幼儿的投入情况调整教学策略。

综上所述，影响幼儿投入的因素众多，涵盖个体特征、家庭背景和教育环境等多个层面，理解这些因素对于设计有效的教育策略，提高幼儿的学习投入和教育成效至关重要。

6.3.2　科学活动中的幼儿学习投入现状研究

（1）研究设计

本研究旨在详细分析幼儿在科学集体教学活动中的认知投入现状，具体内容包括评估不同年龄段幼儿表现出来的认知投入类型及其表现频率，以及探索幼儿认知投入水平与教师提问方式、幼儿年龄和性别等因素之间的相关性。此外，本研究也将分析教师提问的不同类型如何影响幼儿的认知投入，从而为科学教育实践中教师角色的优化提供理论依据和实践指导。

为了深入研究幼儿的认知投入现象，本研究采用了三种主要的研究方法：观察法、案例分析法和语料分析法。首先，通过观察法，研究者以非参与式观察者的身份，记录了27场幼儿科学集体教学活动的视频，确保了数据的真实性和客观性。其次，利用案例分析法研究者从已收集的科学教学活动案例中挑选典型案例进行深入分析，这些案例覆盖了不同年龄段的幼儿。最后，语料分析法被用来详细分析幼儿的回应和教师的提问，以特定的语言单位为基础，对相关文本进行编码和统计分析，深入探讨语义层面的细节。

研究工具方面，本研究借鉴了原晋霞（2008）开发的《幼儿"认知投入"观察工具》进行数据的编码和记录。该工具基于布卢姆的教育目标分类学，细分了教师的提问和幼儿的回答类型，从微认知到高认知不等。通过这一工具，研究者能够准确记录并分析教师和幼儿在科学教学中的互动，特别是在问答环节中的认知层次，为研究提供了结构化的数据分析框架。

本研究的分析变量为27个科学集体活动中27名幼儿回应的数量以及相应的教师提问数量。因为在不同年龄段不同类型的科学活动中不同性别幼儿产生的总回应数量不一致，教师的提问总数也不一致，所以本研究在数据分析过程中不但用数值进行计算，还用比率进行计算。幼儿不同认知投入类型的回应的比率是以不同幼儿在各科学集体活动中的回应数为分子，幼儿回应的总数为分母计算而来的。同样，教师提问的比率计算以教师在不同科学集体活动中的提问数量为分子，教师提问的总数为分母计算而来的。同时，运用SPSS26.0对收集的数据进行独立样本T检验、单因素ANOVA检验、相关性分析以及描述性统计分析。

（2）研究结果与讨论

首先，幼儿在科学活动中低认知投入最多。由本次研究结果可知，在科学活动中，幼儿低认知投入类型的回应最多，占总回应的43.3%，且幼儿出现低认知投入回应的频率最高，平均比例为1.58%。这与以往研究其他领域集体教学活动中幼儿参与的研究结果一致，已有研究表明在各类集体教学活动中，幼儿低认知参与水平的活动最多。这说明当前的科学集体教学活动的质量还不够高，活动的组织仍停留在调动幼儿较低认知水平的层面。幼儿在科学集体活动中的认知表现与国内的集体教学活动特点有关，不少研究者均指出，国内幼儿园集体教学活动强调教师在活动中的主导作用。尽管教师希望幼儿充分发挥能动性，但在实际教学活动过程中，教师仍从便于管理的角度出发开展活动。具体表现为教师常以观察为主要探索手段组织科学活动。且在组织观察认识类活动时，往往是以出示需要学习的某物，并围绕该物体的形态特征来让幼儿进行学习。如："我们来看看这个是什么呀""它有什么特点呀""它是什么颜色的""它的大小如何"，诸如此类的问题导致幼儿在观察中的回应会集中在感知认识类回应层面，属于低认知投入水平。

其次，幼儿在活动中高认知投入的形式单一。幼儿所有高认知投入回答的结果表明，幼儿高认知投入的方式较为单一，以幼儿理解性回答为主（54.16%）。寻求新材料和不断试误这两类认知投入回应最少，其他认知投入类型差异不大。这反映了国内科学集体教学活动中,教师更重视活动的结果,而轻视幼儿探索过程的现状。有研究表明,由于国内集体活动中的活动材料和活动环境的结构化程度较高,尽管教师在组织科学集体教学活动时也注意到幼儿科学探究能力的培养,但在实际组织过程中,教师仍以关注活动成果为重点,忽略过程性引导。即使是在实验操作类的科学集体活动中,教师也更关注幼儿的秩序,无论是在操作前强调操作的要求,还是在操作过程中对于操作规则的反复强调,幼儿的动手操作是在教师的掌控下进行的。与此同时,在操作过程中面对幼儿出现的一些问题或者基于操作延伸的兴趣,教师往往考虑到既定的后续环节,而不正面回应幼儿的问题与兴趣。除此之外,教师展示材料的时候大量提出了一些感知记忆性问题,类似"这个是什么""然后这是什么"此类低认知水平的问题,仅要求幼儿基于观察和生活经验来回答,这对于引导幼儿利用材料的特点,将材料组装成目标物毫无帮助。幼儿的思维连续性也容易被教师连续的发问打断,一堂具有启发性的科学活动课也从幼儿自发思考手中的材料可以做什么,材料与活动前期观察到的物体有什么联系,变成了被动地回应教师"认识手中材料"的提问。

再次,不同年龄段的幼儿在科学教学活动中的认知投入水平存在差异。各年龄段幼儿在科学集体活动中的认知投入水平存在差异,其中小班与大班幼儿间的差异最为显著,表现为随年龄增长,认知投入水平提高。这一结果与Mcwilliam,Trivelle和Dunst(1985)等人的研究相符,他们指出年龄影响幼儿活动参与水平,年幼者易受环境影响,随年龄增长参与水平提升。孙延永也发现年龄影响幼儿在不同领域集体活动中的参与水平,如小班幼儿对科学及美术活动兴趣较低,而大班幼儿因认知和操作能力发展,更偏好科学活动。本研究中,小班幼儿多停留在微认知投入层面,大班幼儿认知投入水平显著高于小班,这与幼儿发展特征及兴趣相符。

最后,不同性别的幼儿在认知投入水平上无显著性差异。本研究结果表明不同性别的幼儿在科学集体活动中的认知水平不存在显著性差异,这与前人将幼儿性别作为影响幼儿认知投入的内在因素这一研究结论不一致。相关研究表明:在学生投入的认知、行为与情感三个维度上,女孩比男孩具有更多的投入，这说明了性别会对学生投入产生一定的影响。考虑本研究中观察的焦点幼儿由所选各班的教师推荐，焦点幼儿在活动中的表现都较为良好，语言表达能力较强，这样的选择削弱了性别这一因素对幼儿认知投入水平的影响。同时在对焦点幼儿进行活动表现的录制时，给其穿上了亮眼的服装并且佩戴了收音麦克风，这样的举动可能会导致幼儿在活动中尤其注意自己的表现，从而使得性别对于不同年龄段幼儿的认知投入水平无显著性影响。

此外，科学集体活动类型对各年龄段幼儿的高认知投入影响显著。在实验操作类科学集体活动和观察认识类科学集体活动中，各年龄段幼儿的高认知投入存在显著差异。具体表现为在实验操作类活动中幼儿高认知投入显著高于在观察认识类活动中的高认知投入。幼儿在不同活动类型中的认知水平差异与各类型活动的特征有关。实验操作类科学集体活动强调幼儿动手操作，自主探索科学现象，如"白糖溶化了"等活动，在活动过程中幼儿会不断和同伴进行交流讨论，亲手实践，这些都能帮助幼儿处于高认知投入的层面。而观察认识类活动幼儿主要运用观察的方法进行学习，以认识事物的特征为目的展开活动，例如"认识大树""各种各样的小花"等活动。因此，教师在观察认识类活动中的提问会集中在知识性提问类型上，幼儿的回应也就因此集中在感知认识类回应，属于低认知投入水平。

6.3.3　STEM视角下促进幼儿学习投入的支持策略

促进幼儿在STEM活动中的投入对于其思维和能力的发展至关重要。有效的投入不仅能提升幼儿的学习效果，还能培养他们的创新能力和解决问题的技能。通过优化活动设计、改善教学环境和提升教师专业素养，可以有效地增加幼儿在行为、情感和认知三方面的投入，进而促进他们的全面发展。基于克朗科斯基自然游戏中心的实践，促进STEM活动中幼儿投入可从如下方面着手：

第一是优化活动设计，包含材料、活动和互动三个方面。优化活动设计是促进幼儿在STEM活动中投入的关键一步。教师应提供丰富的学习材料和资源，以激发幼儿的好奇心和探索欲望。在克朗科斯基自然游戏中心，儿童可以使用各种自然材料，如树枝、叶子、石头和泥土，进行各种创意建造活动。这些材料不仅安全且易于获取，还能激发幼儿的创造力和动手能力。例如，儿童可以用树枝搭建一个小屋，用石头和泥土建造一个小水坝，通过这些活动，他们能够理解基本的工程和物理原理。设计开放性和互动性的活动也是提升幼儿投入的重要策略。开放性的活动设计允许幼儿自由探索和实验，而不是仅仅按照固定的步骤进行操作。在自然环境中，儿童可以自由选择材料和工具，设计并建造他们想象中的结构。这种设计可以激发幼儿的创造力和批判性思维，鼓励他们提出问题并寻找解决方案。此外，互动性的活动设计能够促进幼儿之间的合作和交流，增强他们的团队合作能力和社交技能。在互动活动中，幼儿通过相互学习和帮助，共同完成任务，从而增加了对活动的投入度。

第二是改善教学环境，创造一个安全和支持性的学习环境对于促进幼儿在STEM活动中的投入至关重要。教师应确保活动场所的安全，提供适合幼儿年龄和能力水平的工具和材料，避免危险的操作。以克朗科斯基自然游戏中心为例，儿童在一个精心设计的自然环境中进行活动，这里既有开放的草地、树林，还有专门的建造区和探索区。这样的环境能够让幼儿更加放心地参与活动，减少对未知事物的恐惧和抵触心理。

教师需要在活动中提供适当的指导和鼓励。幼儿在探索过程中可能会遇到各种困难和挫折，教师的指导和鼓励能够帮助他们克服这些挑战，提高他们的自信心和成就感。例如，当幼儿在建造树屋时遇到问题，教师可以通过引导提问和示范操作来帮助他们找到解决方法，而不是直接给出答案。这种引导方式不仅帮助幼儿理解问题的解决过程，还能培养他们的独立思考和问题解决能力。在自然游戏中心，儿童通过参与各种设计和建造活动，学习基本的工程原理，并培养他们的问题解决能力和创造性思维。通过树屋建造、溪流改道和自然障碍课程等项目，儿童在一个安全、支持性的环境中不断探索和学习，表现出极高的行为、情感和认知投入。

第三是提升教师专业素养。教师的专业素养直接影响幼儿在STEM活动中的投入程度。因此，提供教师培训和专业发展机会是非常必要的。通过参加专业培训，教师可以学习最新的STEM教育理论和实践方法，提高他们的教学水平和能力。例如，教师可以学习如何设计有趣且富有挑战性的STEM活动，如何利用科学实验和工程设计来激发幼儿的学习兴趣等。

此外，鼓励教师在教学中运用创新的教育方法也是提升幼儿投入的有效策略。教师可以尝试将跨学科的知识融合到STEM活动中，例如将艺术和科学结合起来，通过绘画和建模等活动，让幼儿在创作中学习科学原理。教师还可以运用游戏化教学法，将科学知识融入游戏中，让幼儿在玩乐中学习和探索。例如，通过设计各种跨学科活动，如科学实验和艺术创作结合的项目，激发儿童的学习兴趣和探索欲望。克朗科斯基自然游戏中心的教师通过持续的专业发展和培训，不断提升他们的专业素养。他们不仅掌握了丰富的STEM教育资源和方法，还能灵活运用各种创新的教学策略，激发幼儿的学习兴趣和投入。例如，在自然障碍课程中，教师通过设定挑战任务和提供适当的指导，帮助幼儿在克服困难的过程中体验成功和满足感，从而增强他们的学习投入。

因此，通过优化活动设计、改善教学环境和提升教师专业素养，能够显著提高幼儿在STEM活动中的行为、情感和认知投入。行为投入通过丰富的动手实践活动得到提升，情感投入在安全和支持性的环境中得到增强，认知投入在教师的引导和创新教学方法中得以深化。通过这些策略，教育者可以更好地引导幼儿在STEM活动中投入，促进他们的思维和能力发展。

6.4　本章小结

第6章深入探讨了STEM教育对学前儿童工程思维的影响，从多个层面系统性地分析了这一领域的关键要点。在这个章节的小结中，我们将进一步拓展对每个要点的讨论，以提供更全面的认识。

首先，我们对整个章节进行了描述，突出了STEM教育在学前儿童工程思维发展中的重要性。接下来围绕学前儿童工程思维的内涵、教育实践与理论框架深入解析了学前儿童工程思维的各个层面。在学前儿童工程思维的内涵中，我们强调了实践、探索和解决问题在培养学前儿童工程思维中的核心作用。这种思维方式的培养不仅仅关乎知识的传递，更涉及对创造性思维和解决问题技能的培养。在学前儿童工程设计理论框架中，我们介绍了一个系统性的理论框架，强调了在设计活动中培养学前儿童的科学、技术、工程和数学素养的必要性。这个理论框架为教育者提供了一种系统指导，帮助他们更好地引导学前儿童的工程思维发展。通过对这些层面的深入研究和拓展，本章旨在为读者提供更全面的视角，促进大家对STEM教育与学前儿童工程思维关系的深层次理解。这不仅有助于学术研究者在这一领域的深入探讨，也为实践者提供了更具体的指导和实践经验。

第7章　初中女生STEM兴趣 与能力发展研究

本章深入探讨了校外STEM教育对初中女生学习兴趣和能力的影响。我们选取了四名"迷你宝石"项目的长期参与者，通过分析她们的学习经历，探索STEM教育如何塑造她们的学术与职业兴趣，并提升其STEM相关技能。通过定量和定性的数据分析，本章揭示了参与STEM教育活动如何显著提高初中女生的学习动机，加强她们对科学和技术领域的好奇心和自信心。此外，我们还探讨了这些教育活动对女生职业发展方向的潜在正面影响，尤其是在选择未来学习和职业路径时的偏好。通过详细的案例研究和长期跟踪，本章提出了STEM教育在塑造年轻女性学术和职业选择中作用的深刻见解。

7.1　初中女生STEM兴趣与能力发展现状研究

本研究在选择研究对象时主要考虑了两个因素：参与时间长度和参与数据收集意愿。首先，在长期参与"宝石"项目的学生中我们选择了积极参与的女生作为样本。通过她们的协助，我们能够获取样本人群和案例的整体情况。从艺术活动和访谈中收集的数据足以涵盖本研究的主题和命题，并有助于回答研究问题。本研究的第二个要素是数据收集方法。大多数数据收集方法是访谈，但艺术活动提供了额外信息并促使更多访谈。因此，我倾向于同时使用这两种数据收集方法。经过有计划的筛选，四名参与"迷你宝石"项目的女生被选为研究对象进行嵌入式案例研究。

研究的数据主要包括深度访谈，基于艺术的活动（Art-based activity）和绘画作品。访谈的核心是了解参与者的学习经历以及基于学习经历所传递的与研究问题相关的内容（Seidman，2005）。通过与艺术活动相结合，研究更好地呈现了项目对参与者兴趣、自我效能和职业发展的影响。每次访谈之后，研究者都会处理收集到的数据；每次采访和活动后研究者都会写下观察和备忘录。这些笔记主要关注参与者的家庭生活、文化影响和营地经历。

7.1.1 参与者基本资料

Elisa，一名12岁的西班牙裔女孩，就读于南独立学区一所初中的7年级。她参加了2018年和2019年的"迷你宝石"暑期项目。Elisa喜欢音乐，喜欢演奏不同的乐器。在"迷你宝石"夏令营的午休时间，她经常和其他女孩一起弹尤克里里、唱歌。Elisa积极参与采访，描述了她在"迷你宝石"中的学习经历，并提出了她对社区和学校的看法。

Amada，一名12岁女孩，就读于南独立学区的一所中学。她对自己的数学和科学能力充满信心，因为她在这两门科目上总是取得好成绩。Amada对打篮球很感兴趣，并希望将她的兴趣能变成未来的职业。正如她在采访中提到的，她想成为美国女子职业篮球协会（WNBA）的一名篮球运动员，但她需要更多的练习才能取得更好的表现。

Ariana，一名13岁的西班牙裔女孩，在市中心独立学区的一所中学学习。在她小时候他们全家从另一个州搬来。她是"宝石"项目的积极成员，加入"迷你机器人"一年并参加"迷你宝石"夏令营两次。她积极参与采访，分享自己的学习经历，表达自己的兴趣和学习偏好，并提出对社区、学校和家庭支持的看法。正如Ariana提到的，她对与科学相关的实践活动感兴趣，并对自己在学校的科学表现充满信心。在学习的过程中，老师们给了她很多帮助，推动她前进，唤醒她的兴趣，排除他人的负面影响。她的妈妈通过提供相关资源来支持她的学习。

Reya，一名西班牙裔女孩，就读于南独立学区7年级。她对学习编程、技术、动画和艺术设计感兴趣。在采访中，她与研究者讨论了广泛的话题，涉及自我效能、家庭影响、兴趣和职业发展。正如Reya提到的，她的叔叔在支持她学习STEM方面发挥了重要作用。在叔叔的影响下，她意识到获得实践经验与获得大学学位同样重要。因此，她很高兴能够在STEM项目中获得实践经验并了解更多有关编程、动画和技术的知识。

7.1.2　数据收集

本研究采用了两种质性研究方法，收集了音频和文本、视觉艺术作品等数据类型。访谈是主要的数据收集方法，而基于艺术的活动提供了额外的信息，并成为引发更多访谈对话的催化剂。根据参与者的情况，研究者安排了数据收集的顺序，以使参与者错开时间，提高工作效率。以下部分介绍了每种数据收集工具的信息。

（1）深度访谈

在定性研究中，访谈的策略和技术多种多样，从结构化调查访谈到非结构化对话，涵盖了各种访谈类型。本研究依靠以开放式问题为主要来源的半结构化访谈来获取参与者在研究范围内的经验（Maxwell，2013）。研究人员使用了三个访谈系列，并将所有访谈视为让参与者在研究背景下重建他们经历的机会（Seidman，2005）。访谈的第一部分重点了解社会、家庭、学校、文化对参与者自我效能和职业发展的影响。第二部分围绕案例，探讨了项目经历中关于自我效能、兴趣和职业发展的细节。最后一部分收集了必要的补充答案，来自艺术活动的数据有助于调整访谈问题。研究中对所有参与者进行了半结构化访谈，并适当选取样本进行了深度访谈。深度访谈是一种定性研究技术，研究人员引导受访者获取信息，并收集他们在研究范围内的观点、见解、看法和经验。在征得受访者同意的情况下，面对面访谈通常持续三十到九十分钟，并由研究人员在考虑研究伦理和受试者保护的情况下进行记录（Graham，2000；Seidman，1998；Van den Berg，2004）。考虑到参与者都是初中生，本研究中每次访谈时间为十五到二十分钟。在进行初步访谈后，研究人员阅读访谈笔录和观察笔记并展开思考、撰写备忘录。然后，进行后续访谈，以更深入、更清楚地了解参与者的反应。后续问题是在初步访谈的基础上提出的。后续访谈的长度取决于主题、研究人员和参与者几个因素（Gill，Stewart，Treasure 和 Chadwick，2008）。本研究中后续访谈的长度平均为十到十五分钟。所有采访均已录音并使用 Temi 转录成文本。转录后研究者还检查了笔录并手动更正了错误。访谈期间的观察结果（例如大笑、犹豫或面部表情）已作为注释包含在内，用于分析数据和研究参与者的行为（Vagle，2017）。每次采访结束后，研究人员都会立即转录采访内容。回顾访谈笔录有助于研究者调整访谈策略并修改后续访谈问题。

（2）以艺术为基础的活动

基于艺术的活动在研究中最常用于"探索、描述、唤起、激发"受访者的经历（Leavy，2017）。绘画或讲故事在儿童工作中也很常见，因为它可以帮助成年人将抽象的意识形态与特定情况联系起来（Huss 和 Cwikel，2005）。绘画是研究人员与儿童一起工作、探索参与者对自我和他人的意识以及项目中的女孩表达情感和想象力的有用工具（Leavy，2017）。视觉艺术作品是本案例研究的额外数据源。在绘画活动中，女孩有权创作和解释其艺术作品。因此研究者和参与者之间的关系更加平等（Huss 和 Cwikel，2005）。在这项研究中，绘画作品促使研究者捕捉到不同参与者在项目中的经历，这可能与他们的自我效能、兴趣和职业发展有关。此外，参与者的艺术作品能够充当催化剂，集中和指导后续访谈（Driessnack 和 Furukawa，2012）。

为了实现这些目标，研究人员向参与者提供了不同尺寸的纸张以及各种笔请其画出自己的感受。绘画强调的是通过艺术表达自己的过程，而不是展示自己的绘画水平和才华。第一阶段，三到五名参与者为一组坐在圆桌旁，分别进行绘画。他们被要求创作三张独立的图画来描述三个问题：（1）您在"迷你宝石"项目中的经历；（2）您的未来或梦想的职业；（3）您的生活。完成绘画后，参与者被要求与其他人分享他们的绘画作品。参与者向所有人展示了他们的画作并进行了清晰的描述。研究人员记录了他们展示的内容。展示结束后，如果参与者需要更多说明，他们有权查看和重新绘制图画（Huss 和 Cwikel，2005）。

7.1.3 数据分析

定性案例研究旨在呈现案例的质感和深度，并尽可能关注细节。根据收集到的数据研究者进行本研究的数据分析，实际的数据分析将贯穿从"第一印象到最终汇编"的整个研究过程（Stake，1995）。遵循Stake（1995）和Yin（1993）的数据分析策略，研究者使用恒定比较（Corbin和Strauss，2008）方法来比较不同背景的参与者，并在很大程度上依赖于对研究中提出的主题和命题的理解。这种方法让研究者能够不断地比较每个参与者的差异以及根据他们的背景分析项目对参与者的影响程度。它还帮助研究者增加了对案例范围的理解，管理收集到的不同形式的数据。

为保证准确性，研究人员对笔录进行了最后的修正。此外，在数据收集过程中，研究人员为每个参与者和每个活动编写了分析备忘录（Maxwell，2013）。每份备忘录都用质性分析软件Dedoose进行编码，这有助于研究人员找到可能的代码和主题，并提供额外的文档来构建含义。这些备忘录帮助研究人员对先前的主题进行分类和联系，它们还揭示了先前类别和新兴主题之间的差距。下面介绍本研究数据分析的三个阶段。首先是内容分析，重点是分析文本和文档。其次是对涉及主题的数据进行分析，特别强调主题的拓展。最后是对分析单位的选择，强调数据的比较和三角测量。

（1）数据分析的第一阶段：开放编码

第一阶段的目的是创建有效描述STEM学习经验和研究相关概念的主题。最初，研究人员一遍又一遍地阅读所有记录并熟悉数据，使用先前的主题和备忘录写作来探索所有可能出现的主题。艺术活动的采访记录和叙述已导入质性分析软件Dedoose，这有助于研究者进行数据管理、编码和分析。然后，研究者对不同参与者、不同时间、不同类型数据进行反复对比与分析。例如，研究人员比较了同一参与者的两次访谈和基于艺术的活动，以确定其看法。至于艺术活动，它被分成两部分，演示记录和视觉艺术。考虑到目前大多数基于艺术的研究仍然以传统研究的方式传播，这意味着演示记录资料仍然要转化为文本。因此，在数据分析中，研究者按照编码过程来处理演示记录。对于视觉艺术作品，研究者对每张图片进行了解释，并将视觉艺术与主题联系起来呈现结果。下面是对于编码情况的具体描述。

（2）数据分析第二阶段：主轴编码

第二阶段的目的是连接理论框架并赋予所有数据意义。研究者遵循理论命题选择某些数据并忽略其他数据（Yin，1993）。正如Yin所说，理论命题帮助研究人员"组织整个案例研究并定义要检验的替代解释"（第112页）。在这一步中，按照理论框架逐行编码采访记录、演示记录和备忘录，创建类别矩阵，并将数据放入这些类别中（Yin，1993）。涉及的编码周期有三个：初始编码、选定的编码和新兴编码。初始编码，也称为开放式方法，允许研究人员开发所有可能的初始代码。选定的编码，允许研究者根据第一阶段的理论框架和其他主题生成选定的代码。

将数据归入某些类别后，新兴主题使研究者能够汇总所有类别并彻底理解案例（Stake，1995）。最后，正如Stake所展示的，研究人员将解析所有类型的数据，并"更有意义地将其重新组合在一起"（第75页）。完成主题分析后，研究者对所有参与者重复了相同的数据分析过程。在此过程中，研究者确保仔细处理每个参与者的个人数据。表7.1-1列出了本研究中所有选定的和新出现的代码。

表7.1-1　编码

主轴编码	选择性编码
环境因素	家庭对STEM的看法
	朋友的影响
环境因素	老师的影响
	其他女孩/人对STEM的看法
	学校中的STEM学习
	家庭、学校和老师的社会支持
行为因素	校内和校外学习计划
	实现职业目标
	学习动机

主轴编码	选择性编码
个人因素	影响职业兴趣的因素
	女孩对STEM中性别差异的看法
	女孩对学校、社区、生活环境的看法
	女孩对STEM的看法
	女孩对自己STEM能力的自我感知
身份/信念	文化、团队和STEM身份
个人学习兴趣	在校外STEM项目中的学习经历
	对项目中活动的看法
	全女孩学习环境
自我效能	校外项目对自我效能的影响
	掌握经验、生理状态、言语劝说、替代经验
职业兴趣	实现职业/未来目标的挑战
	校外STEM项目对职业的影响
	实现特定职业的理由
结果期望	自我期望
	来自社会环境的期望

（3）数据分析第三阶段：选择性编码

在数据分析过程中，三种案例分析策略和技术的使用使研究者能够公平地对待代码，得出令人信服的客观结论，并消除替代解释（Yin，2013）。第一个策略是遵循有助于研究者更好地理解案例的理论命题。研究者审阅了备忘录并选择了与理论命题相关的所有代码，例如自我效能、职业兴趣、职业发展。第二个分析策略是定义和呈现四个分析单元，它可以最好地呈现和回答三个研究问题。四名研究对象从不同的角度呈现了不同的背景信息，展示了不同的学习经历。参与时间长短和参与数据收集的意愿是研究者在选择嵌入案例时考虑的两个主要因素。第三种分析策略是通过结合访谈和视觉艺术的数据来进行案例描述和探索。在开发案例的过程中，研究者综合运用了采访笔录、录音和艺术活动中的绘画来分析问题。

第三阶段，研究者更注重加深对材料的理解，打磨案例，完成多元交叉分析。根据Tracy（2010）的说法，多元交叉分析对于提供多种视图、扩大范围和加深对材料的理解至关重要。多元交叉分析将通过分析采访、演示和艺术的数据来实现。研究者分析了不同类型的数据，以确定并比较相似点和差异。结合第一阶段不断的比较分析，第三阶段的多元交叉分析帮助研究者验证了数据。

7.1.4 研究伦理保护

这项研究是按照美国联邦政府人类受试者保护的"共同规则"进行的，符合研究伦理。选择"人类受试者保护"原则是为了保障参与者的权利和研究的完整性。属于本研究提案的所有文件均严格按照研究审查委员会（Investigational Review Board，简称IRB）的要求提交给大学或研究机构的研究审查委员会。研究人员还将研究工具提交给学区并获得了学区的批准。

父母同意书、电子邮件邀请函、儿童同意书和知情同意书均经过批准同意后发送给参与者及其父母。同意书包含对关键信息的简洁而集中的介绍，以帮助初中和高中女生了解她们可能或可能不想参加该研究的原因。同意书包含：（1）研究目的简要概述；（2）研究程序概述，包括所需的访问次数和总小时数；（3）简要描述可能存在的风险；（4）研究参与者的权利和自由摘要；（5）研究所需的其他信息或帮助。

每位参与者及其父母都必须阅读、理解并同意知情同意书，并签署作为上述内容的证明。为了确保参与者及其家长了解他们的角色和研究的目的，研究者通过面对面或电话的方式彻底解释了研究的过程。在数据收集过程中，研究者将尊重参与者拒绝或退出研究的权利。参与者有权拒绝回答某些问题。在数据分析中，研究者会对参与者的信息和记录保密，以保护参与者。所有信息和记录均以密码保存在研究者的个人电脑中。为保护参与者，研究表述中所有参与者将使用化名。

7.1.5 研究效度和信度

在定性研究中，信度是对研究方法和结果的适用性、一致性、中立性和真实性的描述（Krefting，1991）。偏见和单一数据来源是影响定性研究有效性的两个因素（Maxwell，2013）。一方面，正如MaxWell所表明的，在收集和解释数据时，研究偏差很难避免。本研究中的研究者与参与者具有不同的母语和文化背景，这可能会导致研究者对参与者的某些答案产生误解并妨碍参与者和研究者之间的互动。另一方面，很难消除研究者和研究环境对参与者答案的影响（Maxwell，2013）。在这项研究中，参与者是在艺术活动中可能受到他人影响或对采访环境感到压力的中学生和高中生。

研究表明，有许多技术可以评估定性研究的信度，同时帮助提高其质量和效度（Johnson和Christensen，2004；Smith，Flowers和Larkin，2009；Maxwell，2013）。本研究采用了多种技术来评估信度：丰富的数据、受访者验证、多元交叉分析和同行评审。首先，研究人员通过访谈、艺术活动和备忘录收集了丰富的数据。数据来源包括音频、文本和视觉艺术。深入访谈作为主要的数据收集方法，收集了足够详细和多样化的数据，可以呈现出丰富的整体图景（Maxwell，2013）。其次，研究人员询问了参与者对数据和结论的意见。研究人员要求参与者提出建议和意见，以验证数据解释的正确性。通过这样做，该研究减少了误解含义的可能性。再次，研究人员应用了Stake（1995）的数据源和多元交叉分析方法。在本研究中，通过两种不同的数据收集工具所获得的资料以及不同时间的访谈和后续访谈来进行多元交叉分析。为了获得更好的解释，本研究将访谈数据和艺术活动数据结合在一起，以"增加解释的信心"（Stake，1995，第114页）。多元交叉分析还在识别新出现的主题和后来的发现的过程中提供了信息。最后，研究人员要求一组同行对数据解释和结论提供批判性评论反馈。采用同行评审可以帮助避免潜在的偏见并提高研究的信度和效度。

7.2 "她们"的STEM学习环境

参与者来自市中心独立学区（CDISD）和南独立学区（SISD）。这两个学区的人口结构相似，并且在学生的成绩和表现方面面临着相同的挑战。从人口统计信息来看，两个学区的西班牙裔学生比例都很高，市中心独立学区为90.3%，南独立学区为91.6%（Texas Education Agency，2019）。从过去的两个学年来看，两个学区的整体成绩都有所提高，但在得克萨斯州的整体学业成绩中只获得了B和C的成绩。此外，两个学区的学生平均成绩均为C，接近掌握水平和达到年级水平的学生数量低于州水平。据Texas Education Agency（2019）称，市中心独立学区在得克萨斯州学术准备评估（State of Texas Assessment of Academic Readiness，简称STAAR）考试中得分为62分（满分100分），而南独立学区得分为59分（满分100分）。此外，市中心独立学区和南独立学区在缩小不同种族群体之间的差距方面均获得C分。尽管西班牙裔是两个学区的主要种族群体，但西班牙裔学生在学业成绩、成长和学生成功方面的成绩低于白人和亚裔。不过，西班牙裔学生在学业成绩和学生成功方面比非裔美国学生取得了更高的成就。因此，无论是市中心独立学区还是南独立学区，都需要更加关注提高西班牙裔学生的学业成绩和学生的成长。

本研究项目的四名参与者均在得克萨斯州南部的市中心独立学区和南独立学区居住和学习。一些参与者还表达了他们对学区和社区面临的挑战和问题的担忧，这些挑战和问题阻碍了他们的进一步学习。这些问题主要是：学校学习环境不受支持，缺乏学习高级STEM的资源，学生及其周围人的刻板印象。

对于学校的学习环境，Ariana表示，一些孩子的行为分散了她在学校学习的注意力。让她感到不安的是，学校没有采取任何措施来排除负面影响，也没有为这些学生提供辅导。她在采访中向学校管理人员提问："为什么你继续接受在学校做坏事的孩子？你应该让他们消失，不是死去，也不是被开除，（可以去别的学校）只要不再去特雷维诺（一所中学）。他们可以去任何其他学校，不管他们多想回到那所学校，也别管他们说的'哦，我不喜欢这里。我想回去'这种话，为什么要回去？把那些不守规矩的孩子踢出去！"

此外，Elisa提到学校里经常发生打架事件，她尽量不卷入任何打架事件，避免被人群践踏或被推到墙上。她分享了避开学校里的负面干扰的办法："你需要一些可以把他们推开的东西，那些厚重的书确实很有帮助，这也是我像超级书呆子的另一个原因，因为我读了很多书，我想把它们随身携带，这样我就可以［暂停（他们的暴力行为）］逃跑。"在资源获取方面，多位初中女生表示，学校没有提供足够的资源来支持她们学习感兴趣的领域，如工程、艺术设计、语言等。因此，资源的缺乏可能会阻碍她们发展基本技能，也无法将她们从"迷你宝石"STEM项目那里获得的知识应用到学校学习中。

值得注意的是，大多数参与这项研究的学生没有学习编程、工程和其他STEM概念的直接第一手经验。他们获取信息的主要渠道是家庭、学校课堂、老师和互联网资源，例如YouTube和编码/编程软件。学生在参加"迷你宝石"项目之前对有关STEM的信息了解很少。即将入学的高中生Nora在采访中表示，她所在的高中没有机器人俱乐部，她在高中时可能没有机会练习机器人。同样，Ariana提到，"因为我今年没有上过类似的工程课程，所以我不知道我在工程方面会如何提高"。因此，为学生建立学校、家庭和校外STEM项目之间的联系非常重要。

本研究中的所有初中女生都注意到人们对参与STEM项目的刻板印象以及女性在STEM领域追求职业的挑战。正如Ariana提到的，她周围的一些学生对这个项目感到好奇，但人们对女孩参加STEM项目有刻板印象。对于那些不想加入的女孩，Ariana解释说，她们可能对这个项目有误解，认为该项目是另外一种学校，学生们在暑假里学习所有技术和工程知识。然而，男孩们持有不同的观点，他们认为这个项目很有趣，学习编程是一件很酷的事情。为了消除刻板印象，Ariana认为女孩们需要更清楚地了解该项目的全部内容，"我很确定女孩们会说，哦，你是怎么做到的？然后，如果我们向他们解释我们是如何做到的，他们就会更感兴趣"。此外，尽管在Elisa心中，任何职业都可以成为她的目标，但成为一名科学家或工程师对于她来说可能是个挑战。她认为相对于男性，女性在STEM相关领域达到更高的职位会更难。但是，她想设定一个目标，并正在寻找更多的机会和指导。

7.3　初中女生校外STEM学习的参与情况与表现

7.3.1　案例呈现

基于拉丁裔女生探讨STEM教育对中学女生学习兴趣与能力的影响，此处将以嵌入式案例的方式呈现四位女生的学习经历。

案例1：Elisa在采访和绘画中都表示，结交新朋友并与他们建立更牢固的联系成为她参加"迷你宝石"项目的最佳经历。在第一个夏天的项目工作过程中，Elisa有机会与不同的人（例如老师、营地辅导员和演讲嘉宾）交谈，而她在学校通常不会与这些人交谈。她还与来自不同学校、有着相似兴趣的女孩一起工作。两周的夏令营结束后，她结识了新朋友，与她们一起解决问题，经历过类似的挫折和成功。在她的画中，她用了很多笑脸来代表节目中的一些有趣的事情，比如唱歌、交流、共享食物。正如她所说："我必须和更多的人交谈。我必须与其他人一起完成这些项目，这可以建立一种不同于仅仅与人交谈的纽带，因为你们一起经历过那种压力，你们一起经历过那种悲伤或担忧，你们彼此合作共同战胜了它。所以这更像是一种更牢固的联系。"

图7.3-1　Elisa的画

案例2：从Amada的角度来看，"宝石"项目为所有女孩提供了一个机会，让她们能够亲手做一些她们以前从未真正做过的事情。她喜欢与该项目中的所有女孩一起工作。正如她所表达的，"该项目的第一个字母G实际上是针对女孩的，而不是针对男孩或其他任何东西。它是miniGirls，这意味着它只适合女孩"。

当谈到自己在夏令营的经历时，无论是采访还是绘画（图7.3-2），Amada都表示团队合作和沟通是每个女孩在每次活动中的两个重要组成部分。暑假期间，她通过在团队中工作产生了新的想法并向他人学习。在这个过程中，如果她遇到任何问题，团队成员都会给她重要的建议，这是她以前从未想过的。如果她的团队在完成任务时遇到任何问题，他们会作为一个团队找出解决方法并探究方法的可行性。然后，他们思考了可以做些什么来改进它。例如，她描述了她的团队如何共同努力研究出桥梁搭建活动中的解决方案并对之成功进行了改进。

她说道："在木头吸管活动中，她（一位队友）并没有真正教我，但她想到了将吸管切成两半，并在吸管底部使用胶带。这种想法其实对问题解决很有效果，在承重方面可以有效增加500到1000磅。我觉得这是团队的力量。"

图7.3-2　Amada的画

案例3：Ariana对科学和数学感兴趣，并且她在学校时也一直擅长科学和数学。她喜欢进行实践活动和科学体验，例如在家和妈妈一起制作沐浴炸弹。内在的兴趣以及老师和家长的鼓励促使她加入校外STEM项目，并在参与项目的过程中继续学习更多STEM。例如，她对2019年春季错过"迷你机器人"项目感到失望，她说："我以为（后面还）有，但他们说我理解错了，这个项目只开一个学期。我有点生气。"

从Ariana的角度来看，"宝石"STEM夏令营"就像一个以科学和数学为基础的俱乐部，我们在那里做不同的项目，这很有趣。我们必须富有创造力，跳出这样的框框思考"。Ariana认为，"宝石"STEM项目不仅仅是一个为期两周的训练营，它还是一个学习机器人技术并让机器人做事的过程，后者更有创意，并为她提供了跳出框框思考的机会，而且比普通教室上课有趣多了。

Ariana表示，获得项目人员的支持和帮助很重要，这可以帮助她理解概念并在活动中表现得更好。大多数时候，营地辅导员和项目老师都会帮助她解决问题。但是，有时活动缺乏这种帮助，这让她很困惑。例如，她表达了参加一项机器人活动的愿望，其中她需要对EV3机器人进行编程并在特定时间内完成某些任务。她说：我有点不喜欢那个（一项机器人活动）。我不喜欢那样。这不是很，（停顿），我不知道，这不是很有趣。他们让我们玩了一段时间，但他们就像是，哦，你做这个，你做那个。我有点想，呃，那是什么？就像他们给了我一些东西，我只是喜欢，我有一个可以合作的基础，然后我做所有的事情。

案例4：参加"宝石"夏令营可以对Reya的学习起到补充作用。正如她提到的，该项目让她有机会练习自己的技能并获得更多编程经验。她说：实际上我自己就有一个小机器人，你也可以对它进行编程，但它是用颜色编码的。所以当我去参加夏令营活动，接触到机器人项目的时候我很兴奋。我叔叔来看我，他让我用我的机器人展示给他看。他说，"好吧，你学到了什么？"是的，我学到了很多。至少现在我知道自己很喜欢这个项目，知道如何更容易地编程，这样我就可以实现兴趣的升级，在这方面获得进一步的发展。

她的叔叔教导她，拥有大学学位和经验对于找到一份好工作都很重要。她说："人们不仅看你的大学，还看你的经历，而且如果你上一所好大学也会有帮助。"因此，Reya对于参加STEM夏令营感到很兴奋。她说，"总有一种兴奋的感觉"。然而，Reya表示，营地里的艺术相关活动还不够。这个项目（"宝石"项目）在各科目之间的平衡方面还需要做更多工作。她希望能在营里更多的学习艺术，做更多与艺术相关的活动。她说：我希望能够学习更多艺术相关的内容。我觉得可以在编程活动中添加更多的艺术内容。STEAM教育有五个领域，一个领域学习一天怎么样？

她从校外项目中学到的知识可以应用到现实生活中，这增强了她做类似事情的信心。从以往的经历来看，她可以把这些经验带回来并帮助别人解决问题。例如，她描述了她如何帮助老师修电脑。她说：有一次我的老师在播放视频的时候遇到了麻烦，这提醒了我，我可以使用在"宝石"项目中学到的一些知识。于是，我和另一个女孩上去告诉老师该如何去做，然后视频就修复了，我非常开心。

7.3.2　影响初中女生STEM学习经历的因素分析

STEM项目完全免费这一点深受学生们的欢迎，它为每个人提供免费交通和膳食。大多数参与者表示，像"迷你宝石"这样主要侧重于为年轻女性提供机会的项目并不多。例如，Amada提到，该项目为所有女孩提供了一个机会，让她们可以做一些她们以前从未真正做过的事情。她说："这个夏令营就像一个以科学和数学为基础的俱乐部，我们在那里做不同的项目，这很有趣。我们必须富有创造力，跳出这样的框框思考。"Reya也表示，这个项目非常有意义，为她打开了很多大门。她说：参加"迷你宝石"项目对我来说非常有益。我觉得，任何学习机会也许都会对我的大学选择有帮助。这个项目确实帮我打开了很多大门。项目里的导师、伙伴教给了我很多知识，这些知识我还可以用到学业中。项目里的每一个女孩都想上大学。

根据项目的级别和类型，女孩们呈现了不同的学习经历。参与者一致认为，"迷你宝石"夏令营的重点是学习工程，并提供有趣的实践活动（例如编程和营养）。而在机器人俱乐部，学生可以将机器人概念应用到现实生活中（即FLL比赛），并回顾他们在暑假学到的知识。正如一位女孩提到的："很高兴看到第二天发生了什么，因为你真的不知道。我喜欢动手活动，这很有趣，而且很高兴看到我的朋友们。只要我们愿意，我们就能随意开玩笑，每当他们微笑时，我也跟着微笑，因为我喜欢他们快乐、不快乐以及我们正在做的任何事情。我想真的很有趣。"

"迷你宝石"项目中的"迷你机器人"是一个学习机器人技术并制作机器人完成目标的学习过程。与正规学校和普通教室相比，该项目更加具有激发学生创造力和跳出框框思维的特点。

（1）合作学习和全女生学习环境

该项目创造了一个不同于正规学校和传统教室的有趣的全女生学习环境。通过在项目中提供必要的材料（例如机器人和无人机），女孩们获得了她们通常无法从正规学校获得的实践经验和技能。这项研究的结果与许多研究类似，即校外STEM学习环境为女孩提供了更多的机会，和更为广泛的行为选择（Bergman等，2019）。在全女性的学习环境中，女孩有更多的发言机会，并且更愿意在别人面前报告想法和解决问题（Morrow，2006）。例如，该项目允许女孩犯错误，并为女孩提供更多尝试不同想法的机会。她解释说，校外STEM项目与她所在的正规学校不同，因为"在学校里，你不能搞砸，如果你搞砸了，那真是太可怕了"。与正规学校教育相比，该项目中的活动更加以学生为中心，在这种氛围中学习，女孩们感觉更开放、更轻松。正如一位参与者所说："我在这里感觉更开放，我的感觉，就是，我在这里很舒服。我想我感觉轻松多了。在学校我更像是访客。对学校，我比较熟悉，也没有排斥心理，我只是听老师讲的，仅此而已。好像我不太喜欢说话，但在这里我感觉好多了。我感觉我有声音。"

沟通与合作是该项目的两个重要组成部分，并且是每项活动所必需的。这两个元素通常应用于许多校外STEM项目，对于创建有效的合作学习环境和小组工作至关重要（Steinthorsdottir, Forgasz, Becker和Lee，2010）。例如，一位女孩描述了她在团队中工作的经历（如图7.3-3），她说："第一个画面是

图7.3-3　STEM项目的学习经历

我对自己在夏令营或其他类似的活动的描述。总的来说，我学会了如何与人合作和建立友谊，并且喜欢和伙伴一起工作以提出新的想法。"

在项目工作过程中，女孩们一起努力，找出问题，并培养完成任务所需的技能。当女孩子有不同的想法时，可以交流想法，通过不产生冲突的方式找到与他人合作的方法。合作学习的机会，使女孩可以利用语言和社交技能来最大限度地发挥STEM项目的好处（Holba，2015）。由于有效的团队合作，解决方案得到了显著改进。根据班杜拉（Bandura，1977）的观点，如果学生通过经验了解到持续的努力可以克服障碍，那么伴随着偶然失败的坚定努力的解决问题可以增强自我激励的决心。活动中的成就感会抵消沮丧的时刻，并激励女孩们在营中学习更多知识。

所有嵌入式案例都表明，与其他女孩一起工作的经历有助于参与者结识新朋友，有助于她们从不同的角度学习并取得更好的表现。这些发现与之前的研究类似，即与男女在同一个环境的学习相比，所有女孩在营地中学习所受的干扰和紧张程度都更少（Wang和Frye，2019）。与不同年龄段的学生相比，单性别教育的合作在中年级尤为重要（Spielhagen，2006）。以Reya为例，在做项目的过程中，她结识了新朋友，她们一起解决问题，有着相似的学习经历。她说："我必须和更多的人交谈。我必须与其他人一起完成这些项目，这可以建立一种不同于仅仅与某人交谈的纽带，因为你们一起经历过那种压力，你们一起经历过那种悲伤或担忧。所以这是一种更牢固的联系。"Felisa也表示，与女孩一起工作让她感觉更舒服、更保密。因为相比于与聪明的男孩一起工作，女孩们一起工作时紧张感和消极意见更少。她说："当女孩和女孩一起工作时，她们会感觉更舒服，因为这并不比和男孩一起工作那么沉重，她们往往会变得更聪明。我们通常认为我们是最好的。"

（2）校外STEM学习环境中的成人角色

研究表明，导师在校外STEM活动中发挥着重要作用（Bozionelos，2004；Dolenc，2013）。有效的校外STEM环境是这样的：通过团队建设和其他活动形成积极的氛围，参与者在身体和情感上感到舒适（Steinthorsdottir等，2010）。在"宝石"项目中，成年人以不同的方式与学生互动，扮演不同的角色，为初中和高中女生提供更好的指导和帮助。大多数参与者希望在"宝石"STEM项目中获得成年人的帮助和支持。正如女孩们提到的：比起我在学校里的老师，校外STEM项目中的导师，比如Tommy向我解释课程内容，我能更好地理解它。我觉得我可以把这些带回我的学校，并向其他人解释这些事情。

导师参与的程度不同，所产生的效果也会有所不同。导师的大量参与可能会让学生接触到进入学习的正确方法，但参与程度过多也可能因为不允许学生变得更加投入和边做边学而使学生失去（独立探索的）机会（Dolenc，2013）。结果表明，"迷你宝石"项目创造了一个有效的校外STEM环境，参与者在校外STEM环境中以不同的方式与同伴、导师和辅导员互动。该项目中的成年人拥有足够的知识来支持来自不同背景的青少年的成长。学生和成人（导师、辅导员）、同伴共同构建积极的学习环境并形成集体意识。

校外STEM项目中的成人通过提供支持和职业信息影响学生的学习和发展。一方面，成年人，尤其是营地辅导员可以提供技术和情感支持，帮助学生减轻压力并完成任务。在该项目中，学生有机会操作自己的机器人，并在机器人活动中测试所有预设的解决方案。然而，对于大多数女孩来说，研究机器人是一项具有挑战性的任务。当解决方案不起作用、问题反复出现以及活动组织不善时，学生会产生负面情绪（例如压力、悲伤、沮丧）。女孩们在EV3机器人活动的第一天感到沮丧。一旦她们有更多的时间练习了这些活动并将知识应用到比赛中，她们的情绪就会好起来并开始思考新的想法。因此，当学生有负面经历时，团队成员和项目人员（例如营地辅导员和老师）可以与他们交谈，以减轻学生的压力并帮助他们应对挑战。正如女孩们提到的："有时我会想，我做不到。他们说，不，女孩，你做到了，我们相信你。就像你之前做到的那样。她说，慢慢来。他说，如果实在想不到解决办法，就寻求帮助。不要害怕寻求帮助。至少我，我知道我可以找谁帮忙，那个人就在那里。"另一方面，演讲嘉宾为学生探索不同领域提供了有用的信息，这可能对学生的发展产生积极的影响。Brown（2008）指出，对于来自服务不足群体的学生或家庭成员没有上过大学的学生来说，获取以职业为导向的信息可能特别困难。因此，在校外STEM项目中，提供以职业为导向的信息对于创建有效的STEM项目非常重要（Steinthorsdottir等，2010）。在这项研究中，正如许多女孩提到的那样，演讲嘉宾在打开她的思想并推动她对未来更高的期望方面发挥了重要作用。例如，有一个女孩提到，"我会看到自己成为她们，或者如果我想成为她们需要做些什么？制定一个目标和计划，列出自己长大后想做的事情"。类似的，另一个女孩说："她（演讲嘉宾）告诉我们，看！所有这些女性都成功了，所以你们也可以做到。就像你们可以改变世界一样，美国女性可以做到，我们这里团队中的每个人都可以做到。这让我们变得更加积极。"

因此，辅导是"迷你宝石"项目的重要组成部分，有利于学生的发展。在校外STEM项目中，成人扮演资源提供者的角色，让学生自己做出大部分决定并与其他女孩一起完成任务（Dolenc，2013）。对于工作人员来说，在校外STEM环境中与参与者进行积极和支持性的互动非常重要。通过建立积极的师生关系，经验丰富的成年人为参与者提供持续的指导和鼓励，帮助学生克服挑战并发展能力。

经历个人成长。同学们在参加夏令营的同时，也拓展了知识，经历了个人成长。参加过两次夏令营或在"宝石"项目中有两年经验的女孩认为她们正在熟悉这些活动。他们从第一次/第一年中获得的经验帮助他们克服了负面情绪并培养了更强的团队合作意识。例如，在Elisa的第二年，她有了更多的编码经验，对机器人项目中遇到的难题也变得更加冷静。具体来说，她提到机器人比赛对她来说压力较小，她在比赛中取得了更好的成绩。她说：说实话。我对机器人比赛变得更加冷静，今年（第二年）当我们第一次组装EV3并进行编码时，我感觉更容易了，嘿，我记得这些知识。对于参与项目时间较长的学生来说，他们经历了个人成长，STEM项目中的活动变得比以前容易得多。

综上所述，"迷你宝石"STEM的多元化项目满足了不同学生的需求。这项研究表明，为中学生提供有趣的学习体验非常重要，而高中女生则需要更多的灵活性，以在学习过程中培养责任感和创造力。此外，"迷你宝石"STEM项目为女孩创造了一个不同于正规学校环境的支持性和合作性的学习环境。参与者表示，她们在校外STEM项目中与其他女孩一起工作感到更自在、更灵活。与其他女孩一起工作的经历帮助她们结识了新朋友，从不同的角度学习，并在某些任务中取得更好的表现。在学习过程中，来自不同背景的成年人发挥了重要作用，他们为初中和高中女生提供信息、资源和支持。而且，经过长期的参与，学生们经历了个人成长，对活动更加熟悉，对学习STEM更加感兴趣。接下来的部分是在女孩的学习经历与自我效能、兴趣之间建立联系。

7.4 校外STEM学习对初中女生STEM兴趣与能力发展的影响研究

这部分应用社会认知理论（SCT）和社会认知生涯理论（SCCT）框架来探讨是什么影响了参与者的自我效能和兴趣。该研究反映了环境、个人和行为因素之间的相互依存关系，并展示了女孩如何通过自我效能和结果期望机制发展自己的兴趣和职业道路。

7.4.1 女孩自我效能感的构建

Bandura（1977）指出，感知自我效能感由四个来源构成："主动掌握经验、替代经验、言语说服和生理状态"（第195页）。本研究的结果主要探讨了自我效能感与主动掌握经验和替代经验两种来源的关系。

（1）主动掌握经验（Mastery experiences）

从自我效能理论来看，参与者自我效能最有影响力的来源是主动掌握经验，它为女孩们的STEM能力提供了最真实的证据。成功的经验会提高效率，而失败的经验可能会降低效率（Bandura，1977）。在这项研究中，大多数女孩通过不同的实践表达了她们的积极经历，这发展了她们的技能并提高了她们的效率。例如，女孩们提到，与不同的人交流增强了他们对自己沟通能力的信心。参加训练营后，她们变得更加愿意与人交谈。尤其是在工程相关的事情上，他们对自己更有信心了。

而参与者也提到，他们的负面经历主要是由与机器人合作过程中的失败造成的。当问题反复发生、活动缺乏协助时，负面情绪就产生了。根据班杜拉（Bandura，1977）的说法，"如果一个人通过经验发现即使是最困难的障碍也可以通过持续的努力来克服，那么后来通过坚定的努力克服偶然失败的结果可以增强自我激励的毅力"（第195页）。但并非所有的成功体验都会影响功效信念，Bandura（1977）进一步解释说，"相同水平的成功表现可能会提高也可能不影响甚至会降低个人的自我效能感，具体取决于个体如何解释和权衡情境中各种因素在成功中所起的作用"（第81页）。

在这项研究中，通过与小组成员合作并获得更多经验，女孩们被激励产生更多想法来完成任务，通过获得更多成功来建立更强的效能期望。因此，偶尔的失误可能不会降低学生的自我效能（Bandura，1977）。

（2）替代经验

人们并不将经验的掌握作为自我效能的唯一来源。许多期望源自替代经验，这强调了社会比较的力量（Bandura，1977）。例如，在校外STEM项目中，当与其他女孩一起工作时，"比较"在构建Elisa的自我效能感方面发挥了重要作用。正如她所描述的，她经常将自己与其他人进行比较，说"为什么我做不到？为什么别人能做到？"与经验更丰富、成绩更好的女孩竞争对她来说很不舒服，当其他人做对而她做错时，消极态度就会变得更强烈。因此，这些负面的经历和态度直接影响了她对其他机器人或编程相关活动的信心。正如她提到的：我可能会搞砸很多事情，我可能不会喜欢这样，这就像有很多不同的人一样（每个人都有自己擅长的），我可能会感觉很糟糕，因为这些人可能有更多的经验。她们也许比我好得多，然后我可能会退缩，限制自己，这不好。

此外，本研究还提出了替代过程中的建模和建模行为。根据班杜拉（Bandura，1977）的说法，"看到其他人进行威胁性活动而没有产生不良后果，可以让观察者产生期望，认为如果他们加强并坚持努力，他们也会有所改善"（第197页）。在这项研究中，参与者表现出更高的打破性别耻辱的愿望，并提高了他们在追求STEM领域的自我效能感。

因此，在本研究中，自我效能感在很大程度上受到主动掌握经验和替代经验的影响。校外项目的学习经历为提高参与者在不同方面的效能提供了充足的资源。通过替代经验和"比较"信息，学生增强了对自己表现能力的看法。特别是建模方法的应用，它利用女性在STEM中的成功表现来提高女性在STEM中的效能，促进学生的心理变化。

7.4.2 兴趣的形成

从社会认知生涯理论（SCCT）的角度来看，学生的环境直接或间接地暴露于其他人的各种活动中，这有助于他们强化追求某些活动的想法。通过重复的活动参与、模仿和他人的反馈，孩子们对与职业相关的活动和职业产生了喜欢、不喜欢和冷漠的感觉（Lent等，1994）。在兴趣形成过程中，自我效能感被视为兴趣的预测因子；在双向关系中，兴趣是促进自我效能发展的机会，并通过结果预期和自我效能影响职业取向（Lent等，1994；Nugent等，2010）。在这项研究中，大多数女孩对她们以前有过实际或成功经验的学科或职业表现出感兴趣。这表明，各种校内和校外项目的学习经验有助于培养初中和高中女生的兴趣。

在学校，供学生选修的一些课外课程（例如资优课程、国际学士学位课程、预科课程），能够培养他们对某些学科和职业领域的兴趣。例如，一些女孩提到，她们在中学参加语言课后对学习语言（日语和中文）产生了兴趣。一名女孩说：我对语言学很感兴趣，现在，我正在学习日语。所以我有点想以后成为一名教师，教授日语。我考虑过将来可能会教日语，我既可能留在这教日语，也可以去日本教英语。而在校外环境中，学生的兴趣可以通过其他非正式和非正规的学习经历来发展，例如参加学校的运动队、参加社区志愿服务等。

本研究中，参与者兴趣的形成不仅与自我效能感有关，而且受环境因素影响较大。从社会认知理论（SCT）的角度来看，"家庭作为一个具有相互依存关系的多层次社会系统来运作，而不是简单地作为独立运作的成员的集合"（Bandura等，2011，第423页）。家庭作为一个集体环境对女孩的效能和兴趣的发展有着重要的影响。这项研究的许多参与者透露，他们的兴趣受到家庭成员的职业、生活方式和价值观的影响。以Reya为例，她的父亲通过教她新食谱并与她一起练习烹饪来提高她对烹饪的兴趣。兴趣受家庭影响的另一个例子是Amada，她的母亲希望她能照顾家里的其他孩子。正如她所说，"我受到妈妈的影响，想成为一个好母亲和一个好厨师，以及照顾她的孩子，等等"。

此外，研究结果表明，参与者尤其是中学生的兴趣和愿望并不是固定的，而是会在获得更多的经验和可能性后发生变化。正如Rosenthal（2017）提到的，学生在职业规划方面需要更多帮助，因为他们的职业兴趣在大学之前并不稳定。就Reya来说，参加不同的活动帮助她认识到自己真正感兴趣的是什么。虽然她对学习STEM表现出很高的兴趣，但她仍在改变自己的兴趣。正如她所说："我对诸如民权之类的事情产生了新的兴趣。我今年也开始思考我未来工作的问题。但是我不一定会选择与STEM相关的职业，我对工程学还是持保留态度。"因此，学生从各种学习经历中形成了自己的好恶感。自我效能感的提高以及环境因素影响学生兴趣的形成。

7.5　本章小结

这项定性研究的主要目标是通过三个明确定义的研究问题，深入探讨初中女生参与STEM项目的学习经历，以及这些项目对她们自我效能和职业兴趣等的潜在影响。采用嵌入式案例研究方法，本研究将关注参与"宝石"STEM项目的初中女生，以了解她们的经验、感受和成长过程。

在研究方法方面，深度访谈和艺术活动作品被选为主要研究工具，以获取关于参与者学习经历的详细和全面的信息。这种深度探讨有助于揭示和深刻理解学生在STEM项目中所面临的挑战、取得的成就以及对科学、技术、工程、艺术和数学领域的兴趣和态度。艺术活动的引入不仅提供了额外的表达方式，还为研究者提供了观察参与者创造性思维和问题解决能力的机会。数据分析策略遵循了Stake（1995）和Yin（1993）的方法，并比较了具有不同背景的参与者，以深入理解研究中提出的主题和主张。

为了确保研究的道德合规性和可信性，研究者严格遵循专业研究道德和人类受试者保护的准则。在意识到自身的局限性和偏见的同时，特别关注保护未成年参与者的权益。通过采用多元交叉分析，研究致力于最大限度地减少任何潜在危害和风险，以确保研究结论的解释和呈现具有高可信度。这一关注点还有助于提高研究的普适性和可推广性，使其在不同背景和环境中具有更广泛的适用性。

第8章 高中女生STEM领域职业认知和生涯发展研究

在当今科技和创新日益成为全球经济驱动力的时代，尽管STEM领域整体取得了显著进展，但是高中女生的参与率依然偏低。本章将深入分析高中女生在STEM领域的现状及其职业发展的影响因素，并提出切实可行的支持策略，以提升女生在STEM教育中的参与度和成功机会。

8.1 高中女生STEM领域职业认知现状研究

本节通过分析四名高中女生STEM学习的典型案例，探讨阻碍拉丁裔女生参与STEM的障碍，审视高中女生在STEM课程中的参与情况和表现，以全面了解她们在STEM教育中的现状。这些分析不仅有助于揭示当前存在的问题，还将为制定有效的教育策略提供基础。

8.1.1 高中女生STEM职业认知典型案例分析

案例1：拉丁裔女孩Lucia想要成为一名篮球运动员、一名教师和一名机械工程师。正如她所说，"我其实并没有什么职业理想，我只是依靠内心想要成为美国女子职业篮球联盟（WNBA）的一名运动员，或者喜欢成为一名老师。它（所谓职业兴趣）要么是其中之一，要么是诸如此类的东西"。这些职业兴趣主要受到她的内在兴趣和家庭成员的影响。

首先，打篮球是Lucia的个人兴趣。正如她所说，"我梦想的工作是成为WNBA的一名篮球运动员。我最喜欢的球队是马刺队或多伦多猛龙队"。在她的学校，她是少年队的现任篮球运动员，并打算稍后参加高中比赛。在谈到射击能力时，Lucia充满自信，并分享了家人如何将她推向更高的标准。正如她提到的："小时候每当我打篮球时，我的家人都会督促我达到更高的标准。我非常努力，比如练习投三分球。因为我总做不到，我太矮了。我的爸爸，他只是鼓励我说，无论如何你都可以做到，永远不要害怕达不到目标，因为有一天你会做到的。两年后，我提高了三分（实际上可能更多）。与'三分'有关的事情还有一件，去年我一直在这样做（努力锻炼），然后到赛季结束时，第一场比赛和最后一场比赛我在球队锦标赛中得到了三分。"

第二个职业兴趣是受到她妈妈的影响。Lucia家里有四个孩子，她排行老二，上面有一个姐姐，下面有一个妹妹和一个弟弟。她的妈妈实际上没有工作，因为她需要照顾弟弟。但最近，她妈妈正在考虑成为幼儿园和学前班的代课老师。受到妈妈的影响，Lucia希望成为一个能够照顾其他孩子的人。正如她所说，"我受到妈妈的影响，想成为一个好母亲和一个好厨师，以及照顾她的孩子，等等"。在她看来，老师的工作很辛苦，需要花很多精力照顾学生，但也能得到别人的赞赏。当被问及她想成为什么样的老师时，她表示："我只是想，如果我成为一名老师，那么我可以改变这一点（对老师的刻板印象），比如'严格'不是'严苛'，像一个好老师一样去履行职责，而不是一个坏老师。"

对于成为一名机械工程师的兴趣，她受到了来自父亲的影响，他在汽车相关领域工作，后来进入了木工行业。她这样描述她父亲的工作："我父亲以前在油田工作，每当卡盘发生故障或发生其他事情时，他总是会去帮助他们（维修工人）。当他16岁的时候，他找到了一份工作，洗车，后来他开始从事木工工作，也就是建造建筑物之类的。随着年龄的增长，他只是想结交朋友，现在他仍然这样做。"通过学习父亲的经验，Lucia对作为机械工程师修理汽车产生了兴趣。当被问到什么是机械工程师时，她表示机械工程师的工作就是测试机械，就像修车一样。虽然她对机械工程师的定义可能不准确，但她的确对学习汽车零件感兴趣，并对每个零件的工作原理和功能感到好奇。

因为长期在STEM项目中进行学习，Lucia萌发了成为一名机械工程师的愿望。特别是诸如构建EV3机器人和编程机器人之类的活动，她认为在未来的工作中可能会实际用得到。当被问及夏令营中所学可以如何应用于生活时，Lucia提道："参加夏令营帮助我（修理汽车或建造建筑物），就像使用乐高EV3机器人进行编程任务一样，有许多的部件可以连接到机器人上并促使机器人移动，比如树枝、锤子、螺丝刀等等。但它不是乐高EV3机器人，它是一辆汽车。它们看起来工作过程一样，只是使用了不同的工具。"参加"宝石"项目的经验可能有助于她建造东西并了解汽车的每个部分。这也帮助她理解了工程学的概念以及未来成为一名机械工程师。

案例2：在学习过程中，Isabella提到了一项对了解STEM领域女性产生积极影响的活动。暑假期间，一位演讲嘉宾指导所有女孩为STEM领域中著名的女性制作海报。这些著名女性包括巨星科学家凯蒂·鲍曼和第一位非洲裔美国女宇航员吉安·布卢福德。Isabella从她们的故事中吸取经验，改变了自己的想法，并表示女孩也有力量让世界变得不同。她说："她（演讲嘉宾）告诉我们，看！所有这些女性都成功了，所以你们也可以做到。就像改变世界一样，美国女性可以做到，我们这里团队中的每个人都可以做到。'宝石'项目让我们变得更加积极。"

Isabella参加"超级宝石"项目的经历让她对STEM领域的女性有了更深入的了解，这是她在学校里几乎无法获得的视角。她在项目前后透露了她对女科学家的看法。她分享说，通过这个项目，她的看法有了显著的变化。"以前我想到科学家，脑海中总会浮现一个穿白大褂的男性形象。但参加这个项目后，我看到的大多是女性科学家和工程师，虽然也有男性，但他们相对少些。这让我感到新奇，也打破了我从小形成的刻板印象。"

然后，她将在学校学到的知识和从校外项目中获得的信息进行了比较。正如她所说，世界正在发生变化，女性这个角色本身及其参与不同职业的现象已变得相当正常，这真是太好了。她说："这让我们想到了世界上所有不同的文化现象。就像粉色传统上是为女孩设计的，而蓝色是为男孩设计的。这让我想到了其他文化符号的起源，如裙子和高跟鞋。这些认识让我的思维活跃起来，现在我认为，作为一名女性科学家，自豪地从事科学工作是很正常的。正如世界正在变化一样，这也是值得庆祝的变化。"

因此，对于Isabella来说，在一个精心设计和支持的STEM环境中学习，不仅影响了她的行为，还改变了她的个人观点。她对STEM领域的不同学科变得更加开放，对STEM领域中的女性有了更深的了解和认同。

案例3：Elena表达了她对STEM领域女性的观点。她认识到，尽管科学界的女性数量仍然有限，但她们正在获得越来越多的认可。她说："在我成长的过程中，我几乎没有遇到过女科学家，所以之前我从未想过成为科学家，也不觉得女性从事STEM职业会是一件平常事。"此外，Elena也注意到了职业选择时的性别差异。她提道："我不确定我想成为什么，但我弟弟已经决定他要成为建筑师。虽然他比我小，但他的决心很坚定。而通常，人们会期望男孩从事科学相关职业，对女孩的期待则倾向于艺术领域，比如成为芭蕾舞演员。"Elena希望未来能够选择一条能够打破性别和刻板印象界限的职业道路。从她的角度来看，她认为能够探索不同的机会和做不同的事情真的很棒。"我只是想打破性别耻辱，让任何人都可以做他们想做的任何事情。所以，人们不应该对STEM领域的任何女性抱有任何刻板印象。成为一名女科学家真是太好了。"

为了实现这些目标，Elena需要付出更多努力。Elena表示她不太擅长科学和数学，这可能会阻碍她进入STEM职业。正如她所说，"我觉得我擅长科学，我理解科学，但数学对我来说很难。我数学不太好。我仍在学习如何克服它并尝试自己解决问题"。因此，缺乏数学能力可能会阻碍Elena从事STEM相关职业。

案例4：Mariana一直对学习不同的语言和文化感兴趣。在中学时期，她有一位会说并教授多种语言的语言老师。在学习日语的过程中，Mariana萌生了将来当一名翻译或者言语治疗师的想法。她还希望更多地了解不同的人所具有的不同的口音，因为这导致了不同的说话方式。然而，正如Mariana所说，她缺乏练习日语听说技能的资源。她解释说："我很喜欢日语，但我觉得自己在口语方面不够好。我擅长阅读和写作，因为我主要是通过在线课程学习的。在这种学习方式中，我缺少与人直接对话的机会，这让我在口语和听力训练上感到困难。"

通过参加"宝石"项目，Mariana对学习工程和编程产生了兴趣。校外STEM项目不断为她提供资源和机会。根据Lent（1994）的研究，通过重复的活动参与、模仿和他人的反馈，儿童和青少年对与职业相关的活动和职业产生了喜欢、不喜欢和冷漠的感觉。然而，社会环境可能不利于她追求STEM。Mariana发现她的许多朋友对STEM不感兴趣，这可能会影响她个人追求STEM的愿望。正如她所说："我对这个地方（项目）感到非常高兴，我想向我的朋友们展示它。但我猜他们就是不感兴趣。"她所在的高中，没有多少女孩加入机器人俱乐部，这一点令她很失望。她说："我们尝试在高中拥有迷你机器人，但并没有多少女孩愿意这样做。我觉得是因为在戴维森（Mariana所在高中），我们有很多组织，比如俱乐部之类的东西，人们太忙了，或者女孩们太忙了，没有时间去接触任何人。"同时，她也注意到学习科学和编程对许多女孩来说似乎很无聊。她解释说，这些女孩可能会有这样的误解，认为编程似乎与数学有很大关系，而校外STEM项目似乎是另一所学校。她说："我想是因为她们将其（这个项目）视为学校，就像另一所学校一样，而STEM就像一所学校里最糟糕的部分，因为它涉及科学和工程。这对某些女孩来说听起来很无聊，编程看起来就像数学一样。它基本上就像另一所学校。"

此外，Mariana还提到其他人可能有刻板印象，认为追求STEM职业是一件很书呆子的事情。然而，Mariana并不关心别人对她的看法。她说："人们通常喜欢告诉我，天哪，你真是个书呆子。我想，是的，我是。我为此感到自豪，因为就像我在很多组织中那样，大家都喜欢STEM或只是将它作为一种学习目的。老实说，我对此感到自豪。就像我真的（是STEM的从业人员）一样，我希望我能为此做点什么，我并不关心别人对我说什么。"因此，为Mariana提供资源并创造有利的环境，以不断发展她的兴趣并实现长期目标非常重要。

8.1.2 拉丁裔女生参与STEM领域职业的困境

STEM领域的性别差距已经存在了几十年。从历史上看，由于STEM文化中的性别偏见和普遍存在的性别歧视，女性在STEM领域接受教育的机会不平等（Hughes等，2013）。科学、数学和工程领域的职业通常被视为男性职业，不符合人们对女性类型工作的看法（Kager，2015；Michael和Alsup，2016）。近年来，尽管科学和工程领域的女性人数有所增加，但男性人数仍然多于女性，尤其是在这些职业的高层（Michael和Alsup，2016）。在职业兴趣方面，总体而言，女性对STEM学科和职业的兴趣低于男性，尤其是对工程和技术领域的职业（Michael和Alsup，2016）。

然而，班杜拉（Bandura，1991）指出"感知的自我效能有助于对活动进行评估"，并且"通过感知的自我效能而不是实际能力可以更好地预测内在兴趣"（第258页）。Bandura解释了许多女孩对STEM失去兴趣的原因，尽管她们并不缺乏STEM能力。许多女孩不相信自己有能力实现STEM目标，这导致其追求STEM科目的兴趣下降，同时降低的还有她们在STEM职业中的自我效能感（Bandura，1999；Rittmayer和Beier，2008）。因此，了解阻碍拉丁裔女性参与STEM的障碍非常重要，这可能有助于增强她们对STEM的信心、自我效能和兴趣。接下来的部分将展示STEM中女性的刻板印象以及社会经济地位的影响，这些障碍可能会阻止参与者继续学习STEM课程并考虑STEM职业。

（1）STEM领域对女性的刻板印象

这项研究揭示了女孩们在STEM领域的体验，突显了存在的性别偏见和刻板印象对她们的影响。许多女孩在参与STEM项目时感受到了来自同龄人的刻板印象，这些偏见往往源于对STEM领域的女性角色的传统看法。在学校环境中，一些女孩甚至遭遇了对计算机编程和其他科技相关活动的误解，如认为参加夏令营就像去另一所学校一样枯燥。对STEM职业的另一种常见偏见是将其视为只适合"书呆子"的活动。这种刻板印象可能阻碍了更多女孩的参与和兴趣发展，尤其是在她们探索和选择未来职业道路时。一位女孩在表达她对改变这种看法的愿望时说得很好。她希望改变孩子们对科学和技术的看法，让他们认识到，科学不仅仅是枯燥的理论，而是构成我们日常生活基础的知识。她指出，"我们周围的一切都是科学"，从建筑物的构造到植物的生长，都体现了科学的应用。她认为，鉴于我们生活在一个科技和科学高度发展的社会，新一代的孩子们应该对科学和技术有更深的兴趣和理解。开展教育和投入积极干预，可以帮助改变对STEM领域的固有偏见，特别是鼓励更多的女孩积极参与，从而为她们开辟更广阔的未来职业道路。

此外，这项研究的大多数参与者都认识到STEM领域的性别偏见。正如女孩们提到的，成为一名科学家或工程师对于女孩来说可能是一个挑战，对于女性来说，在STEM相关领域达到更高的职位就更难了。女孩们还注意到男女比例不平衡，这可能会导致汽车修理行业的性别偏见。但她想向男孩们证明，女孩和男孩一样有才华，她们能够做和男孩一样的事情，尽管这可能是一件很难的事情。正如她所说：我只是想做我喜欢的事情。也许等我年纪大一些，我会找到一份与汽车相关的工作。如果我可以向人们证明女孩和男孩一样优秀，女孩可以做和男孩一样的事情，也许会有更多的女孩被鼓励加入这个行业。

大多数女孩认为，人们不应该对STEM领域的女性抱有任何刻板印象。为了改变女性在STEM中的处境，Elena想要选择一条能够打破性别、刻板印象和STEM污名的职业道路。从她的角度来看，她相信，"能够探索，嗯，不同的机会和做不同的事情真的很棒"，她说"我只是想打破性别之间的耻辱，让任何人都可以做他们决心做的任何事情。因此，人们不应该对STEM领域的任何女性抱有任何刻板印象"，"成为一名女科学家真是太棒了"。

为了消除人们对STEM领域的误解，许多校外STEM项目专门为女孩设计，旨在积极影响女孩的自我效能和兴趣。在这一点上，所有的女孩都认为，"宝石"项目的学习环境对于未来想要接受高等教育并参与STEM领域的女性来说是一个很好的方式。该项目的教育目的是告诉所有女孩，她们可以在STEM领域取得与男孩相同的成就。正如Lucia所说："我对这个训练营感到非常兴奋，因为它基本上有很多女孩……他们开始举办全女孩训练营真是太好了，因为嗯，他们只是想让女孩有机会做一些她们以前从未真正做过的事情。"

（2）社会经济状况

家庭作为一个集体环境对本研究的参与者有很大的影响。据参与者透露，他们中的大多数人有两个以上的兄弟姐妹，而且他们的父母大多没有大学学位。一些女孩表示，她们有责任在家照顾孩子并成为其他孩子的榜样。一个女孩说，她会想到任何对她的家人有帮助的事情，她还需要并且想要任何可以帮助她或她的家人在未来过上好日子的援助。

这项研究证实了之前的研究，即社会经济地位限制了拉丁裔女性的职业选择并影响了他们的职业发展（Modi等，2012）。研究表明，低收入青少年和受教育程度较低的家庭不太可能参与一系列校外活动（Bouffard等，2006）。父母之前的经历也影响了孩子参加校外项目的方式。

正如本研究所示，许多女孩希望在经济上支持家庭。数据显示，许多女孩考虑是否上大学时主要关心的一个问题就是"获得大学奖学金可以减轻父母的负担"。取得好成绩是获得奖学金和将来进入大学的一个策略。例如，有一位女孩表示她更愿意参加可以提供经济援助的项目。正如她所说，为美国宇航局（NASA）工作是她的选择之一，因为美国宇航局可以为她学习的所有支出提供全额奖学金。然而，她可能很难去她最喜欢的STEM特许高中，因为她的家人没有汽车。另一位女孩则直接表示："我的家庭并不是那么富有，我们没有很多钱，但我会努力工作，我知道我现在的成绩将影响我进入大学时的方式，嗯，我想取得好成绩，这样我就可以进入一所好大学。这样我就不会（花家里很多钱），我的家人就不必担心，因为我知道在一些大学你必须向他们支付一大笔钱才会被录取。我真的不想这样，我想被录取，但不希望我的父母因此花很多钱而负债累累。所以我想尝试在经济上有援助的大学，是的，我想尝试帮助他们（父母）。"

Esabella的例子展示了经济因素在职业选择中的重要性，特别是对于经济上处于不利地位的家庭和社区。尽管大多数受访者表示他们的职业兴趣不完全由经济因素驱动，但获得良好薪资的工作显然是他们考虑的重要因素。这种现实观点反映了对经济安全的普遍需求，尤其是在选择长期职业路径时。Esabella指出，尽管她的父母支持她追求任何职业，他们也希望她选择一个经济上有利的职业道路。她对成为治疗师的兴趣不仅源于帮助人的愿望，也因为治疗师职位通常提供较高的起薪，而且这个工作的稳定性也比较好。她提到，即使初期薪水较低，治疗师的年收入也能达到相对较高的水平（如80000美元左右），这为她提供了一个经济上可行的职业选择。此外，Esabella还强调了选择治疗师职业的其他好处，如工资稳定和职业灵活，这使她能够更好地控制自己的时间，选择理想的生活地点，并可能为更大的公司工作，从而帮助更多的人。这些因素共同作用，使得治疗师成为一个吸引人的职业选择，尤其是对那些希望在经济上有更好的收入、职业稳定的人来说。

通过她的经历和见解，我们可以看到，对于许多像Elisa这样的年轻人来说，经济考虑在职业选择过程中起着至关重要的作用。而对于那些经济处于不利地位的学生，通过校外项目等途径提供对STEM和高收入职业的接触和培训，不仅能帮助他们发展个人兴趣和技能，还能提升他们的经济前景。

8.2　高中女生STEM领域职业发展影响因素研究

影响高中女生在STEM领域职业发展的因素是多方面的，涵盖了个人、环境和行为等多个层面。首先，个性与兴趣在很大程度上决定了高中女生对STEM学科的选择和坚持程度。其次，家庭和学校作为关键环境因素，在高中女生的STEM教育和职业发展中起着至关重要的作用。最后，学习态度和学习行为是决定高中女生在STEM领域能否取得成功的重要因素。本节将详细探讨这些因素，以期为提高女生在STEM领域的参与度和成功率提供有针对性的建议和对策。

8.2.1　个人层面：个性与兴趣的作用

来自五所高中的九名高中女生参加了"超级研究"夏令营。高中三年级和四年级学生是研究中主要关注的人群。根据学生的自报数据，参与者的平均年龄为14.86岁。学生的种族背景包括白人（28.6%）、西班牙裔和拉丁裔（71.4%）。他们大多数在中学时参加过"迷你宝石"夏令营。在训练营的第一天，研究人员通过调查初中/高中学生对STEM的态度来确定她们的职业兴趣。如图8.2-1所示，学生对工程（100%感兴趣）、兽医工作（100%感兴趣）、生物学与动物学（100%感兴趣）兴趣较高，而对数学（71%不感兴趣）、物理（57%不感兴趣）和能源（58%不感兴趣）兴趣较低。而在训练营的最后一天，根据调查，学生主要对工程（78%感兴趣）、生物学与动物学（78%感兴趣）感兴趣。

MEGAGEMS RESEARCH CAMP CAREER INTERESTE (PRE-SURVEY)

◻ very interested ▦ interested ▨ not so interested ■ not at all interested

职业领域	very interested	interested	not so interested	not at all interested
工程（ENGINEERING）	0.43	0.57		
能源（ENERYGY）	0.14	0.29	0.29	0.29
化学（CHEMISTRY）	0.57		0.43	
医学（MEDICAL SCIENCE）	0.57		0.29	0.14
计算机科学（COMPUTER SCIENCE）	0.57		0.14	0.29
地球科学（EARTH SCIENCE）	0.14	0.43	0.29	0.14
数学（MATH）	0.14	0.14	0.57	0.14
兽医工作（VETERINARY WORK）	0.71		0.29	
生物学与动物学（BIOLOGY AND ZOOLOGY）	0.86			0.14
环境工作（ENVIRONMENT WORK）	0.57		0.29	0.14
物理（PHYSICS）	0.14	0.29	0.57	

图8.2-1 职业兴趣调查

在做出职业选择时，学生更有可能在感兴趣的领域追求并取得职业生涯（Nugent等，2010）。许多参与者表示他们对帮助他人的职业感兴趣。文献中也有类似的发现，即女性对能够帮助他人、让世界变得更美好的职业更感兴趣（Clapham等，2015；Sadler等，2012）。

本研究表明，高中生在职业兴趣和追求方面存在性别差异，选择科学技术领域职业的女孩并不多。本研究中的许多女孩意识到STEM领域对女性的性别偏见和刻板印象。其中一位女孩表达了她对性别偏见的看法："在这个领域，性别歧视确实存在，这对我们来说非常不利。虽然我们女性的风格可能与男性不同，而且我们也很挑剔，但我们愿意付出更多努力来达到目标。这是因为存在一种普遍观念，认为男性的表现比女性好，尽管实际上女性在工作中更加努力。我不是说男性不努力，而是这种基于性别的偏见让我们的努力更加艰难。我们尽管努力，但在顶尖层面的机会仍然受限。"

然而，在参加"超级宝石"STEM项目后，许多女孩表示愿意将STEM相关职业作为替代选择。例如，有一位女孩提道："如果我在艺术领域找不到好工作，那么至少我还有其他选择。我可以进入技术领域，我知道这能赚很多钱，而且我知道它真的很好。嗯，他们赚了很多钱，这也是我对它感兴趣的其他原因。所以'宝石'项目对我来说是一种学习的方式，嘿，我有做这件事的经验，或者嗯，或者我从这里学到了一些东西，所以我可以'随身携带'，以防万一我确实进入技术领域而艺术不适合我。"

为了实现职业目标,大多数女孩认识到她们需要在学校保持良好的成绩并在将来获取大学学位。有充分的证据显示,女性在职业兴趣和追求上受到限制,这种限制主要是由于她们对职业所需的定量活动和技能感到不自信。女孩意识到她们在扩大这些兴趣方面面临挑战(例如,性格不适合并且才华不够),她们可能会放弃并转向其他职业目标。例如,Elisa认为她没有足够的能力来照顾动物和在法庭上为客户辩护。由于她有解决他人情感问题的成功经验,她将自己的兴趣从兽医和律师转向了治疗师。正如她提到的:"我意识到我不太擅长争论,因为我往往会变得非常情绪化,开始哭泣、尖叫或反应过度,我不希望这种情况发生,因为这在法庭上真的很糟糕,无论是对客户还是对我自己来说,我最终可能会帮助一个不值得的人。"Elena的案例也有类似的情况,她表示自己不擅长科学和数学,这可能会阻碍她进入STEM职业。因此,能力不足也可能会阻碍女孩追求她们感兴趣的职业。

总之,本节提出参与"宝石"项目对提高女孩在STEM学习和交流中的自我效能感、培养STEM认同感、形成STEM领域的职业兴趣有影响。研究表明,通过合作学习的环境和更多接触榜样可以提高高中生的STEM认同感,而在职业兴趣和追求方面的性别差距使得选择科学技术领域职业的女孩不多。尽管一些女孩对学习STEM产生了兴趣,但与STEM相关的职业也可能只会成为她们的替代选择。当谈到她们的目标时,女孩们指出她们需要付出足够多的努力来支持她们发展职业道路。

8.2.2 环境层面:家庭与学校的协同

环境是影响中学生职业理想的重要因素。学生的环境使他们接触到各种可能与职业相关的行为(Lent等,1994)。来自不同环境的学习经验直接或间接地帮助他们强化了从事某些活动的想法,学生对某种职业及与职业相关的活动产生了自己的好恶感和冷漠感。通过提高他们的效能,学生发展了他们的兴趣。在兴趣增长的过程中,人们也会萌生更多了解相关活动的意图或目标。个人因素、行为模式和环境事件在增强个人的自我效能、形成兴趣和制定未来计划方面发挥着重要作用（Bandura，2001）。值得注意的是，很大一部分初中生和高中生没有稳定的兴趣和志向。有必要为学生提供更有价值的学习经历，为他们发展兴趣、支持职业发展提供更多可能。Lent（1994）将职业兴趣定义为"与职业相关的活动和职业的喜欢、不喜欢和冷漠的模式"（第88页）。职业兴趣反映在"我想这样做吗？为什么？"这个问题上。

（1）社会对STEM领域女性参与者刻板印象

Lucia分享了她意识到的女性在汽车修理行业工作时面临的两大挑战。她提到的第一个挑战是性别比例失衡，这可能会导致汽车修理行业的性别偏见。她举例说，"每次去修车，比如轮胎漏气，我和妈妈通常会去普莱森顿的修理店。在那里，我总能看到男性工作人员在忙碌，而女孩却很少见"。面对这种失衡，她想证明女生和男生一样有能力，尽管这并不容易。她说："我只是想做我喜欢的事情。也许等我年纪大一些，我能找到一份与汽车相关的工作。如果我能向人们证明女孩和男孩一样出色，那么更多女孩也许会被鼓励加入这个行业。"她注意到的第二个挑战是男性主导行业的刻板印象。正如她所说："我觉得人们确实认为我会很奇怪或者其他什么，因为我喜欢和所有这些人一起工作。我是那里唯一的女孩……基本上是说，男人就像在展示他们比女性更强大。"面对这两个挑战，Lucia保持着乐观的态度，她说："我并不总是在想消极的事情，我更多的是积极的想法，而不是消极的想法。"Lucia表示，"宝石"STEM项目为女孩提供了进行不同实践练习的机会，也许能够证明女孩可以像男孩一样做与STEM相关的工作。正如她所说："我对这个项目感到非常兴奋，因为基本上有很多女孩。他们开始举办全女孩训练营真是太好了，因为嗯，他们只是想让女孩有机会做一些她们以前从未真正做过的事情。"

（2）家庭—社区对个人职业兴趣的影响

在以上的案例中，大多数参与者表示他们希望改变他们的社会环境，例如社区、学校和邻居。他们想改变别人对他们所在地区和学校的看法。女孩们认为，人们对她们周围环境和学校的歧视性言论令她们烦恼和困惑，这让她们更加关心和注意到自己的处境。

家庭影响作为社会环境的重要组成部分，也影响着女孩的职业兴趣。Bandura（2001）认为，父母对孩子学业发展的影响已被广泛研究，但父母如何影响孩子的职业发展却很少受到关注。本研究的结果展示了家庭成员如何影响拉丁裔学生的职业选择。研究表明，家庭成员主要通过职业选择信息和自我效能评价来影响孩子。

一方面，家庭成员提供了有关职业选择的信息，并提出了他们对特定职业的看法。Lucia对成为一名机械工程师的兴趣就受到了她父亲的影响，因为他的父亲曾经从事与汽车领域相关的工作后来又进入木工行业。通过学习父亲的经验，Lucia对作为机械工程师修理汽车产生了兴趣。

另一方面，家人对孩子从事某一职业的积极评价也影响他们的职业兴趣与选择。大多数女孩的家庭都支持她们发展兴趣，这可能有助于女孩选择自己感兴趣的职业。多位女孩提到，她们的家人总是鼓励她们做她们认为最好的事情，并帮助她们找到新的学习方式。朋友们也激励她们寻找更多机会并为STEM职业做好准备，因为他们中的许多人开始在大学实习并申请研究项目。所有这些外部因素都推动她采取正确的步骤来实现她的目标。由此可见，家庭和周围人对于高中生职业兴趣的培养有着重要的影响。在制定职业目标的过程中，家庭的支持是不可或缺的因素。

8.2.3　行为层面：学习态度与学习行为分析

研究结果显示，参加校外STEM教育项目促进了学生的STEM学习，并有助于培养学生学习STEM的兴趣。该项目为女孩们创造了一个有趣的环境，让她们学习各种STEM相关概念，如机器人、编程、平面设计。女孩们从"超级宝石"项目中学到的知识可以应用于她们的深造和未来的职业生涯。对于初中生来说，她们提高了数学成绩，并可以运用知识来帮助他人。对于高中女生来说，该项目的参与经历可以帮助她们熟悉大学环境。此外，这些学习经历促使女孩们参加更多的STEM活动，并在学校参加额外的STEM相关课程。如图8.2-2所示，一名女孩描述了STEM项目如何影响她的职业兴趣。她说："在过去的两年里，我在项目中遇到了许多对我有帮助的人，并学习了大量的工程知识。现在我在学校里学习Python编程。我想用Python在计算机上创造东西，像使用编程语言那样。因为工程师总是在创造，所以我希望成为一名工程师，并继续从事这一行。"

图8.2-2　STEM项目和职业兴趣

　　校外STEM项目中不同人员（例如演讲嘉宾、访客和营地辅导员）的演讲拓宽了参与者学习STEM概念的渠道，并使她们的职业选择更具开放性。如图8.2-3所示，参加高中项目的女生们绘制了所有工作人员的漫画头像。女生们表示，在校期间，她们通常没有机会与这些人交谈。大多数参与者表示，演讲为她们展示了她们从未研究过的有用信息（例如职业、丰富活动），并为她们形成职业兴趣提供了更广泛的想法。这次演讲对于正在形成自己的兴趣并期待更多指导的中学生尤其有益。例如，一位女孩提到她在过去三年的经历中感触最深的一件事是听一位演讲嘉宾的演讲。她说："我认为当她谈到航空航天或类似的东西时，她正在展示他们所做的事情以及即将发生的事情……这非常有趣，因为它是基于类似的空间。所以我喜欢他们的演讲，他们做得越来越好。就像我对学校周围进行巡回演出和获取奖学金时刻的喜欢一样，那都很酷。"

图8.2-3　工作人员画像

8.3　高中女生STEM领域职业认知和生涯发展干预研究

提高STEM劳动力是美国在全球经济竞争中的主要目标。有关劳动力调查的研究表明，大多数STEM职位是计算机科学、数学、工程和技术等领域的专业职位。从2014年到2024年，计算机、工程师和数学科学是所有STEM职业中就业增长最快的职业。随着技术的快速发展，未来人们将看到越来越多的自动化系统应用于各种任务。这种技术变革要求学生必须适应现代和未来的技术挑战，以便在未来社会中成功地找到自己的位置。因此，教育体系和政策制定者需要确保教育课程能够适应这些变化，为学生提供必要的技能和知识，使他们能在这些领域中获得竞争优势。此外，鼓励学生进入STEM领域，尤其是提高女性和少数族裔对STEM的参与度，是实现劳动力多样性和创新的重要策略。

学生对提高STEM学习和参与相关项目的渴望推动了许多校外STEM项目的创建和发展。这些项目的目标是增加STEM领域的学生申请大学学位的数量。在暑假期间（六月至八月），许多STEM强化项目为小学、中学和高等教育阶段的学生提供学习和实践的机会。机器人技术和编程正在变得越来越流行，并被认为是校对STEM项目中整合不同学科的创新途径，尽管每个项目都有自己的课程特点和优势。价格实惠的乐高Mindstorms机器人被广泛采用，这些机器人项目中有编程培训。目前在得克萨斯州南部的校外项目使用多种编程平台来教授正式编程语言、基于文本和块编码以及动画、游戏设计和机器人。

尽管许多公共和私人机构提供非正式和正式的编程培训，但教育工作者如何在校外环境中教授编程仍然是一个重大问题。数据、指令和语法是学生需要学习的三个主要要素。这三个要素所涵盖的知识要点有语言词汇的概念、控制结构、过程和变量以及数据类型。然而，从教学的角度来看，编程教学可能面临来自技术问题或动机问题的挑战。编程教育应该遵循有效的教学顺序，为学生提供易于理解的语言，并选择多种问题来解决。因此，需要更多的教育工作者使用多样化的教学方法，让高中阶段的学生学习编程。

本研究采用"基于项目的学习（PBL）"作为教学法，因为许多研究表明"基于项目的学习"教学法对学生的学习有积极的影响。例如，研究表明，学生对用现实世界的解决方案探索STEM概念表现出更高的热情，并在STEM领域表现出更高的自我效能感。"基于项目的学习"还有利于为学生提供更多的实践机会，帮助学生将内容与现实世界联系起来。

在对各种编程语言（例如C、C++、MATLAB、Java）的流行度和实用性进行全面调查后，本研究选择Python来向高中女生介绍基本编程概念。根据调查和网络排名，Python始终名列最流行的编程语言之列。此外，Python支持多种不同的编程范例。学生可以使用Python来完成简单和复杂的任务，而Java不允许学生从简单的表达式和语句开始。此外，Python已被应用于世界各地的高中、学院和一流大学的课程中。对于现实生活中的应用，Python在游戏、Web框架和应用程序、语言开发、原型设计、图形设计应用程序和人工智能等各个新兴行业都有多样化的应用。

8.3.1 干预课程设计

研究人员设计了五个基于游戏的项目。每个项目都涵盖了编程的基本概念，并使用PythonI DE环境来练习这些概念。学生们在圣道大学（UIW）的计算机实验室进行练习，每个班级的每个人都有一台计算机可以使用。教师首先提出概念并执行不同的语法来实现目标。学生们不仅得到了老师的帮助，还向小组中的其他女孩学习。老师们检查学生是否正确地完成了作业，并向全班纠正了作业中最容易出现的错误。以下是每个项目的描述。

项目一：该项目旨在介绍Python中整数、浮点数、字符串、布尔值和海龟图形的概念。学生开始学习Python中的基本图形组件。一旦他们熟悉了这些概念，他们就被要求画出GEMS阵营标志的简化版本。通过完成这个游戏，学生将能够探索Python中的各种图形元素，特别是学习海龟图形来绘制各种形状（图8.3-1）。

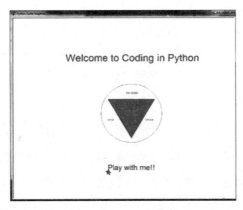

图8.3-1　项目一："营地标志"

项目二：该项目是项目一的升级版本。学生应用他们从上一个项目中学到的概念和元素单独编写一个新程序。该项目的目的是使用基于文本的编程来移动乌龟并设计一件T恤（图8.3-2）。

图8.3-2　项目二："设计你的T恤"

项目三：该项目旨在教授随机数生成的概念。学生首先学习数组和循环的概念。然后，他们练习如何创建算法或伪代码。该项目的目的是使用随机数生成函数设计伪代码（图8.3-3）。

```
Please enter your guess: 56
Your guess is too low 155
>>>
======= RESTART: C:\Users\Srikanth\Desktop\pygames\guessthe number.py =======
Guess my number between 1 & 201: 55
Your guess is too low and thre number is 179
>>>
======= RESTART: C:\Users\Srikanth\Desktop\pygames\guessthe number.py =======
Guess my number between 1 & 201: 200
Your guess is too high and the number is 75
>>>
======= RESTART: C:\Users\Srikanth\Desktop\pygames\guessthe number.py =======
Guess my number between 1 & 201: 88
Your guess is too high and the number is 47
```

图 8.3-3　项目三："猜猜看！"

项目四：该项目旨在教学生如何创建、读取内容以及将内容写入文本文件。它还具有演示如何在Python中显示Windows概念的目的。通过完成该项目，学生可以根据自己感兴趣的主题创建一个问答游戏小程序，并通过玩该游戏来学习这些主题的内容。例如，我们制作了一个学习美国每个州首府的游戏。然后，学生们制作了一个问答游戏来学习如何在Python中创建函数（图8.3-4）。

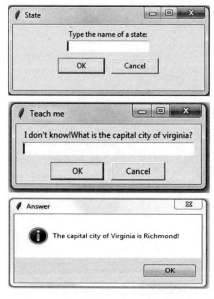

图 8.3-4　项目四："做一个测验"

项目五：该项目旨在综合上述项目中教授的所有要素。学生可以在贪吃蛇游戏中添加开始按钮、重新启动按钮、计分、计时器，以及添加玩家角色功能等（图8.3-5）。

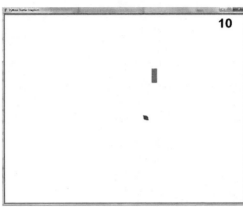

图8.3-5 项目五："和蛇一起玩"

8.3.2 干预评估

本研究采用访谈和问卷调查的方式探究参与者对编程的看法，并考察Python编程课程对参与者编程态度的影响。研究人员将STELAR的计算思维调查修改为七项调查。前测和后测分别在项目第一天和最后一天进行。调查问题由李克特量表组成（1="强烈不同意"，2="不同意"，3="中立"，4="同意"，5="强烈同意"）。使用SPSS 24软件包进行统计分析。前测 $[x2（21）=89.91$，$p<.001]$ 和后测 $[x2（21）=70.80$，$p<.001]$ 有充分的拟合。如表8.3-1所示，大多数因子载荷都很大（>.60）。计算出的每个问题的克伦巴赫 α 系数均超过0.60。总而言之，这些结果表明调查具有足够的信度和效度。

表8.3-1 因子分析及信度检验结果

	因子载荷		A	
	前	后	前	后
计算机科学态度			.86	.84
Q1.计算机知识将使我能够做得更好	.76	.77		

	因子载荷		A	
	前	后	前	后
Q2.我可以通过使用计算机应用程序解决问题	.48	.49		
Q3.我希望在未来的工作中使用计算机应用程序	.81	.80		
Q4.我认为编程有助于解决计算机问题	.72	.73		
Q5.我希望在未来的课程中使用计算机应用程序	.81	.68		
Q6.我希望我未来的职业生涯需要使用计算概念	.92	.82		
Q7.我认为计算机科学和解决问题很有趣	.75	.73		

此外，在第二周的最后一天，学生们参加了持续约10分钟的半结构化面试。面试的目的是探索学生在夏令营中的编程学习经历和感受如何影响他们对编程的态度。表8.3-2列出了访谈问题。

表8.3-2 访谈协议

第一周结束	问题
1.在你看来什么是编程？	
2.这次训练营是否给了你更多关于编程和计算的想法？请举例说明。	
3.举一个您感兴趣的未来职业的例子。	
第二周结束	问题
1.您对编程有何看法？	
2.您在夏令营中学到的东西是否可以应用于您的学校学习和未来的职业？	
3.举例说明您在体验"宝石"项目后对未来的职业更感兴趣吗？	

8.3.3 干预结果

为了确定编程学习是否对学生的职业认知有帮助，研究使用了描述性分析。如表8.3-3所示，除问题3（Q3）和问题5（Q5）外，大多数参与者在后测中的平均得分高于同一参与者在前测中的平均得分。调查前和调查后参与者平均分的差异范围为−0.44至0.07，标准差为0.75至1.07。平均分差异最大的是问题7（Q7），平均分差异最小的是问题3（Q3）。

为了回答STEM项目是否影响了高中女生对CS编程态度这一问题，研究使用了配对样本t检验。表8.3-3显示，问题7（Q7）"我认为计算机科学和问题解决很有趣"的前后测结果为显著增加［t（26）=−2.37，p<.05］，这表明学生对计算机科学和解决问题的兴趣更高了。然而，其他问题没有统计学上的显著差异。

表8.3-3 配对样本t检验的结果

	平均分		平均分差	标准差	t	df
	前	后				
对Q1	3.74	3.85	−.11	.75	−.77	26
配对Q2	3.40	3.52	−.12	.88	−.68	24
配对Q3	3.44	3.41	.03	.90	.21	26
对Q4	3.78	4.07	−.29	.87	−1.77	26
对Q5	3.70	3.63	.07	1.07	.36	26
对Q6	2.64	2.80	−.16	.85	−.94	24
*对Q7	3.00	3.44	−.44	.97	−2.37	26

备注：*p<.05（双尾检验）。

为了探讨高中女生对编程的看法，研究人员采用比较分析的方法对访谈数据进行了分析。研究人员逐行编码，并将代码分为三个新兴主题：学生对编程的看法，编程课程的评估，编程课程对学生学习的影响。在报告调查结果时，当提及至少10个样本中常见的新发现时，通常会使用"大多数""参与者""女孩"等术语。术语"一些"和"几个"指的是4—6个参与者的相应特征。当3个或更少的参与者的反应很常见时，使用"少数"一词。

（1）学生对CS编程和职业的看法

大多数参与者提到编程很有用，并且在未来的工作和生活会运用得到。

女孩们提到世界正在通过技术发展。因此，编程不仅仅是制作一个简单的游戏和创建一个基本的程序来娱乐，相反，编程语言引导计算机完成任务，这可能对人们的生活产生巨大影响。先进技术可以让世界变得更美好、更高效。例如，一位女孩表示，"编程的目的是让人们知道可以有不同的方式来解决问题，比如用电脑、用你的思维"。

一些参与者表达了他们对计算机编程职业的看法。对于那些分享对未来职业的想法的人来说，他们并不认为成为一名程序员或在CS领域找到工作适合他们。他们表示，必备的编程技能可能是他们进入计算机科学领域的敲门砖。然而，他们表示对自己的能力没有信心，需要提高编程技能。虽然学习编程很有趣，但这与他们以后的发展道路无关。计算机编程对他们来说可能是一种爱好或另一种职业选择。例如，一位女孩提到，"我更感兴趣的是该项目是否涉及医疗领域。我家从事医学领域的人比较多。医疗相关职业很受欢迎"。

（2）编程课程的评估

访谈结果表明，编程课程营造了一个迷人、有趣的学习环境，有效拓展了学生以往的编程知识。一位参与者提到，"我从来不喜欢这类项目。但我对Python确实很感兴趣。这对我来说很有趣"。值得注意的是，这项研究的大多数参与者都有过编程经验。她们带着对STEM领域，尤其是技术和工程的浓厚兴趣来到了营地。在这种情况下，不少参与者表示对编程越来越感兴趣。经过两周的训练营，大部分学员对Python有了进一步的了解。例如，一位女孩表示，"我以前有过一些编程经验，现在它（"宝石"项目）扩展了我的编程知识"。同样的，另一位女孩表示，"我以前学过游戏，但不知道游戏有这么多类型。我学了编程，但我不知道，这也可以这么有趣"。

尽管很多参与者有编程经验，但他们仍然表示学习Python编程比他们之前想象的更难、更复杂。两个女孩透露编程很无聊而且重复。一个女孩表示，"以前我没有任何耐心，但这个训练营帮助我学会了编程的耐心"。大多数女孩认为学习过程很艰难，但很有收获。经过多次练习，他们对语法更加熟悉了。一位参与者提道："我可以看到我在编码上投入了多少时间、工作和精力，也可以看到努力的结果。"

（3）编程课程对学生学习的影响

许多参与者透露，编程需要大量的创造力。在学习的过程中，学生解决问题的能力得到了发展。一个女孩表示："编程有助于解决问题，更有效地创造新事物。"

参与者创造力的第一个方面是，弄清楚如何使用代码来解决任务。编程课上的老师通常会介绍不同的编码方法。学生比较每种方法并选择最佳代码。创造力的第二个方面是，学生可以自由选择不同的物品来创建自己的游戏。例如，一个女孩提到，她觉得自定义游戏中的图案、背景和颜色很酷。创造力的第三个方面是，能够编写代码并在未来应用。正如学生们所言，每个游戏背后的基本概念和函数（如循环语句）对于将它们应用到其他场景中很有用。

这项研究的结果证实，之前通过技术教授概念的研究可以激发学生的学习热情，因为这对她们来说是参与STEM课程的一种有趣的方式。为K-12级别（从幼儿园到12年级的基础教育）的学生提供编程实践活动有利于培养他们解决问题的技能，从而有助于他们将知识转移到不同的学科。因此，这项研究表明，在校外环境中教授编程时，通过整合现代技术并使学习环境变得更有趣来激励学生非常重要。

这项研究揭示了高中女生对编程和计算机科学相关职业的看法。高中女生相信编程在未来会有用，但学习过程很困难。对于一些女孩来说，学习编程很无聊。对于一些参与者来说，成为一名程序员或从事计算机科学职业并不适合自己。参与者表示，为了在CS编程领域取得成功，他们需要获得更多的实践机会，并花更多的时间在编程上。这一发现与之前一些关于儿童程序员的研究类似。一方面，当女孩和男孩对计算机编程有相似的经验和兴趣时，很少有女孩选择编程。另一方面，学生编程能力的高低与其之前的编程经验和花在编程上的时间有关。由此看来，增加高中女生参与计算机科学的关键因素之一可能是提供更多的学习机会并将实践与现实世界的应用联系起来。

8.4　高中女生STEM领域职业认知和生涯发展的支持策略

在STEM教育中，为了更好地促进高中女生的技能和职业发展，需要制定并实施一系列有效的支持策略。这些策略应包括政府的政策支持、学校的课程设置和教学方法的创新，以及企业和社区的合作与参与，通过多方面的努力，为女生提供丰富的学习资源和实践机会，增强她们在STEM领域的兴趣和自信，最终帮助她们在学术和职业上取得更大的成就。

首先在政策方面，为了更好地促进高中女生的技能和职业发展，需要制定并实施一系列有效的支持策略。这些策略应包括政府、学校、企业和社区等多个层面的综合措施，通过政策支持、创新教学方法、课外活动、导师制和成功案例的分享，为女生提供全面的支持和激励，帮助她们在STEM领域取得长足的进步和发展。

政府层面的政策支持对于促进女生参与STEM教育至关重要。政府应制定和实施专门针对女性的STEM教育政策，如提供专项资金、奖学金和补助金。这些资金可以用来支持学校开展针对女生的STEM项目，提供必要的资源和设备。此外，政府可以设立激励机制，鼓励更多女生参与STEM课程和项目，例如设立奖学金计划，奖励在STEM领域表现优秀的女生。

学校层面的政策应确保女生在STEM教育中的平等机会。学校应制定明确的政策，鼓励和支持女生参与STEM课程。例如，可以设置女性专属的STEM课程或俱乐部，提供一个鼓励女生相互学习和支持的平台。同时，学校可以安排女性导师和榜样，帮助女生在STEM学习和职业规划中获得指导和支持。

企业和社区的支持也是关键因素。企业和社区可以通过合作项目、实习机会和职业发展计划，支持女生在STEM领域的发展。企业可以与学校合作，提供实习和实践机会，让女生在真实的工作环境中应用所学知识，并积累实际经验。社区组织可以举办STEM相关的活动和工作坊，增加女生对STEM领域的了解和兴趣。

在教育实践方面，采用创新的教学方法是提升女生在STEM领域兴趣和参与度的有效途径。互动式和实践导向的教学方法，如项目式学习、探究式学习和跨学科整合，可以激发女生的好奇心和创造力。通过实际动手操作和团队合作，女生能够更好地理解和掌握STEM知识。

课外活动和项目也是重要的补充。学校可以组织和参与各类STEM竞赛、科学展览、实验室实践和科技夏令营，为女生提供更多动手实践和展示才华的机会。这些活动不仅能提升女生的实践能力，还能增强她们的自信心和成就感。

导师制和辅导计划是另一个有效的支持策略。学校可以建立导师制，安排在STEM领域有经验的教师或专业人士指导女生。这些导师可以提供学习和职业发展的建议，帮助女生克服学习中的困难，并激励她们在STEM领域追求更高的成就。

成功的STEM教育项目可以为其他学校和组织提供宝贵的经验和借鉴。T-STEM是"Texas Science，Technology，Engineering，and Mathematics"的缩写，是得克萨斯州专门设计的一项教育倡议，旨在通过强化科学、技术、工程和数学领域的课程，培养学生的创新能力和实践技能。T-STEM学校和项目采用项目式学习方法，引导学生通过实际项目和问题解决来学习课程，培养其实践能力和团队合作精神。学校与当地企业、大学和社区组织合作，为学生提供实习机会、导师指导和职业发展支持。创新教学方法包括探究式学习、实验室实践和跨学科整合，以增强学生对STEM的兴趣和理解。此外，T-STEM项目注重职业准备，主张通过提供职业规划指导和就业技能培训，帮助学生在未来的STEM职业中取得成功。通过这些措施，T-STEM致力于提高教育公平，特别是为传统上在STEM领域代表性不足的群体提供更多机会和支持，从而提升学生的学业成绩并培养他们的创新能力和实际操作技能，为未来的职业生涯打下坚实基础。面向高中生的T-STEM就是一个成功案例。该项目通过设置专门的STEM课程和实验室，组织女生参与各类科学实验和技术项目，大大提高了女生在STEM领域的兴趣和参与度。通过项目的实施，许多女生在科学竞赛中取得了优异成绩，并成功进入知名大学的STEM专业。

另一个成功案例是"女性工程师计划"。该计划不仅提供了丰富的课程资源和实践机会，还安排了女性导师和职业发展指导，帮助女生在工程领域取得成功。通过这一计划，许多女生在工程领域找到了理想的工作，并在职业发展中不断进步。

此外，"STEM实习项目"也是一个值得借鉴的案例。该项目通过与学校合作，为高中女生提供在公司实习的机会。实习过程中，女生不仅能将课堂上学到的知识应用于实际工作，还能从公司员工那里获得宝贵的职业建议和指导。这个项目帮助许多女生更好地理解STEM职业的实际情况，并为她们未来的职业选择提供了有力支持。

通过这些政策建议、教育实践和成功案例的综合应用，可以全面推动高中女生在STEM领域的成长和进步。这些策略不仅能提升女生的技能和自信心，还能为她们的职业发展提供坚实的基础和更多的机会。

8.5 本章小结

这一研究深度探讨了STEM教育在高中女生，尤其是拉丁裔女生的专业技能和职业发展中所扮演的关键角色。通过采用精细入微的研究方法，包括案例解读、因素分析和干预研究，我们深刻地理解了STEM领域对拉丁裔女性职业兴趣塑造的多层次和多面向影响。

在拉丁裔女生STEM职业兴趣的案例解读中，我们不仅仅通过深度访谈，还通过引入艺术活动，创造了一个更为丰富、立体的数据收集环境。这为我们深刻理解"宝石"STEM项目如何激发高中女生的学习热情，进而对她们在STEM领域的职业兴趣产生积极影响提供了重要数据条件。这样的翔实案例为后续的因素分析提供了坚实的基础。在因素分析中，我们深入挖掘了影响拉丁裔女生STEM职业兴趣的各种因素。从个人层面的因素到社会和环境层面的影响，我们全面考察了社会刻板印象、家庭—社区背景以及校外STEM教育经历的作用。这样的深入分析揭示了STEM领域女性职业兴趣的多维复杂性，为制定更为精准的教育策略提供了深刻见解。

在第三部分，我们将焦点转向了拉丁裔女性在编程领域的职业认知，并通过干预研究展示了改善职业认知的可行途径。通过设计针对性的编程课程，我们不仅提供了有力的教育工具，更通过详细的干预评估和结果分析，确立了这一策略的实际有效性，为未来STEM教育的发展提供了实质性的建议。

最后，我们探讨了阻碍拉丁裔女性参与STEM领域的障碍，并提出了针对性的对策，旨在促进STEM教育的公平性和包容性。对STEM领域女性的刻板印象和社会经济状况的深入研究为我们指明了问题的源头，而通过改变刻板印象、提供平等机会以及创造支持性的社会和家庭环境，我们为实现STEM教育的公平和包容性提供了切实可行的行动方案。

总体而言，第8章的研究突显了STEM教育在塑造高中女生特别是拉丁裔高中女生的职业发展道路上的关键作用。通过全面分析，我们为未来STEM教育的发展提供了深刻见解，为教育实践和政策制定提供了有力的指导。

第四篇章

教育启示篇

该篇章聚焦于研究STEM教育的未来发展趋势以及对不同教育领域的提炼，并总结出对我国STEM教育发展的启示。首先，重点关注STEM教育的未来发展趋势。通过对未来科技和社会发展的预测，勾勒出STEM教育在未来扮演的角色和肩负的任务。深入分析未来STEM教育的发展方向，探讨如何融合新技术、新教育理念和新课程设计，促进学生全面发展和创新能力的培养。其次，提炼美国早期STEM教育和中学阶段校外教育的经验。通过对美国在早期STEM教育和中学校外教育方面的实践经验进行深入研究，发现其中的优秀模式和有效方法。分析这些经验在STEM教育中的意义和启示，为我国的教育改革和创新提供宝贵的借鉴和启示。最后，总结对我国STEM教育发展的启示。通过对前述未来发展趋势和经验提炼进行综合归纳，得出对我国STEM教育发展的重要启示，包括课程设计、教学方法、师资培养、校外教育等多个方面，为我国STEM教育的未来发展方向和策略提供明确的指导和支持。透过对启示篇章内容的深入研究和探讨，可以更全面地理解STEM教育的未来发展趋势，以及对我国教育的深远启示，为我国STEM教育改革和创新提供有益的借鉴和指导。

第9章 未来已至：美国K-12 STEM 教育经验与启示

9.1 未来已至：新一轮科技革命驱动STEM教育发展

人工智能等颠覆性技术正引领全球新一轮科技革命，深刻影响人类的生产、生活和思维方式，促进产业和社会变革，带领人类进入智能时代。科学革命是人类对世界客观规律认识的重大飞跃，它改变了科学观念、科学模式和研究方式，实质上是科学理论体系的重构和科学思维的深层次变革，将人类对客观世界的认识提升到新的高度。技术革命则是改变人们改造世界方式的根本性变革，引发社会生产力的大发展并推动生产关系的变革。科技革命融合科学与技术革命，推动科技范式、思维方式以及生产和生活方式的革命性转变。历史上，每次科技革命都有力推动了产业的进步。蒸汽机等的发明和改进驱动了机器替代手工工具，工厂成为新的组织方式，带来了以"机械化"为特征的第一次工业革命；伴随着电力的规模化使用，冶金和合金的发展，开始出现流水线生产方式，以"电气化"为特征的第二次工业革命来临；随着计算机、微电子、航天技术的发展，一大批新型工业出现，第三产业迅速发展，迎来以"自动化"为特色的第三次工业革命。近年来，大数据、生物技术、新材料技术、量子信息、人工智能等领域交叉融合，新兴重大颠覆性技术呈现出新的发展浪潮，即"新一轮科技革命"，并带来了以"智能化"为特征的第四次工业革命，为人类社会发展带来新的机遇，得到了各界的广泛关注。

科技革命与教育变革紧密相连，两者互相渗透并呈现融合发展的趋势。《中国教育现代化2035》中将加速信息化时代的教育变革列为战略重点，显示了信息技术对教育的深远影响。此外,提高全民数字素养和技能成为应对数字时代挑战、提升国民整体素质并促进人的全面发展的关键。这不仅反映了教育与科技的融合,也是推动教育创新和发展的关键因素。

在科技、社会和教育的互相作用下,未来人们工作生活需要的核心素养也会随着技术发展发生一系列变化,而学习的内容和方式也将随之变化,并呈现出一定的趋势。由于工作需求和职业在不断变化,从业人员需要具备适合的技能组合才能成功过渡并驾驭未来的数字化工作世界,获得成长和成功。这要求教育教学人员充分意识到这种变化趋势,并采取措施从教育教学的多个维度设计和规划,帮助学习者做好在未来胜任工作、学习和生活的准备。OECD(2019)提出了面向2030年的未来学习框架,以及一系列能够培养学生塑造未来的"变革性素养",包含"创造价值""调解矛盾和困境"和"承担责任"。围绕上述核心素养,学生还需要具备特定的知识、技能、态度与价值观,比如学科的、跨学科的、经验的和程序的知识,有关认知、元认知、社交和情感、身体活动和实践的技能,以及有关个人、地方、社会和全球的态度与价值观。为了培养这些素养以及关联的知识、技能、态度与价值观,需要分析新技术对教育带来的影响,找到教育变革的设计原则,应对教育面临的挑战。

9.2 美国STEM教育发展机制解析

美国STEM教育的演变与其社会经济背景紧密相连,每个发展阶段都具有独特的动因和内容特点。这一教育形式的实施和演变受到外部推动力量和内部发展力量的共同作用,其中外部推动力量包括多方利益主体的争取,而内部力量则侧重于素养的自主培养。STEM教育的核心内容包括工程学和基于标准的课程整合,其从基本概念到具体课程的转化显示了内容机制的发展。实施机制上,STEM教育从分散的试点项目逐步过渡到国家、地方及学校三级的统一课程策略。

9.2.1 动因机制：从外部因素向内部自主转变的动力源

为满足21世纪的人才培养需求，在政府、专业团体和工商业者的共同努力下，美国的STEM教育快速发展。STEM教育由政府、学术界和市场之间的持续价值冲突和力量斗争塑造而成。相比其他推动力量，STEM教育发展大致经历了从外部推动到内部自主转变的过程。STEM教育思想萌芽的主要动力是学校课程改革，而学校课程改革的动力是适应市场人才需求和政府解决社会问题的需求。在这个过程中，自主发展力量与外部推动力量逐渐平衡，形成了STEM教育发展的基础。

为了满足市场人才需求，学校课程改革与产业结构调整密切相关，经历了从科教精英倡导整合式科学课程到标准化运动的发展，再到基于标准的STEM课程成为主流的过程。一方面，20世纪80年代开始，美国的国内制造业转移到国外，导致其国内产业结构倾斜。同时，科学教育改革要求以生活主题的科学领域课程满足技能型人才需求。另一方面，第三产业的快速发展导致美国的STEM教育过度集中在生活领域，忽略了工程教育。在这种情况下，美国的学校教育难以适应新世纪经济发展和国际竞争，这导致对课程标准化的批评。随着制造业对经济发展的重要影响被美国社会重新认识，工程教育重新成为焦点和学校课程改革的重点。显而易见，为了确保制造业复苏后的劳动力供应，各方开始全力支持STEM教育的发展。为了实现这一目标，从高等教育到基础教育，美国的全学段课程改革需要大量资金。这一变化是市场人才的需求，以及政府、民间组织和其他组织的共同努力的结果。尽管如此，它也证明了STEM课程改革缺乏前瞻性回应，无法满足社会发展需求。

美国在全球化过程中曾享受到人才和资本的红利，但随着新兴经济体的崛起，其国际竞争力逐渐显现疲态。特别是2006—2007年的次贷危机对美国经济造成了重创，引发社会冲突。为应对这些挑战，奥巴马政府提出再工业化计划和STEM教育改革，旨在保持美国的国际竞争优势。这些改革计划通过推动制造业回归和学校课程的改革，解决了一系列社会问题。美国联邦政府视STEM教育为一项社会和制造业的"风险投资"，并在相关报告中预测未来将面临数百万STEM人才的缺口。美国政府呼吁社会各界支持STEM教育，以重塑公众对教育和未来社会的信心，并通过增加STEM劳动力吸引更多离岸人才，为再工业化做准备。不论如何，制造业的真正回归才是解决人才缺口的关键。因此，美国联邦政府推动STEM教育不仅是为了满足市场对人才的需求，也是维护社会稳定的策略。

然而，解决这种社会冲突的方法的限制在于，再工业化战略与STEM教育必须紧密结合才能实现理想的结果，任何一个环节的失败都将导致整个计划的崩溃。在新自由主义主导下市场经济的发展中，资本的逐利本性是社会冲突的必然结果。因此，科学、技术、工程和数学（STEM）课程的发展是解决这些问题的唯一途径。

科教精英在20世纪80年代发起了大众科学教育改革，这奠定了STEM教育概念的基础。科学家和教育者们率先意识到科学教育与STEM教育应有的实践和内容之间存在偏离。因此，他们发起了STS[①]运动和2061计划，旨在将科学教育回归大众化。然而，随着STEM概念的形成，专业团体在STEM教育的发展中"缺位"，导致STEM教育走向形式主义和资源浪费。STEM教育发展呈现出盲目性、随意性和急功近利的特征。这些项目的主要推动者由非专业人员组成，他们缺乏专业的课程理论和实践，只知道盲目投资和评估市场人才需求。因此，许多资金涌入了STEM教育改革领域，但这些课程的实施质量很差。随着时间的推移，STEM教育逐渐失去了教育的基本价值，并成为政治经济发展工具，这违背其劳动力储备的初衷。为了解决这些问题，专业团体在STEM教育的标准化课程建设阶段被纳入发展主体。他们重新定义了STEM课程改革的方向，规范了STEM课程内容、实施方法和评价标准，消除了功利主义和形式主义问题，并确保STEM教育在正确的轨道上发展。

---

① STS运动是"科学、技术与社会"（Science, Technology, and Society, 简称STS）运动的简称。它是一种教育和研究方法，旨在通过探讨科学、技术与社会之间的相互关系，促进对科学技术在社会中的角色、影响及其伦理问题的深入理解。

9.2.2 内容机制：课程整合教育中能力培养的理论研究

20世纪80年代末，全球化的快速发展促使工业框架不断变化，从而加速了教育范式的演变。随着认知科学的进步，教育工作者越来越认识到综合课程在促进学生全面发展方面的重要性。然而，在20世纪80年代，由于缺乏对学科专业知识的重视，指向能力培养的科学课程改革普遍遭遇公众的怀疑。例如，综合科学课程改革被STS运动所取代，而STS运动展示了标准化运动的压力如何影响学科特定知识的普及。为了应对21世纪的人才需求和市场要求，教育工作者最终制定了一种基于课程标准的整合策略，以核心概念为中心，旨在实现基础学科知识培养与高级概念能力发展的和谐平衡。综合STEM课程是这种课程标准整合的重要例证。

认知科学的最新发展，特别是建构主义和学习科学理论，为教育工作者提供了实证支持。研究表明，学习过程并不只是对外部知识的机械记忆；相反，学习者通过借鉴自己在现实环境中的先前经验，积极构建内部知识的心理表征。为了实现这一目标，课程设计者必须采取生成性知识的观点，将学生从被动的知识接收者转变为主动的知识生成者。问题驱动方法的实施验证了课程专业性的实际效果。这将教学重点从单纯传授学科知识转向促进学生与教师之间的合作和互动。个人不仅生成信息，还赋予其意义，最终实现对世界复杂性的理解。在科学教育领域，STS运动和2061计划倡导"科学素养"的概念，这要求学生将科学原理与日常生活和社会问题联系起来。为了实现以学生为中心的跨学科整合，必须消除科学、数学和技术课程之间的障碍。

美国的标准化运动在国际教育竞争的背景下逐渐发展，始于《国家处于危险中》报告，最终在布什政府通过的《不让一个孩子掉队》法案中达到顶峰。课程标准的发布与评估的整合，以及与教育资金和教师声望的直接关联，构成了美国教育当局推动标准化运动的主要方法。这些"标准"通常包括内容和绩效要求。内容标准规定了学生在每个年级应掌握的知识和技能，而绩效标准则描述了学生展示这些知识和技能的方式。教育工作者被期望严格遵守这些教学标准，以帮助学生在标准化评估中取得优异成绩。然而，尽管认识到这些标准的好处，教育工作者可能会因为在高风险测试环境中实施某些有效教学方法的难度而选择忽视它们。虽然他们的初衷并非"以考代教"，但由于评估的高风险性质，他们常常被迫这样做。因此，尽管认知科学的进步支持将以学生为中心的课程融入教育中以促进内在动机、知识内化和能力提升，标准化教育的广泛采用导致综合课程大部分被强调学科知识的课程所取代。结果，教育机构被迫实施强调理论理解的学科教学。

在STEM教育中，为了超越传统科学课程的简单整合并确立其作为一种国际知名且有效的能力培养方法，工程原则的整合至关重要。尽管科学领域的跨学科整合并不是一个新概念，但由于基础教育的学科惯性，工程和技术在STEM教育中历来处于落后地位。学校课程通常只包括数学和科学。数学是一门研究空间模式、数字和关系的科学学科，其论断基于基本假设的逻辑推理。由于逻辑推理是数学的固有和基础元素，其在科学探究中的应用是不可或缺的。而科学教育中的标准实践是通过使用适当的数学模型来表示数量和关系，以实现数学与科学的整合。

由于这些领域的快速发展和日益紧密的相互联系，科技教育通过其科学与技术的整合，取代了传统的"纯"科学教育。20世纪80年代的STS运动就是这种技术教育的一个重要例证。与此同时，2061计划引入了"科学素养"的概念，强调科学、技术和数学的相互依存性。因此，传授涵盖科学、数学和技术的基本科学知识成为教育的主要目标。技术一词用于描述在开发和运行满足个人需求的"工艺品"过程中所消耗的知识、技能和资源的系统应用。通过将技术整合到科学课程中，研究方法发生了从外部强加的经验知识传授到培养学生"动手"理解的转变。在科学教育领域，课程实施主要通过"科学探究"来进行。

在关于能力发展和标准化运动的持续讨论中，STEM教育最终就根据既定标准进行课程整合的方法达成了共识。实际上，为了培养能力，现代全球基础教育课程改革通常利用逆向工程课程标准来实现围绕核心概念的综合课程设计。在澳大利亚和中国，基础教育中将能力发展融入每个学科的过程非常明显。这在中国被称为"在核心素养引领下细化各学科的大概念，探索各学科对学生核心素养培养的潜在贡献"，而在澳大利亚基础教育中则是"贯穿所有学科领域的七大一般能力，要求在每个学科中全面发展学生的能力"。通过开发综合STEM课程，这一整合概念得到了有效实施，这象征着一种"在学科专业知识与21世纪能力培养之间寻求和谐平衡"的高级课程设计尝试。

课程标准的有效实现可以通过围绕核心概念构建的综合课程来实现。为了在全球市场上保持竞争力，适应不断变化的工业结构，拥有充足的劳动力储备，并减少利用全球化优势所带来的潜在风险，美国通过直接政府干预学校课程改革，加强了对人才培养要求的监督。因此，标准化运动成为美国基础教育中的首要问题。课程标准化实施和严格的国家问责制是这一运动的标志性特征。课程标准作为全面的书面指导，精确地描述了学生在广泛学术领域应具备的知识和技能。这些标准作为学术课程开发和评估的焦点和框架发挥作用。

9.2.3 协调机制："联邦—地方—学校"实施路径

从美国STEM教育的发展可以看出，STEM课程的实施策略在"联邦指导—地方规范—学校自主"三种方法之间不断变化。美国STEM教育在推动小学核心课程转型方面发挥了重要作用。通过试点项目的实施，教育机构采用了自下而上和自上而下的策略。例如，冬季和夏季的校外学习、课外活动以及课程案例的开发和推广都属于自下而上的策略。总体而言，STEM教育结合了自上而下和自下而上方法的特点，并在"联邦指导—地方规范—学校自主"机制下统一实施课程。课程实施机制多种多样，反映了教育机构在基础设施建设、课程设置、教学实施方法和教师专业发展方面的具体需求。

试点项目由一系列小规模改革实验组成。在全面实施前，通过树立一个模范项目，改革者可以获得对改革措施的初步了解和理解。这些经验有助于区分标准化程序和个性化定制，从而为更全面的协调工作提供方向。试点项目是任何大规模转型工作的关键组成部分，因为它们评估潜在策略，降低成本，减轻风险，提高产出，这一原则同样适用于STEM教育。

　　尽管在高等教育领域取得了显著进展，但工程和物理相关内容在中小学的STEM教育中仍然得不到充分支持。由于非STEM学科的发展与科学教育改革之间的矛盾，教育和科学领域的一些专家发起了范围有限的STEM教育改革实验性举措。例如，由生物科学课程研究（BSCS）在Bybee的指导下在Coronania州建立的"生物科学课程研究科学学习中心"，为学区、地区和教师提供试点实践机会。这些机会包括收集学生和教师的反馈，传播相关课程材料，并为教师提供专业发展。此外，科学与工程教育促进中心与乔治华盛顿大学、纽约市立大学、芝加哥伊利诺伊州立大学和波士顿Merrimack学院合作，在华盛顿特区、纽约、芝加哥和波士顿启动了"STEM学院"课程的十个试点项目。

　　分散的系统赋予教育机构和地方引人注目的教育自主权。由于美国联邦政府的国家执行权力有限，它只能通过指导措施实施关键的教育改革，其中包括增加财政拨款和制定发展蓝图。联邦政府向各种STEM研究项目分配大量财政资源，并开发广泛的STEM课程和补充材料。其目的是在教师准备不足的情况下，为实施STEM教育改革的学校提供更多优质的资源。例如，通过政府支持的"项目引路"（Project Lead the Way）计划，它提供了覆盖小学、初中和高中的课程，通过提供支持、教师专业发展和课程实施评估，确保课程全面融入教育机构。为了减少与"项目引路"付费课程服务相关的财务负担，教育机构可以申请专门为STEM课程改革等项目提供的联邦或地方教育改革补助金。另外一个计划是普渡大学Johnson教授主持的"STEM路线图"（STEM Pathways）计划。该计划使用《21世纪学习框架》《共同核心州标准》和《下一代科学标准》作为其课程开发的指导原则。课程由五个主题组成：因果关系、创新与进步、世界的表现、可持续系统和人类体验的优化。这些举措确保了课程工作的全面完整性，并满足了各学术水平和不同教师群体的STEM课程实施要求。

　　除了提供资助和相应的课程服务外，政府还支持开发众多免费的STEM课程资源网站，包括"项目引路"计划，并提供财政补助。国家科学数字图书馆的"科学教育"部分包含丰富的STEM教育资源。这些教育资源包括可用于评估当前STEM课程实施有效性的一系列工具，也包括教学视频、教学材料、教师专业发展资源和示范课程案例。这些免费资源旨在帮助大学和学区创建和实施自己的STEM课程。这使得更多的学校能够方便直观地访问STEM课程案例和学习其他学校的经验，也能够加速传播STEM课程理念，推进美国STEM课程改革的发展。

通过政府的积极参与，美国建立了统一的STEM教育规划策略。在美国政府的主持下，企业、社区、民间组织和机构合作推进了STEM教育。然而，随着STEM课程改革实践的普及，课程实施评价体系的不足导致了形式主义问题和实际课程质量的差异。为防止STEM教育沦为改革的"口号"，有必要制定课程实施标准。由于联邦政府的分权结构和各州的独特发展情况，在州和地方层面强制执行全国统一的课程实施标准具有挑战性。因此，许多州制定了具有州立特色的STEM课程实施标准，内容包括课外活动、教师专业发展以及学校基础设施建设。州级课程实施标准根据地方条件分配教育资源。这些州级STEM课程标准共同形成了美国"联邦指导—地方规范—学校自主"的分层课程实施框架，在推进STEM教育改革的同时，也确保了STEM课程开发的地方性和严谨性。

9.3 美国早期STEM教育培养策略

在研究美国早期STEM教育的培养策略时，我们发现STEM领域的学习对幼儿的发展有着深远的影响。这不仅因为在国内学前教育中，天文学等领域仍存在较多的知识空白，更因为STEM教育在幼儿科学认知和全面发展方面具有独特的价值。

首先，早期STEM教育在学前阶段为幼儿的发展提供了巨大的发展空间。特别是在天文学等领域，国内目前对学前儿童的关注相对较少，这为我们提供了独特的探索机会。填补这一领域的知识空白不仅是对STEM知识的补充，更是对教育领域的一次新尝试，为幼儿提供了更为广阔的学科视野。其次，早期STEM学习有利于幼儿的全面发展。学前阶段是儿童科学知识和探究能力快速增长的时期。通过引入STEM教育，特别是天文学方面的内容，我们能够激发幼儿的好奇心、培养幼儿的科学兴趣，进而促进他们全面的发展。这种启蒙式的学习可以激发幼儿对周围世界的积极态度，丰富并积累他们的科学知识和经验。最后，早期STEM教育也有助于培养幼儿的科学技能、教会幼儿学科学的方法，以及培养他们的主动性、积极性、独立性、创造性和自信心等良好品质。通过学习STEM，特别是天文学，幼儿将能够建立更为宽广的世界观。在学前阶段，幼儿的认知主要以自我为中心，而天文学的学习可以帮助他们逐渐认识到自己只是宇宙的一部分，人类在宇宙中相对渺小。这种认知的变化有助于幼儿更好地进行社交，培养他们的社会意识，使他们逐渐将视角从自我转向外界。

　　学前儿童的认知水平处于"前概念"的层次上，他们还没有完全概念性的思维。因此，在进行早期STEM教育时，我们应当注重让幼儿获得"经验性的知识"而非过于强调科学严谨的概念。在教学中，我们可以遵循以游戏为基本途径的原则。通过音乐游戏、手工、语言、绘画等多样化的方式，教师可以使学前儿童在活动中体验到STEM知识的趣味性、科学性和可操作性。例如，音乐游戏不仅能促进幼儿感官经验的综合与大肌肉群的锻炼，还以具象的方式帮助其理解STEM知识。手工活动将抽象的知识转化为具体、立体的形式，加深了幼儿对STEM学科的理解。语言和绘画活动则有助于培养幼儿的表达能力，通过绘画，幼儿可以以更为直观的方式表达自己的所思所感。此外，家园联动也是非常重要的。通过要求幼儿搜集家庭成员的STEM相关信息，可以加深其对家庭成员的认知，构建家园联动体系，使教育在学校和家庭之间形成有机的连接。这样的联动体系不仅能更好地支持幼儿在学前教育中的学习，还确保他们得到全面的发展。通过科学性、趣味性、可操作性的游戏方式，结合多元化的教学手段，可以更好地引导学前儿童学习STEM知识。这不仅有助于幼儿在早期建立对科学的兴趣，同时也激发了他们了解世界的好奇心和探究欲。早期STEM教育不仅是知识的学习，更是一种全面发展的启蒙，为幼儿的未来奠定了坚实基础。

9.4　美国校外STEM教育实施机制

利用校外潜在的学习时间是支持和鼓励女性学习STEM的一种有效方法。研究表明校外STEM项目提供了结构化的学习机会，并在夏季带来了更大的收获（Alexander，Entwisle和Olson，2001）。特别是，暑期学习对于高危学生来说是获得学业成长的重要机会（Steinthorsdottir等，2010）。正如Steinthorsdottir等（2010）提到的，许多校外STEM项目侧重于代表性不足的学生群体，例如少数种族/族裔、女性和社会经济地位背景较低的学生。考虑到潜在的教育效益，一个重要的问题仍然存在：校外STEM活动的哪些具体特征可以提高学生对STEM的兴趣？因此，在这项研究中，研究者分析了参与STEM项目的女性参与者，并探讨了培养女孩对STEM兴趣的三个重要实践。

9.4.1　与不同学科的融合

许多研究表明，有效的校外STEM项目拥有强大而有针对性的学术课程，可以增加学生的内容知识并培养其基本技能（Alexander等，2001；Brown，2008；Lauer等，2006；Morrow，2006）。为了提高学生对STEM的兴趣，课程可能包括使用动手科学实验作为科学学习方法（Becker和Park，2011），使用计算机和图形计算器作为数学学习工具（Morrow，2006），使用编程作为技术方法（English，2017），以及将机器人技术作为学习工程学的一种方式（Hinton，2017；Leonard等，2016）。这些校外项目提供的内容可以丰富学习，让学生接触新想法（Alexander等，2001），并促进技术的强大注入（Kandlhofer和Steinbauer，2016）。例如"宝石"项目就采用了综合课程以及基于项目的学习教学方法。"宝石"夏令营以机器人和工程为主要内容，自2017年起增加了编程、园艺、营养和艺术等内容。学习过程中强调动手活动、协作、小组工作。本研究发现，将跨学科课程融入校外项目有利于女孩学习更多学科。这一发现证实了Becker和Park（2011）的研究，即四个领域的综合方法提高了学生在科学、技术、工程和数学教育中的兴趣和学习。

具体来说，女孩们提到，通过在营地进行与营养相关的实践活动（例如制作寿司、披萨和松饼），她们能够品尝来自不同国家的各种食物，了解食品科学的不同方面。例如，Savanna提道："我第一次来的时候，还是'迷你宝石'刚开始的时候。我们的课程不太多，还没有编程。嗯，我不知道，现在已经很完善了。我们没有考虑营养问题，我来的第一个夏天也没有营养计划，我们总是在外面吃饭。他们（项目中的管理员）总是会带人们去参加一些项目或提供一些服务。我认为将营养部分纳入其中是有帮助的。我的意思是，拥有不同类型的科学是有帮助的。嗯，不仅仅是工程。"而Clara则在照片上画了寿司和太阳烤箱，展示了她在夏令营中制作食物以及进行食品科学相关研究项目的经历。她说："我画寿司是因为我们学到了很多关于食物的知识，比如来自其他国家的食物，而不仅仅是这里的食物，而且它很健康。但做寿司中我遇到了困难，不过这仍然是一次很棒的经历。我讨厌芥末，它太恶心了，但我仍然喜欢制作它。"

9.4.2　以学生为中心的教学

小组工作和实践学习的使用是成功教学策略的首要内容（Steinthorsdottir等，2010）。注重合作与沟通的小组工作方式在许多校外项目中得到了普遍应用。在许多校外STEM课程中，广泛采用基于项目的学习，让学生将"学校"知识与现实世界联系起来，了解内容对他们生活的重要性，从而提高他们对STEM科目的态度（Morrow，2006；Wang和Frye，2019）。在"宝石"项目中为女孩们提供了必要的材料（例如机器人和无人机），她们针对这些材料一起工作。沟通与合作是该项目的两个关键组成部分，并且是每项活动所必需的。通过提供合作学习的机会，女孩可以利用语言和社交技能来最大限度地发挥STEM项目的好处（Holba，2015）。

这项研究的结果表明，基于项目的学习促进了学生的参与和反思，实践活动有利于学生练习技能并与现实世界的应用联系起来。同时，在小组中工作，女孩们可以交流想法并产生更好的解决方案。例如，Ariana描述了她的团队如何合作研究出桥梁建设活动的解决方案并对之成功进行了改进。

因此，在校外环境中小组讨论和分享想法等积极方法对于鼓励和加速与新同伴的人际联系至关重要。

9.4.3　与高素质、多元化的员工互动

训练有素且多元化的员工是良好校外项目的重要组成部分（Miller，2003），Miller建议，校外项目的员工应该知道如何支持来自不同背景的青少年的成长。考虑到背景不同，员工提供了一系列不同类型的女性榜样（Bouffard和Little，2004）。与之前的研究类似，这项研究发现，"宝石"STEM项目中的成年人以不同的方式与女孩互动，并扮演不同的角色，以提供更好的指导和帮助。女孩们，尤其是中年级女孩，希望在活动期间得到帮助和指导。许多案例表明，获得工作人员的支持可以减轻学生的压力并使之克服挑战，而缺乏帮助会降低学生完成活动的兴趣。例如，Elisa表达了她对一项机器人活动的不满，因为它杂乱无章。

此外，来自不同背景的员工提供了多样化的职业导向信息，这些信息对于来自服务不足人群的女孩发展特定领域的职业兴趣至关重要（Brown，2008）。正如本研究所示，女孩们表示校外项目中不同人（例如演讲嘉宾、访客和营地辅导员）的演讲拓宽了她们学习STEM概念的思路，并让她们持有更加开放的职业选择态度。例如，Felisa表示，"它（该计划）确实帮助了我，为我打开了很多大门"。细究起来，她心里并没有什么具体的职业目标，但她一直在寻找从事不同职业可能性。节目中的演讲嘉宾激励了她，让她对自己的未来有了更高的期望。正如她所提到的，"我会看到自己成为她们，或者如果我想成为她们需要制定一个目标和计划，列出我长大后想做的事情"。正如之前的研究指出的那样，许多Title I学校缺乏教学材料和经验丰富的教师（Luebchow，2009），缺乏机会和教育差距可能会阻碍低收入家庭背景的学生获得更多职业信息并充分实现教育目标（Young和Young，2018）。因此，通过校外STEM课程进行丰富的活动对于培养学生对各个领域的兴趣至关重要，特别是对于来自低收入家庭背景的女孩。

9.4.4　校外STEM教育项目促进STEM教育公平

校外STEM项目对提高参与者的自我效能、提高中学生对数学和科学的兴趣以及培养高中女生在STEM相关领域的职业兴趣有影响。然而，研究人员和

实践者可以做些什么来使拉丁裔初中和高中女生留在STEM领域并对相关职业产生兴趣呢？

长期接触STEM有利于初高中女生探索各种学科并培养她们对STEM学习的兴趣，因为她们正处于渴望学习不同事物的年龄。建立积极的学习环境对于学生交流观点和培养基本技能至关重要，这可能会影响他们的自我效能、兴趣和职业发展。对于在Title I学校中代表性不足的少数族裔学生来说，尤其需要长期接触STEM项目，因为这些学校和社会环境没有为学生发展STEM技能和兴趣提供足够的资源和积极支持。与许多中学一样，工程学并不在Title I学校学生的课程清单上，学生在课堂上几乎无法培养工程技能。一些校外项目整合了多学科，可能有助于补充学校通常不提供的学习。

此外，项目结构以及持续的情感和学习支持对于改善项目成果至关重要。从项目结构来看，初中校外STEM项目可以提供更多的乐趣和实践活动，而高中课程更强调指导和职业接触。值得注意的是，初中生由于处在小学向中学的过渡阶段，她们正在经历身体、心理、情感和社会性的变化。在这个年龄段，他们也正在发展自我认同和自我意识。比如一名女孩提到她背负着很多情感包袱，她说：我列出一些让我感到压力大的事情，比如学校里的戏剧，现在正在上演一出戏剧。数学，我的健康，成绩，嗯，我试图让我的父母放松。一种压倒性的死亡感向我袭来。未来我要去哪所高中？我背负着这一切以及我朋友的情感包袱不知道该做什么。因此，获得校外STEM项目辅导员的帮助将有利于培养女孩的社交和情感技能，并最大限度地提高她们的学术学习能力。这些辅导员可以充当老师，帮助解释概念、激励学生学习并提高学生对科学和数学的兴趣。学习过程中缺乏帮助可能会降低学生的积极性和效率，从而使其产生负面情绪。校外STEM项目可能更需要关注的是他们可以提供"多少"支持，而不是它们可以涵盖"多少"活动和知识。

此外，通过社会认知理论（SCT）和社会认知生涯理论（SCCT）模型，我们可以看到初中生和高中生的兴趣与许多因素有关，如自我效能、结果期望和目标。在这项研究中，拉丁裔女生的教育和职业选择受到其文化和社会经济地位的影响。大多数女孩意识到STEM中对女性的性别偏见和刻板印象。因此，社会环境（例如学校、家庭和社区）和项目的协调可以更好地支持和促进女孩坚持和发展对STEM领域的兴趣。

9.5 美国STEM教育发展经验对我国的启示

美国是STEM教育的先驱，也是STEM教育发展十分成熟的国家，其丰富的发展经验和教训对我国STEM教育本土化实践具有一定借鉴意义。美国STEM教育发展经验对我国STEM教育发展路径的启示如下：首先，在与"结构"的相互关系上，应适当超前于社会经济发展与学校教育之间矛盾的暴露；其次，应遵循科目发展的一般规律，尤其是在内容开发和实践机制上，应根据我国当前教育发展背景和育人要求选择合适的发展方式。

（1）适当超前定位STEM教育发展价值

美国学校教育人才供给与社会人才需求之间的供需差异为其STEM教育的发展提供了生长空间。不同利益团体通过各种学校教育变革来回应社会新的人才类型和规格需求，构成了STEM教育发展的基本动力。美国STEM教育的发展始终表现出学校教育对社会经济发展过于"顺应"，这导致人才供需矛盾在不同层面上不断激化。考虑到我国产业结构和人才资源结构的基本趋势——尽管我国制造业在2017年超越美国位居世界首位，但"制造业大而不强，高端服务业发展缓慢"仍然是阻碍中国经济进一步发展的关键问题。随着人口红利的减少，拥有大量高技术技能人才将是我国经济发展的重要组成部分，因此，为了满足高技能人才质量和数量的需求，STEM教育应该成为我国基础教育改革的重要组成部分。总结美国社会经济需求与STEM教育进程之间的关系，并结合中国社会经济需求实际，建议将STEM教育战略化推进，以应对知识经济时代对创新型人才和高级技术人才不断增量的需求，为实现"中国创造"向"中国智造"的转变做好准备。

（2）国家支持多元主体合作促进STEM教育

在美国STEM（科学、技术、工程和数学）教育中，有许多利益团体参与教育的进程。这些利益团体参与STEM教育的进程方式包括科教精英对STEM

教育概念的构想，以大型学术团体为代表的民间组织对建立STEM课程体系的尝试，以及课程专家对STEM课程组成部分的标准化设计。最终，在联邦政府的统一协调下，STEM课程的各个组成部分相互合作形成了发展合力。

当我们将视线投向美国的STEM教育发展情况时，我们可以看到各发展主体相互探索、相互推动的特征。尽管中国教育科学研究院已发表了《中国STEM教育白皮书》和《STEM教师能力等级标准（试行）》，教育部的最新相关文件《义务教育小学科学课程标准》也明确支持STEM教育，然而没有任何文件详细描述了STEM教育的课程目标、内容、课程安排建议、组织方式、评估方法、管理体系等。由于缺乏指导纲要，我国STEM教育的价值定位和发展愿景仍然模糊不清。这导致其课程实践脱离正式课程体系，只能以"锦上添花"的方式尝试，难以实现以STEM教育为切入点深化基础教育改革的发展意义。本研究认为，形成以国家力量为主导、地方政府为联结、专业团体为保障的多元合作共同体，结合我国STEM教育推进现状与美国STEM教育发展已有经验，推进STEM教育体系的构建与完善迫在眉睫。

美国STEM教育的发展经验表明，有效协调各利益相关者形成发展合力是STEM教育战略部署的重要组成部分。在美国特定国情下，民间组织的强大力量为实现多利益主体联合提供了一种由政府领导的"多元主体"模式，该模式将政府、企业和专家学者的改革计划整合为民间组织发起的STEM课程改革项目。该项目最终将与中小学一线教学实践相结合。本研究认为，就我国国情而言，地方政府应该承担这种协调与联结的功能，这既是解决当前STEM教育各领域之间发展不平衡现实问题的重要举措，也是确保STEM教育与学生实际问题紧密结合的必然要求。具体来说，地方政府可以根据国家统一战略部署制定地方性STEM教育发展计划，协调地方发展力量，建立以STEM学校联盟为主体的吸纳社会各界共同参与的协同发展体系，培训师资，甚至建立地方性示范学校或示范项目。

（3）寻找适宜国情的STEM发展之路

在美国，大型学术机构与课程专家合作开发了一套系统化的STEM课程。这些课程以"必修课"的形式纳入了教育体系，并配备了新教科书和教师专业发展培训。该课程取得成功主要得益于两点：一是美国科学、技术、工程、数学和计算机（STEM）教育的30年发展；二是美国上到政府下到各种民间团体对STEM教育的共同努力。在二者的共同作用下，美国在各种配套设施和资源投入完备的基础上建立了成熟的STEM课程体系。由于我国正处于以学生核心素养培养为中心的基础教育改革攻坚阶段，因此需要确定符合中国国情的STEM发展之路。相比于构建完整的STEM课程，以基于学科的课程改革将STEM课程概念融入已有学科主题之中，并通过开展项目式STEM综合实践活动来将STEM教育有效嵌入现有课程体系是一种更符合我国现状的STEM课程开发机制。原因有二：首先，基于学科的STEM课程整合本是STEM教育理念的必要组成部分。由科学、技术、工程和数学组成的STEM教育，尽管其内涵不断变化，但仍与数学和科学等特定学科密切相关。其次，将STEM概念融入各学科将打破我国现有分科课程中知识与能力相割裂的局面，从而真正实现科学探究。

因此，在符合我国国情的STEM教育中，应该将重点放在解决现实问题的能力和创新能力的培养上。STEM教育不仅是世界基础教育改革的中心，而且也将在我国基础教育改革中愈发重要，因为它需要满足未来社会对劳动力的需求并培养学生的高阶能力。从一个无意义的"缩略词"发展成为一个独立的知识领域和结构，STEM作为新兴的学科领域是由于冲突、协调、历史选择等人为因素相互作用而产生的。因此，本研究的目的是通过回顾STEM教育发展的历史来仔细研究过去、现在和未来的问题。我们希望通过研究来解决这些问题并帮助实现我国STEM教育的本土化。

9.6 本章小结

本章深入剖析了美国K-12 STEM教育的现状和发展机制，探讨了新一轮科技革命对STEM教育的影响以及美国在这一领域的经验对我国的启示。

在"未来已至"的部分，我们认识到新一轮科技革命如人工智能、生物技术等正在深刻地改变着社会和人们的生活方式。这不仅对未来职业形态提出了新的需求，更促使人们认识到STEM教育的重要性。STEM不再是一种选择，而是应对未来挑战的必备素养。这种新的科技环境要求学生具备跨学科思维和创新能力，而STEM教育正是培养这些能力的有效途径。

在"美国STEM教育发展机制解析"中，我们看到美国STEM教育的推动源头逐渐从外部因素向内部自主转变。政府、学术界、工商业者共同构建了STEM生态系统。在内容机制上，美国教育逐步摒弃了简单的知识灌输教育模式，转向培养学生的创新素养，强调跨学科的整合。这反映了STEM教育的不断演进，从关注纯知识传递，转向更注重学生综合素养的培养，以适应未来社会的需求。在协调机制方面，美国形成了"联邦指导——地方规范——学校自主开设"的实施路径。这种协同机制使得STEM教育能够更加贴近实际需求，同时保留了学校的自主权。这种权责分明的体制为教育的灵活性和多样性提供了保障，使得不同学校和地区能够有针对性地推进STEM教育。

美国早期和校外STEM教育培养策略的实施则凸显了灵活性和个性化的重要性。通过与不同学科的融合、以学生为中心的教学、与高素质多元化员工的互动以及校外项目的推动，美国形成了一个全方位的STEM教育体系，促进了教育的公平和全面发展。这种多元的教育模式有助于激发学生对STEM领域的兴趣，同时也能更好地满足不同学生的学习需求。

总体而言，美国在STEM教育方面的经验为我国提供了深刻的启示。在未来，我国可以借鉴美国的机制和策略，更加灵活地适应科技发展的脚步，培养更多具备创新能力的人才，为国家的可持续发展奠定坚实的基础。通过加强国际合作，我国还可以吸取其他国家在STEM教育领域的成功经验，形成更具中国特色的STEM教育体系。这将有助于培养更多具有创新精神和实践能力的人才，推动科技创新和社会发展。

参考文献

英文参考文献

［1］Abbott-Chapman, J., Martin, K., Ollington, N., Venn, A., Dwyer, T., & Gall, S. (2014). The longitudinal association of childhood school engagement with adult educational and occupational achievement: Findings from an Australian national study. *British Educational Research Journal*, *40*(1), 102-120.

［2］Alexander, K. L., Entwisle, D. R. & Olson, L. S. (2001). Schools, achievement, and inequality: A seasonal perspective. Educational Evaluation and Policy Analysis, 23(2), 171-191.

［3］Almon, J. (2017). Playing it Up, with loose parts, playpods, and adventure playgrounds. Alliance for childhood.

［4］Alper, J. (1993). The pipeline is leaking women all the way along. Science, 260(5106), 409-411.

［5］Ambriz, J. D. (2016). *Social cognitive career theory (SCCT) and Mexican/ Mexican-American youth career development, with a special focus on STEM fields.* Retrieved from ProQuest Dissertations & Theses Global. (1820865669).

［6］Annunziata, D., Hogue, A., Faw, L. & Liddle, H. A. (2006). Family functioning and school success in at-risk, inner-city adolescents. *Journal of youth and adolescence*, 35, 100-108.

［7］Ashford, S. N., Lanehart, R. E., Kersaint, G. K., Lee, R. S. & Kromrey, J. D. (2016). STEM pathways: Examining persistence in rigorous math and science course taking. Journal of Science Education and Technology, 25, 961–975.

[8] Ball, C., Huang, K. T., Cotten, S. R. & Rikard, R. V. (2017). Pressurizing the STEM pipeline: An expectancy–value theory analysis of youths' STEM attitudes. Journal of Science Education and Technology, 26, 372–382.

[9] Bandura, A. (1977). Self–efficacy: Toward a unifying theory of behavioral change. *Psychological Review*, 84(2), 191.

[10] Bandura, A. (1986). *Social foundations of thought and action: A social cognitive theory.* Englewood Cliffs, NJ: Prentice Hall.

[11] Bandura, A. (1991). Social cognitive theory of self–regulation. Organizational Behavior and Human Decision Processes, 50(2), 248–287.

[12] Bandura, A. (2001). Social cognitive theory: An agentic perspective. *Annual Review of Psychology*, 52(1), 1–26.

[13] Bandura, A., Caprara, G. V., Barbaranelli, C. Regalia, C. & Scabini, E. (2011). Impact of family efficacy beliefs on quality of family functioning and satisfaction with family life. Applied Psychology, 60(3), 421–448.

[14] Barron B. & Bell P. (2015). *Learning Environments In and Out of School.* Handbook of Educational Psychology.

[15] Barron, A. (1998). Designing web–based training. *British journal of educational technology*, 29(4), 355–370.

[16] Becker, K. & Park, K. (2011). Effect of integrative approaches among science, technology, engineering and mathematics (STEM) subjects on students' learning: A preliminary meta–analysis. *Journal of STEM Education: Innovations and Research*, 12, 23–37.

[17] Bennett Anderson, P., Moore, G. W. & Slate, J. R. (2017). Differences in mathematics and science achievement by grade 5 and grade 8 student economic status: A multiyear, statewide study. Global Journal of Human–Social Science: H Interdisciplinary, 17(5), 13–24.

[18] Benson, T. R. (1994). Needed: Playleaders—The Adult's Role in Children's Play.

［19］Bergeron, L. & Gordon, M. (2017). Establishing a STEM pipeline: Trends in male and female enrollment and performance in higher level secondary STEM courses. International Journal of Science and Mathematics Education, 15(3), 433-450.

［20］Bergman, Z., Bergman, M. M. & Thatcher, A. (2019). Agency and Bandura's model of triadic reciprocal causation: An exploratory mobility study among Metrorail commuters in the Western Cape, South Africa. Frontiers in Psychology, 10, 411.

［21］Berryman, S. E. (1983). Who Will Do Science? Trends, and Their Causes in Minority and Female Representation among Holders of Advanced Degrees in Science and Mathematics. A Special Report.

［22］Blalock, J. B. & Hrncir, E. J. (2012). Using Playleader Power. Childhood Education,57(2), 90-93. doi:10.1080/00094056.1980.10520411.

［23］Blotnicky, K. A., Franz-Odendaal, T., French, F. & Joy, P. (2018). A study of the correlation between STEM career knowledge, mathematics self-efficacy, career interests, and career activities on the likelihood of pursuing a STEM career among middle school students. International journal of STEM education, 5, 1-15.

［24］Bouffard, S. M., Wimer, C., Caronongan, P., Little, P., Dearing, E. & Simpkins, S. D. (2006). Demographic differences in patterns of youth out-of-school time activity participation. Journal of Youth Development, 1(1), 24-40.

［25］Bouffard, S. & Little, P. (2004). Promoting quality through professional development: A framework for evaluation. Harvard Family Research Project Issues and Opportunities in Out-of-School-Time Evaluations, 8, 1-12.

［26］Bozionelos, N. (2004). Mentoring provided: Relation to mentor's career success, personality, and mentoring received. Journal of Vocational Behavior, 64(1), 24-46.

［27］Brown, G. W., Andrews, B., Harris, T., Adler, Z. & Bridge, L. (1986). Social support, self-esteem and depression. *Psychological medicine*, 16(4), 813-831.

[28] Brown, P. L., Concannon, J. P., Marx, D., Donaldson, C. W. & Black, A. (2016). An examination of middle school students' STEM self-efficacy with relation to interest and perceptions of STEM. *Journal of STEM Education*, 17(3), 27-38.

[29] Brown, T. (2008). Helping girls envision a teach-savvy future. AAUW Outlook, 102 (1), 12-14.

[30] Burke, R. J. & Mattis, M. C. (Eds.). (2007). *Women and minorities in science, technology, engineering, and mathematics: Upping the numbers*. Edward Elgar Publishing.

[31] Cannady, M. A., Greenwald, E. & Harris, K. N. (2014). Problematizing the STEM pipeline metaphor: Is the STEM pipeline metaphor serving our students and the STEM workforce?. Science Education, 98(3), 443-460.

[32] Charles, C. & Louv, R. (2020). Wild hope: The transformative power of children engaging with nature. Research handbook on childhoodnature: Assemblages of childhood and nature research, 395-415.

[33] Chawla, L. (2020). Childhood nature connection and constructive hope: A review of research on connecting with nature and coping with environmental loss. People and Nature, 2(3), 619-642.

[34] Clapham, E. D., Ciccomascolo, L. E. & Clapham, A. J. (2015). Empowering girls with chemistry, exercise and physical activity. *Strategies*, 28(4), 40-46.

[35] Cole, D. & Espinoza, A. (2008). Examining the academic success of Latino students in science technology engineering and mathematics (STEM) majors. *Journal of College Student Development,* 49(4), 285-300.

[36] Conley, M., Douglass, L. & Trinkley, R. (2014). Using inquiry principles of art to explore mathematical practice standards. *Middle Grades Research Journal,* 9(3), 89-101.

[37] Cunningham, C. M. & Lachapelle, C. P. (2014). Designing engineering experiences to engage all students. *Engineering in pre-college settings:*

Synthesizing research, policy, and practices, 21(7), 117−142.

[38] Curtis, S. (2008). In−migration and diphtheria mortality among children in the Sundsvall region during the epidemics of the 1880s. Journal of the history of medicine and allied sciences, 63(1), 23−64.

[39] Dare, E. (2015). *Understanding middle school students' perceptions of physics using girl− friendly and integrated STEM strategies: A gender study*. Retrieved from ProQuest Dissertations & Theses Global. (3727776).

[40] Diekman, A. B. & Benson−Greenwald, T. M. (2018). Fixing STEM workforce and teacher shortages: How goal congruity can inform individuals and institutions. Policy Insights from the Behavioral and Brain Sciences, 5(1), 11−18.

[41] Doerschuk, P., Bahrim, C., Daniel, J., Kruger, J., Mann, J. & Martin, C. (2016). Closing the gaps and filling the STEM pipeline: A multidisciplinary approach. Journal of Science Education and Technology, 25, 682−695.

[42] Dolenc, M. N. (2013, June). Taking different paths: A comparative study of mentoring models among robotics competition teams. Paper presented at 120th ASEE Annual Conference & Exposition, Atlanta, GA.

[43] Dowd, A. C., Malcom, L. E. & Bensimon, E. M. (2009). *Benchmarking the success of Latina and Latino students in STEM to achieve national graduation goals*. Los Angeles: University of Southern California. Retrieved from http:// cue.usc.edu/ news/NSF−Report.pdf

[44] Dunlap, J. C. (2005). Problem−based learning and self−efficacy: How a capstone course prepares students for a profession. *Educational Technology Research and Development*, 53(1), 65−83.

[45] English, L. (2017). Advancing Elementary and Middle School STEM Education. *International Journal of Science and Mathematics Education,* 15 *(Supplement 1),* 5−24.

[46] English, L. D. & King, D. T. (2015). STEM learning through engineering design: Fourth−grade students' investigations in aerospace. *International*

journal of stem education, 2, 1–18.

[47] Fayer, S., Lacey, A. & Watson, A. (2017). *STEM occupations: Past, present, and future*. Washington, DC: U.S. Department of Labor, Bureau of Labor Statistics.

[48] Flores, G. (2011). Latinos/Latinas in the hard sciences: Increasing Latina/o participation in the science, technology, engineering and math (STEM) related fields. *Latino Studies, 9,* 327–335.

[49] Forbes, E. R., (2017). *STEAM education in high school and beyond: A quantitative investigation of arts and STEM using the high school longitudinal study of 2009*. Retrieved from ProQuest Dissertations & Theses Global. (10670106).

[50] Fortus, D., Krajcik, J., Dershimer, R. C., Marx, R. W. & Mamlok-Naaman, R. (2005). Design based science and real-world problem-solving. *International Journal of Science Education*, 27(7), 855–879.

[51] Frank, M., Lavy, I. & Elata, D. (2003). Implementing the project-based learning approach in an academic engineering course. *International Journal of Technology and Design Education*, 13, 273–288.

[52] Frost, J. L. (1992). Play and playscapes: instructors guide. Albany, NY: Delmar.

[53] Frost, J. L., & Sutterby, J. A. (2017). Outdoor play is essential to whole child development. YC Young Children, 72(3), 82–85.

[54] Frost, J.L. & Sunderlin S., (1985). When children play: Proceedings of the International Conference on Play and Play Environment. Association for childhood educationinternational.

[55] Gadanidis, G., Borba, M., Hughes, J. & Lacerda, H. (2016). Designing aesthetic experiences for young mathematicians: A model for mathematics education reform. *International Journal for Research in Mathematics Education*, 6(2), 225–244.

[56] Gill, P., Stewart, K., Treasure, E. & Chadwick, B. (2008). Methods of data collection in qualitative research: Interviews and focus groups. British Dental Journal, 204(6), 291–295.

[57] Gnilka, P. B. & Novakovic, A. (2017). Gender differences in STEM students' perfectionism, career search self-efficacy, and perception of career barriers. *Journal of Counseling & Development*, 95(1), 56–66.

[58] Gómez Puente, S. M., Van Eijck, M. & Jochems, W. (2013). A sampled literature review of design-based learning approaches: A search for key characteristics. *International Journal of Technology and Design Education*, 23, 717–732.

[59] Graham, B. (2000). The Research Interview (Continuum Research Methods). London, England: Continuum.

[60] Grubbs, M. (2013). Robotics intrigue middle school students and build STEM skills. *Technology and Engineering Teacher,* 72(6), 12.

[61] Hagedorn, L. S. & Purnamasari, A. V. (2012). A realistic look at STEM and the role of community colleges. *Community College Review*, 40(2), 145–164.

[62] Hart, R. (1992). Children's participation from tokenism to citizenship. 1992. *Florence, UNICEF Innocenti Research Centre*, 66.

[63] Heaverlo, C. A., Cooper, R. & Lannan, F. S. (2013). STEM development: Predictors for 6th–12th grade girls' interest and confidence in science and math. *Journal of Women and Minorities in Science and Engineering*, 19(2), 121–142.

[64] Heinrich, R. (2018, October). *Texas science, technology, engineering and mathematics initiative (T-STEM)*. Retrieved from https://tea.texas.gov/ T-STEM/

[65] Herrington, J. & Oliver, R. (1995). Critical characteristics of situated learning: Implications for the instructional design of multimedia. In *ASCILITE 1995 Conference*.

［66］Hill, C., Corbett, C. & St Rose, A. (2010). *Why so few? Women in science, technology, engineering, and mathematics*. Washington, DC: American Association of University Women.

［67］Hillner, M. & Lim, S. (2018, August). Design thinking—towards a new perspective. In *Proceedings of Academic Design Management Conference* (pp. 1–2).

［68］Hinton, T. H. (2017). *An exploratory study of a robotics educational platform on stem career interests in middle school student*. Retrieved from ProQuest Dissertations & Theses Global. (10261879).

［69］Holba, A. (2015). *Middle school girls and one STEM OST program*. Retrieved from ProQuest Dissertations & Theses Global. (3707091).

［70］Huang, D. & Cho, J. (2009). Academic enrichment in high-functioning homework afterschool programs. Journal of research in childhood education, 23(3), 382–392.

［71］Hughes, R. M., Nzekwe, B. & Molyneaux, K. J. (2013). The single sex debate for girls in science: A comparison between two informal science programs on middle school students' STEM identity formation. *Research in Science Education*, 43(5), 1979–2007.

［72］Hummels, C. & Frens, J. (2009). The reflective transformative design process. In *CHI' 09 Extended Abstracts on Human Factors in Computing Systems* (pp. 2655–2658).

［73］Jablon, J. R. & Wilkinson, M. (2006). Using engagement strategies to facilitate children's learning and success. *YC Young Children*, 61(2), 12.

［74］Jacobs, P. (2001). Playleadership Revisited. International Journal of Early Childhood. 33(2), p. 32

［75］Johnson, R. B. & Christensen, L. B. (2004). Educational research: Quantitative, qualitative, and mixed approaches. Boston, MA: Allyn and Bacon.

［76］Kandlhofer, M., Steinbauer, G., Hirschmugl-Gaisch, S. & Huber, P. (2016, October). Artificial intelligence and computer science in education: From kindergarten to university. In 2016 IEEE frontiers in education conference (FIE) (pp. 1-9). IEEE.

［77］Kemple, K. M., Oh, J., Kenney, E. & Smith-Bonahue, T. (2016). The power of outdoor play and play in natural environments. Childhood education, 92(6), 446-454.

［78］Kennedy, T. J. & Odell, M. R. L. (2014). Engaging students in STEM education. *Science Education International*, 25(3), 246-258.

［79］King, P. M., Brown, M. K., Lindsay, N. K. & VanHecke, J. R. (2007). Liberal arts student learning outcomes: An integrated approach. *About Campus*, 12(4), 2-9.

［80］Knowles, J., Kelley, T. & Holland, J. (2018). Increasing teacher awareness of STEM careers. Journal of STEM Education, 19(3).

［81］Krefting, L. (1991). Rigor in qualitative research: The assessment of trustworthiness. American Journal of Occupational Therapy, 45(3), 214-222.

［82］Kuenzi, J. J. (2008). *Science, technology, engineering, and mathematics (STEM) education: Background, federal policy, and legislative action*. CRS report for Congress. Retrieved from http://digitalcommons.unl.edu/crsdocs/35/

［83］Kwon, H. (2017). Effects of 3D printing and design software on students' interests, motivation, mathematical and technical skills. *Journal of STEM Education: Innovations and Research*, 18(4), 37-42.

［84］Land, S. M. & Greene, B. A. (2000). Project-based learning with the World Wide Web: A qualitative study of resource integration. *Educational technology research and development*, 48(1), 45-66.

［85］Lauer, P. A., Akiba, M., Wilkerson, S. B., Apthorp, H. S., Snow, D. & Martin-Glenn, M. L. (2006). Out-of-school-time programs: A meta-analysis of effects for at-risk students. Review of Educational Research, 76(2), 275-313.

[86] Lent, R. W., Brown, S. D. & Hackett, G. (1994). Toward a unifying social cognitive theory of career and academic interest, choice, and performance. *Journal of Vocational Behavior*, 45(1), 79–122.

[87] Lent, R. W., Brown, S. D. & Hackett, G. (2002). Social cognitive career theory. *Career Choice and Development*, 4, 255–311.

[88] Leonard, J., Buss, A., Gamboa, R., Mitchell, M., Fashola, O. S., Hubert, T. & Almughyirah, S. (2016). Using robotics and game design to enhance children's self–efficacy, STEM attitudes, and computational thinking skills. *Journal of Science Education and Technology,* 25(6), 860–876.

[89] Levine M., Serio N., Radaram B., Chaudhuri S. & Talbert W. (2015). Addressing the STEM gender gap by designing and implementing an educational outreach chemistry camp for middle school girls. *Journal of Chemical Education,* 92(10), 1639–1644.

[90] Lurz, R. (2018). Perceptions of STEM and Liberal Arts Policy in Florida (Doctoral dissertation, University of Pittsburgh).

[91] Maltese, A. V. & Tai, R. H. (2011). Pipeline persistence: Examining the association of educational experiences with earned degrees in STEM among US students. Science education, 95(5), 877–907.

[92] Mann, M. J., Smith, M. L. & Kristjansson, A. L. (2015). Improving academic self–efficacy, school connectedness, and identity in struggling middle school girls: A preliminary study of the "REAL Girls" program. *Health Education & Behavior*, 42(1), 117–126.

[93] Margot, K. C. & Kettler, T. (2019). Teachers' perception of STEM integration and education: a systematic literature review. *International Journal of STEM education*, 6(1), 1–16.

[94] Maxwell, J. A. (2013). Qualitative research design: An interactive approach (Vol. 41). Thousand Oaks, CA: Sage.

[95] McWilliam, R. A., Scarborough, A. A. & Kim, H. (2003). Adult interactions

and child engagement. *Early education and development*, 14(1), 7-28.

［96］ Mendick, H., Berge, M. & Danielsson, A. (2017). A critique of the STEM pipeline: Young people's identities in Sweden and science education policy. British Journal of Educational Studies, 65(4), 481-497.

［97］ Merriam, S. B. & Bierema, L. L. (2013). *Adult learning: Linking theory and practice.* San Francisco, CA: Jossey-Bass.

［98］ Michael, K. Y. &Alsup, P. R. (2016). Differences between the sexes among Protestant Christian middle school students and their attitudes toward science, technology, engineering and math (STEM). *Journal of Research on Christian Education*, 25(2), 147-168.

［99］ Miller, B. M. (2003). Critical hours: Afterschool programs and educational success. Quincy, MA: Nellie Mae Education Foundation. Retrieved from http://www.nmefdn.org/CriticalHours.htm.

［100］ Modi, K., Schoenberg, J. & Salmond, K. (2012). Generation STEM: What girls say about science, technology, engineering, and math. New York, NY: Girl Scouts of the USA.

［101］ Mohr-Schroeder, M. J., Jackson, C., Miller, M., Walcott, B., Little, D. L., Speler, L. & Schroeder, D. C. (2014). Developing middle school students' interests in STEM via summer learning experiences: See Blue STEM camp. School Science & Mathematics, 114(6), 291-301.

［102］ Moreno, N. P., Tharp, B. Z., Vogt, G., Newell, A. D. & Burnett, C. A. (2016). Preparing students for middle school through after-school STEM activities. Journal of Science Education and Technology, 25(6), 889-897.

［103］ Morrow, C. (2006). Effective mathematics learning environments for females. Newsletter of the International Organization of Women and Mathematics Education, 20(3), 16-28.

［104］ National Research Council of the National Academies. (2011). Successful K-12 STEM education: identifying effective approaches in science, technology, engineering, and mathematics. Washington, DC: National Academies Press.

[105] National Research Council. (2015). Identifying and Supporting Productive STEM Programs in Out-of-School Settings. The National Academies Press.

[106] National Science Board. (2018). Science and engineering indicators 2018.

[107] Newman, M. & Thomas, P. (2008). Student participation in school design: one school's approach to student engagement in the BSF process. *Co-Design*, 4(4), 237-251.

[108] Noonan, R. (2017). STEM Jobs: 2017 Update. ESA Issue Brief# 02-17. US Department of Commerce.

[109] Nugent, G., Barker, B., Grandgenett, N. & Adamchuk, V. I. (2010). Impact of robotics and geospatial technology interventions on youth STEM learning and attitudes. *Journal of Research on Technology in Education*, 42(4), 391-408.

[110] O' Brien, L. T., Hitti, A., Shaffer, E., Camp, A. R. V., Henry, D. & Gilbert, P. N. (2017). Improving girls' sense of fit in science: Increasing the impact of role models. *Social Psychological and Personality Science,* 8(3), 301-309.

[111] OECD. (2019). An OECD Learning Framework 2030. The Future of Education and Labor, 23-35.

[112] Ogle, J. P., Hyllegard, K. H., Rambo-Hernandez, K. & Park, J. (2017). Building middle school girls' self-efficacy, knowledge, and interest in math and science through the integration of fashion and STEM. *Journal of Family & Consumer Sciences*, 109(4), 33 40.

[113] Perrenet, J., Aerts, A. & Van der Woude, J. (2003, July). Design based learning in the curriculum of computing science-A skillful struggle. In *Proceedings of 2003 International Conference on Engineering Education* (pp. 21-23).

[114] Perry, M. J. (2019, May). *Chart of the day: Female shares of BA degrees by*

major, 1971 to 2017. AEIdeas. Retrieved from https://www.aei.org/carpe-diem/chart-of-the-day-female%09shares-of-ba-degrees-by-major-1971-to-2017/

[115] Phelan, S. A., Harding, S. M. & Harper-Leatherman, A. S. (2017). BASE (broadening access to science education): A research and mentoring focused summer STEM camp serving underrepresented high school girls. *Journal of STEM Education: Innovations and Research*, 18(1). 65-72.

[116] Program for International Student Assessment. (2018). *Mathematics literacy: Average scores*. Retrieved from https://nces.ed.gov/surveys/pisa/pisa2015/pisa2015highlights_5.asp#table.

[117] Qi, Y. (2022). *Teachers' Practices in Preschool Science Education: A Comparison Study Between USA and China*. University of California, Los Angeles.

[118] Rahm, J., Martel-Reny, M. P., & Moore, J. C. (2005). The role of afterschool and community science programs in the lives of urban youth. School Science and Mathematics, 105(6), 283-291.

[119] Redmond-Sanogo, A., Angle, J. & Davis, E. (2016). Kinks in the STEM pipeline: Tracking STEM graduation rates using science and mathematics performance. School Science and Mathematics, 116(7), 378-388.

[120] Rengert, J. D. (2011). *Development and evaluation of a social cognitive theory-based exercise intervention in firefighters: 5-ALRM fitness program*. Retrieved from ProQuest Dissertations & Theses Global. (3476965).

[121] Riskowski, J. L., Todd, C. D., Wee, B., Dark, M. & Harbor, J. (2009). Exploring the effectiveness of an interdisciplinary water resources engineering module in an eighth grade science course. *International Journal of Engineering Education*, 25(1), 181.

[122] Rittmayer, A. D. & Beier, M. E. (2008). Overview: Self-efficacy in STEM. SWE-AWE CASEE Overviews, 1-12. Retrieved from http://www.engr.psu.

edu/awe/misc/ARPs/ARP_SelfEfficacy_Overview_122208.pdf

［123］Rosenthal, H. (2017). Encyclopedia of counseling: Master review and tutorial for the national counselor examination, state counseling exams, and the counselor preparation comprehensive examination. New York, NY: Brunner−Rutledge.

［124］Sadler, P. M., Sonnert, G., Hazari, Z. & Tai, R. (2012). Stability and volatility of STEM career interest in high school: A gender study. *Science Education,* 96(3), 411− 427.

［125］Sahin, A., Oren, M., Willson, V., Hubert, T. & Capraro, R. M. (2015). Longitudinal analysis of TSTEM academies: How do Texas inclusive STEM academies (T−STEM) perform in mathematics, science, and reading. *International Online Journal of Educational Sciences*, 7(4), 11−21.

［126］Sanders, M. (2009). STEM, STEM education, STEM mania. *Technology Teacher,* 68(4), 20−26.

［127］Sardeshmukh, S. R. & Smith−Nelson, R. M. (2011). Educating for an entrepreneurial career: Developing opportunity−recognition ability. Australian Journal of Career Development, 20(3), 47−55.

［128］Saw, G. K., Swagerty, B., Brewington, S., Chang, C. N. & Culbertson, R. (2019). Out−of−School time STEM program: Students' attitudes toward and career interests in mathematics and science. *International Journal of Evaluation and Research in Education*, 8(2), 356−362.

［129］Scherrer, C. R. (2013). Outreach emphasis on the human impact potential of engineering improves perceptions of underrepresented groups. *Journal of Women and Minorities in Science and Engineering,* 19(1), 37−45.

［130］Seidman, I. (2005). Interviewing as qualitative research: A guide for researchers in education and thesocial sciences (3rd ed.,). New York, NY: Teachers College Press.

［131］Sigala, T. (2016). College and career readiness: Texas House Bill 5 reform realities in a far-west Texas *school district.* Retrieved from ProQuest Dissertations & Theses Global. (10245379).

[132] Smith, J. A., Flowers, P. & Larkin, M. (2009). Interpretive phenomenological analysis: Theory, method, and research. London, England: Sage.

[133] Sousa, D. & Pilecki T. (2013). *From STEM to STEAM: Using Brain-Compatible Strategies to integrate the Arts.* Corwin Press.

[134] Spielhagen, F. R. (2006). How tweens view single-sex classes. Educational Leadership, 63: 68-69, 71-72.

[135] Stake, R. E., (1995). The Art of Case Study Research: Perspective in Practice. London, England: Sage.

[136] Steinthorsdottir, O., Forgasz, H. J., Becker, J. R. & Lee, K. (2010). International Perspectives on Gender and Mathematics Education. Charlotte, NC: Information Age Publishing, Inc.

[137] Taningco, M. T. V., Mathew, A. B. & Pachon, H. P. (2008). *STEM professions: Opportunities and challenges for Latinos in science, technology, engineering, and mathematics.* Los Angeles, CA: Tomas Rivera Policy Institute.

[138] Taylor, D. C. (2019). *Out of School Time (OST) STEM activities impact on middle school students' stem persistence: A convergent mixed methods study.* Retrieved from ProQuest Dissertations & Theses Global. (10689783).

[139] Texas Education Agency. (2019). San Antonio ISD Texas academic performance report. Retrieved from http://txschools.gov/districts/015907/profile.

[140] Texas Education Agency. (2019). Texas science, technology, engineering and mathematics initiative (T-STEM). Retrieved from: https://tea.texas.gov/academics/college-career-and-military-prep/texas-science-technology-engineering-and-mathematics-initiative-t-stem.

[141] Tracy, S. J. (2010). Qualitative quality: Eight "big-tent" criteria for

excellent qualitative research. Qualitative Inquiry, 16(10), 837−851. doi:10.1177/1077800410383121.

［142］U.S. Bureau of Labor Statistics. (2019). *Employment projections: Employment in STEM occupations.* Retrieved from: https://www.bls.gov/emp/tables/stem−employment.htm.

［143］U.S. Census Bureau. (2017). Facts for features: Hispanic heritage month 2010. Retrieved from: https://schools.texastribune.org/districts/san−antonio−isd/tafolla−middle−school/

［144］Van den Berg, H. (2004). Analyzing race talk: Multidisciplinary perspectives on the research interview. London, England: Cambridge University Press.

［145］VanIngen−Dunn, C., Pickering, C., Coyle, L., Grierson, A., Frimer, S. & Fick, V. (2016, October). Community college STEM pathways guide: A collaborative online system for design and implementation of STEM pathway programs. In 2016 International Conference on Collaboration Technologies and Systems (CTS) (pp. 158−164). IEEE.

［146］Venegas, L. (2018). *Analyzing school−wide, project−based learning in a middle school: From a cultural historical activity theory perspective.* Retrieved from ProQuest Dissertations & Theses Global. (10811829).

［147］Wade−Shepherd, A. A. (2016). *The effect of middle school STEM curriculum on science and math achievement scores.* Retrieved from ProQuest Dissertations & Theses Global. (10307073).

［148］Wang, C. & Frye, M. (2019, June). *miniGEMS 2018: A Mixed Methods Study Exploring the Impact of a STEAM and Programming Camp on Middle School Girls' STEM Attitudes.* Paper presented at the 126th ASEE Annual Conference & Exposition. Retrieved from https://peer.asee.org/minigems−2018−a−mixed−methods−study−exploring−the−impact−of−a−steam−and−programming−camp−on−middle−school−girls−stem−attitudes.

［149］Wells, J. C., Briend, A., Boyd, E. M., Berkely, J. A., Hall, A., Isanaka, S., ...

& Dolan, C. (2019). Beyond wasted and stunted—a major shift to fight child undernutrition. The Lancet Child & Adolescent Health, 3(11), 831–834.

[150] Wheeler, W. M. (2015). The social insects: their origin and evolution. Routledge.

[151] Yakman, G. (2010). What is the point of STE@ M?–A Brief Overview. *Steam: A Framework for Teaching Across the Disciplines. STEAM Education*, 7(9), 1–9.

[152] Yanowitz, K. L. (2016). Students' Perceptions of the Long–Term Impact of Attending a "CSI Science Camp". *Journal of Science Education and Technology*, 25(6), 916–928.

[153] Yazzie–Mintz, E. (2007). Voices of students on engagement: A report on the 2006 high school survey of student engagement. Center for Evaluation and Education Policy, Indiana University.

[154] Yin, R. K. (1993). Applications of case study research. Thousand Oaks, CA: Sage.

[155] Yoon, S. Y. & Strobel, J. (2017). Trends in Texas high school student enrollment in mathematics, science, and CTE–STEM courses. *International Journal of STEM Education*, 4(1), 9.

[156] Young, J., & Young, J. (2018). The structural relationship between out–of–school time enrichment and black student participation in advanced science. *Journal for the Education of the Gifted,* 41(1), 43–59.

[157] Bequette, J. W. & Bequette, M. B. (2012). A place for art and design education in the STEM conversation. *Art education*, 65(2), 40–47.

[158] Fredricks, J. A., Blumenfeld, P. C. & Paris, A. H. (2004). School engagement: Potential of the concept, state of the evidence. *Review of educational research*, 74(1), 59–109.

[159] Lachapelle, C. P., Sargianis, K. & Cunningham, C. M. (2013). Engineer it, learn it: Science and engineering practices in action. *Science and Children*, 51(3), 70.

［160］Moore, T. J., Stohlmann, M. S., Wang, H. H., Tank, K. M., Glancy, A. W. & Roehrig, G. H. (2014). Implementation and integration of engineering in K-12 STEM education. In *Engineering in pre-college settings: Synthesizing research, policy, and practices* (pp. 35-60). Purdue University Press.

［161］Resnick, M. (2017). *Lifelong kindergarten: Cultivating creativity through projects, passion, peers*, and play. MIT press.

中文参考文献

［1］陈尚虎.谈谈幼儿园科学教育中的实验操作活动［J］.科学咨询(教育科研), 2005(05):36-38.

［2］杜文彬,刘登珲.美国整合式STEM教育的发展历程与实施策略——与Carla Johnson教授的对话［J］.全球教育展望,2019(10):3-12.

［3］杜文彬.国外STEM教育研究的热点主题与特点探析［J］.电化教育研究,2018(11):120-128.

［4］杜文彬.美国STEM教育发展研究［D］.华东师范大学,2020.

［5］范文翔,张一春.STEAM教育:发展、内涵与可能路径［J］.现代教育技术,2018,28(03):99-105.

［6］冯翠典.联合国教科文组织21世纪STEM素养框架及其实现路径［J］.比较教育研究,2020,42(10):58-65.

［7］傅骞,刘鹏飞.从验证到创造——中小学STEM教育应用模式研究［J］.中国电化教育,2016(04):71-78.

［8］管玉婷.融入传统文化的儿童早期STEM项目设计研究［D］.南京师范大学,2019.

［9］蒋志辉,赵呈领等.STEM教育背景下中小学生学习力培养策略研究［J］.中国电化教育,2017,(2):25-32.

［10］凯文·布坎南.在STEM课程中强化真实情境学习［J］.上海教育,2013(11):8.

［11］李伯聪.工程哲学引论——我造物故我在［M］.郑州:大象出版社,2002.

［12］李刚,吕立杰.从STEM教育走向STEAM教育:艺术(Arts)的角色分析［J］.中国电化教育,2018,380(09):31-39.

［13］李永胜.论工程思维的内涵、特征与要求［J］.洛阳师范学院学报2015(04):12-18.

［14］李政,丁益民,杨翔宇,等.A-STEM视域下学生核心素养的培养——以"声音的特性"教学设计为例［J］.物理教师,2022,43(2):7-9.

［15］罗伯特·M·卡普拉罗,玛丽·玛格丽特·卡普拉罗,詹姆斯·R·摩根.基于项目的STEM学习:一种整合科学、技术、工程和数学的学习方式［M］.王雪华,屈梅,译.上海:上海科技教育出版社,2016.

［16］孙延永.集体教育活动中幼儿参与状况的研究［D］.华中师范大学,2012.

［17］王春燕,林静峰.幼儿园集体教学中教师提问的现状及其改进［J］.学前教育研究,2011(02):12-18.

［18］王沛含.集体教学活动中教师教学风格对大班幼儿参与状况的影响研究［D］.云南师范大学,2023.

［19］吴向东.从问题中反思,加深A-STEM课程学习的深度［J］.中国信息技术教育,2020(19):4-7.

［20］徐长福.理论思维与工程思维［M］.上海:上海人民出版社,2002.

［21］叶德卫.人文引领的STEM教育——深圳市龙岗区A-STEM的探索与实践［J］.中国信息技术教育,2019(7):4-7.

［22］余胜泉,胡翔.STEM教育理念与跨学科整合模式［J］.开放教育研究,2015,8:13-22.

［23］原晋霞.幼儿园集体教学活动研究［D］.南京师范大学,2008.

［24］张俊.幼儿园科学教育［M］.北京:人民教育出版社,2006.

［25］郑旭东,饶景阳,陈荣.STEAM教育的本体论承诺:理想的追问与反思［J］.电化教育研究,2021,42(06):14-19.

后 记

本书《STEM教育生态与学生发展：国际经验与启示》整理了K-12 STEM教育的国内外文献，综合整合了美国K-12 STEM教育工作坊、大学教学、自然游戏场以及"宝石"校外STEM项目等相关经验，探析了K-12 STEM教育的理论基础、课程架构、课程实践与效果评价。本书无论是对想系统了解K-12 STEM教育背景和发展历程的教育工作者，还是对想从事K-12 STEM教育研究的学者们，都将提供有价值的参考资料。

全书的主线围绕K-12 STEM教育的各个方面展开。第一章为绪论，说明研究背景、主要研究内容和理论框架；第二章探讨美国K-12 STEM教育生态、教学模式与发展困境；第三章至第六章分别从萌芽阶段、发展阶段和形成阶段详细讨论了STEM教育在不同年龄段、不同教育环境中的具体实践，包括早期自然游戏中的STEM教育、青少年STEM学习兴趣与能力培养、STEM专业技能与职业发展的形成以及学前儿童工程思维的发展研究。第七章和第八章则专门探讨了STEM教育对初中和高中女生的学习兴趣与职业发展的影响，重点关注拉丁裔女生在STEM领域的学习和职业发展问题。最后，第九章总结了美国K-12 STEM教育对于中国开展STEM教育的经验与启示，并对未来的发展进行了展望。

全书共九章，结构严谨，内容丰富，既有理论的深度探讨，又有实践的具体案例分析。希望这本书能够为读者提供一个全面了解和深入研究美国K-12 STEM教育的机会，同时也为国内STEM教育的研究和实践提供有益的借鉴。

本书的撰写过程是一段充满探索与学习的旅程。作为作者，我在这段旅程中不仅深入研究了美国K-12 STEM教育的多个方面，还亲身体验了STEM

教育在不同环境下的实践和应用。这本书的完成离不开美国克朗科斯基自然游戏场中心早期STEM教育项目和"宝石"（GEMS）STEM项目团队的支持与帮助，两个项目的多年实践经验、专业知识和研究成果为本书提供了丰富的案例和数据支撑，在此，我谨向所有项目中的成员以及参与项目的学生们表达诚挚的感谢。

此外，特别感谢在研究过程中给予我支持和帮助的学者、教育工作者以及研究机构；感谢编辑团队的辛勤工作，他们的专业意见和细致校对使本书更加完善；感谢我的家人和朋友们，他们的支持与鼓励让我能够全身心投入到书稿的撰写中。

最后，感谢所有阅读本书的读者。你们的反馈和建议将是我未来研究和写作的重要动力。希望本书能对你们的工作和学习有所帮助，也期待与你们在未来的交流中共同进步。愿STEM教育在全球范围内蓬勃发展，为更多孩子开启科学、技术、工程、数学学习的大门，激发他们的无限潜能！